Anna Prado

a mulher que falava com os mortos

Samuel Nunes Magalhães

Anna Prado

a mulher que falava com os mortos

Copyright © 2012 *by*
FEDERAÇÃO ESPÍRITA BRASILEIRA – FEB

1ª edição – Impressão pequenas tiragens – 10/2024

ISBN 978-85-7328-703-5

Todos os direitos reservados. Nenhuma parte desta publicação pode ser reproduzida, armazenada ou transmitida, total ou parcialmente, por quaisquer métodos ou processos, sem autorização do detentor do *copyright*.

FEDERAÇÃO ESPÍRITA BRASILEIRA – FEB
SGAN 603 – Conjunto F – Avenida L2 Norte
70830-106 – Brasília (DF) – Brasil
www.febeditora.com.br
editorial@febnet.org.br
+55 61 2101 6161

Pedidos de livros à FEB
Comercial
Tel.: (61) 2101 6161 – comercial@febnet.org.br

Adquirindo esta obra, você está colaborando com as ações de assistência e promoção social da FEB e com o Movimento Espírita na divulgação do Evangelho de Jesus à luz do Espiritismo.

Dados Internacionais de Catalogação na Publicação (CIP)
(Federação Espírita Brasileira – Biblioteca de Obras Raras)

M188a	Magalhães, Samuel Nunes.
	    Anna Prado, a mulher que falava com os mortos / Samuel Nunes Magalhães. – 1. ed. – Impressão pequenas tiragens – Brasília : Federação Espírita Brasileira, 2024.
	    360 p.; 23 cm; il.
	    ISBN 978-85-7328-703-5
	    Inclui referências, índice de figuras e índice geral.
	    1. Prado, Anna, 1883-1923. 2. Biografia. 3. Espiritismo. I. Federação Espírita Brasileira. II. Título.
	                                                                    CDD 920.913.39
	                                                                    CDU 929.133.7
	                                                                    CDE 90.02.00

Anna Rebello Prado

Ettore Bosio
(1862 – 1936)

Dedico esta obra à memória do amigo Eduardo Carvalho Monteiro, cujo devotamento ao trabalho de resgate e preservação da história do Espiritismo continua, para mim, como fonte inspiradora.

Sumário

Homenagem Especial 15
Apresentação 17
Agradecimentos 19
Uma Homenagem ao Pará 21
Nos Passos de Anna Prado 25
1 Notícias Biográficas 33
    Na terra dos bois-bumbás 33
    O pioneirismo espírita de uma família 34
    Anna, Eurípides e filhos 39
2 Uma mediunidade excepcional 47
3 Manifestações iniciais, progresso mediúnico, lutas e vitórias .. 53
    O Fenômeno Espírita 53
    Manifestações Iniciais 57
    Progresso mediúnico, lutas e vitórias 62
4 Tiptologia, levitação, escrita direta, sonambulismo e outros
   fenômenos 71
    Tiptologia 72
        Primeiro caso 72
        Segundo caso 76
    Levitação 79
        Primeiro caso 80
        Segundo caso 83
    Escrita Direta 85
        Primeiro Caso 86
        A Paciência 89
        Segundo Caso 92
        Sem Ambages – Uma profissão de fé 93
    Sonambulismo 96
        Um caso de desdobramento 97
    Outros fenômenos 107

5 Materializações de espíritos 109
   Uma brisa anunciadora 113
   Cântico de ação de graças 119
   Uma pequenina mão de cera 125
   Ao clarão do luar 129
   Uma écharpe, uma cesta de vime, uma bandeja de flores 134
   Sita e Hilda 137
   Neusa e os Espíritos 144
   Cantora e Bailarina 149

6 Extraordinárias materializações de Rachel Figner 153
   O Testemunho de Esther Figner 155
      Primeira sessão – 1 de maio de 1921 159
      Segunda sessão – 2 de maio de 1921 164
      Terceira sessão – 4 de maio de 1921 169
      Quarta sessão – 6 de maio de 1921 178
   As Impressões de Frederico Figner 186

7 Um raro fenômeno 191
   Germinação 191
   Psicografia Cutânea 194
   Cirurgias do Além 197
   Desmaterialização de Anna Prado 201

8 Valiosos depoimentos 207
   O clero em cena 207
   Depoimentos 210
      Primeiro depoimento 210
      Segundo depoimento 211
      Terceiro depoimento 212
      Quarto depoimento 213
      Quinto depoimento 214
      Sexto depoimento 215
      Sétimo depoimento 217
      Oitavo depoimento 219
      Nono depoimento 220
      Décimo depoimento 221
   Provas que desafiam o tempo 225
      Fotografia luminosa 227

9 Uma conferência de Quintão 235
   Palavras do Reformador 236
   A Conferência 240

- 10 Anna Prado e Gabriel Delanne 261
  - La Réincarnation 264
    - Expériences à L'Institut Métapsychique International 264
  - Revue Spirite 267
  - Revue Mètapsychique 269
    - Primeira Crônica 269
    - Segunda Crônica 270
- 11 Anna Prado e Chico Xavier 273
  - Observação Oportuna 274
- 12 Abril de 1923 279
  - O desenlace 279
  - Uma hipótese absurda 284
    - Carta de Manuel Quintão ao Dr. Matta Bacellar 285
    - Uma Crônica de Quintão 286
  - Notícias de seu desenlace 289
    - Reformador 289
    - Verdade e Luz 291
    - A Luz 292
    - Revista de Espiritualismo 292
    - Correio da Manhã 293
    - Revue Spirite 294

- Últimas Palavras 296
- Anexo – atas e outros escritos 301
  - Atas 304
    - Sessão realizada em 24 de abril de 1920 304
    - Sessão realizada em 17 de julho de 1920 307
    - Sessão realizada em 24 de julho de 1920 312
    - Sessão realizada dezembro de 1921 318
    - Sessão realizada em 23 de outubro de 1922 324
  - Carta do Doutor Mello Cezzar 327
  - Carta do Doutor Teixeira Marques 329
  - Entrevista com a Senhora Ana Augusta 330
  - Entrevista da Senhora Marta Prochnik 334
  - Biografia de Raymundo Nogueira de Faria 336

- Referências 339
- Índice de figuras 345
- Índice Geral 351

Homenagem Especial

Um século e meio decorrido desde o aparecimento de *O Livro dos Médiuns*.

Luminoso farol, desde então tem clareado o caminho *dos médiuns e evocadores*, conferindo serenidade e equilíbrio a quantos se votam com seriedade ao estudo e à prática da mediunidade com Jesus.

Ao entregarmos aos nossos legentes as memórias da inolvidável Anna Rebello Prado, tecemos especial homenagem a essa obra grandiosa, louvando o magistral e incomparável trabalho do Codificador Allan Kardec.

Brasília (DF), 15 de janeiro de 2011.

Apresentação

Em sua abrangência integral, a Doutrina Espírita é uma ciência de observação, ensejando consequências filosóficas com aplicações morais na esfera do comportamento.

Enquanto ciência, o Espiritismo tem como objeto de análise o Espírito, sobre o qual se debruça.

Na construção da Doutrina dos Espíritos, Allan Kardec foi categórico ao afirmar o uso da mais rigorosa razão no exame de todos os conteúdos advindos das comunicações dos Espíritos. Estabeleceu, também, um cotejamento destas com as verdades positivas da ciência acadêmica, pelas vias do bom-senso, posto que o Espiritismo avançaria *caminhando de par com o progresso*[1].

Todavia, o Consolador Prometido, transcendendo a ciência oficial, considerando a sua natureza e finalidade, deveria valer-se, além da pesquisa experimental, do controle do ensino dos Espíritos, assegurando a salvaguarda da verdade revelada por meio deste critério usado por Allan Kardec: *uma só garantia séria existe para o ensino dos Espíritos – a concordância que haja entre as revelações que eles façam es-*

---

[1] *A Gênese*, cap. I, it. 55.

*pontaneamente, servindo-se de grande número de médiuns estranhos uns aos outros e em vários lugares*².

Anna Prado se alinha entre os vultos que participaram das pesquisas – como médium – atendendo ao caráter universal do ensino dos Espíritos, na grande empreitada pela construção do Cristianismo Redivivo – o Espiritismo.

A pujança dos fenômenos que produziu sobre a imortalidade e a individualidade da alma guardam o mesmo nível de respeitabilidade daqueles de Eusápia Paladino, Florence Cook, Daniel Douglas Home, Elizabeth d'Espérance, bem como, no Brasil, de Francisco Peixoto Lins.

*

O autor desta obra, Samuel Nunes Magalhães, consegue conferir ao leitor a proeza de apresentar uma literatura com material científico de forma clara e suave, sem comprometer o conteúdo denso que ela revela.

O livro, escrito com maestria, conjuga fato e emoção, razão e espiritualidade superior.

Trata-se de uma pesquisa séria, feita meticulosamente por mais de oito anos, na qual resgata a história desta extraordinária médium do Norte do Brasil. Esquadrinha sua vida, suas lutas, a variedade de seus dons mediúnicos, os fatos paranormais incomuns, a rigorosa pesquisa feita na época e as repercussões em nível nacional e internacional.
A leitura desta obra faz-nos recordar a fala inolvidável de Allan Kardec acerca do Espiritismo: *Os fatos, eis o verdadeiro critério dos nossos juízos, o argumento sem réplica*³.

Belém (PA), 1° de janeiro de 2011.
Alberto Ribeiro de Almeida

---

[2] *O evangelho segundo o espiritismo*, Introd., it. II.
[3] *O livro dos espíritos*, Introd., it. VII.

Agradecimentos

Toda obra que alguém realiza, nunca o faz sozinho.

Mercê do relevante apoio de prestimosos companheiros é que colocamos o presente trabalho ao alcance público. Rogando antecipadas desculpas por eventual injustiça que cometamos, deixando de mencionar algum desses colaboradores, nesta página de agradecimentos, retratamo-nos, desde já, pelo infeliz lapso de memória que nos ocorra.

Meu muito obrigado aos familiares mais próximos, pela paciência com que sempre toleram os horários pouco convencionais em que escrevo.

Meu muito obrigado à querida esposa Iracema Vieira Magalhães, pelo contínuo encorajamento, a fim de que permaneçamos na árdua e agradável tarefa de resgate da história do Espiritismo e à minha filha Camila Vieira Magalhães, pela valiosa colaboração, sempre que recorri ao seu límpido raciocínio, com o fito de clarificar alguns dos trechos que redigíamos.

Meu muito obrigado à Josina Nunes Magalhães Roncisvalle, Maria Cristina Castelo Branco Nieuwenhoven, Alain Christian Fernand Fagot e Regina Pacis Timbó Ferreira, pela tradução dos textos em francês, utilizados no presente trabalho.

Meu muito obrigado à Giselle Tereza Cunha de Araújo, pela colaboração na reprodução, tratamento e aplicação das imagens apresentadas neste livro e à Djenane Mendonça, pela revisão gramatical dos textos finais.

Meu muito obrigado à Kelane Rosimery Carvalho de Macedo, pela oportuna crítica realizada à margem de alguns dos escritos desta obra e generosidade com que sempre nos incentivou a prosseguir no trabalho difusor espírita e à Cristiane Helena Botaro Freneda, pela leitura e apreciação dos originais desta memória.

Meu muito obrigado ao nobre companheiro José Alberto Machado, incansável obreiro do movimento espírita amazonense, pela viva alegria com que sempre recebeu as notícias de nossas humildes pesquisas e à senhora Ana Augusta Nina Corrêa, pela entrevista que nos foi concedida, pelos documentos, fotografias e informações de família que nos facultou, quando pesquisávamos sobre a vida de Anna Rebello Prado.

Meu muito obrigado às senhoras Rachel Esther Figner Sisson e Marta Prochnik, pelo acesso ao acervo fotográfico da família, pela gentil entrevista que nos foi conferida e pela permissão para que pudéssemos fotografar raríssimo artefato em parafina, produzido pelo Espírito de Rachel Figner.

Meu muito obrigado a Everaldo Costa Mapurunga, pelas preciosas informações que nos levaram aos descendentes de Frederico Figner e ao companheiro Geraldo Campetti Sobrinho, pela franquia à biblioteca de obras raras da Federação Espírita Brasileira.

Meu muito obrigado ao querido amigo Alberto Ribeiro de Almeida, pelo texto de apresentação deste trabalho e sincero interesse demonstrado pelo que vimos realizando no âmbito da história espírita e ao respeitável escritor de nossa seara, Nazareno Tourinho, pelo incentivo às nossas pesquisas e pelo magnífico e raro material de consulta que nos obsequiou.

Meu muito obrigado ao companheiro Fernando Cesar Quaglia e à cara Luisa Jannuzzi Fonseca, pelo interesse, zelo e profissionalismo dispensados à editoração desta obra.

Finalmente, agradeço ao Senhor da Vida, pelas bênçãos e lições recebidas, rogando que nos conceda paz e lucidez, mantendo-nos firmes e perseverantes na rota do Eterno Bem.

Uma Homenagem ao Pará

No limiar desta obra, que representa o coroamento dos nossos trabalhos de pesquisa e resgate da memória da extraordinária médium amazonense Anna Rebello Prado, nos sentimos compelidos a prestar, mesmo que de maneira singela, *Uma Homenagem ao Pará*, palco da grande maioria dos fenômenos protagonizados pela sua excepcional mediunidade e que a acolheu com tanto carinho e respeito.

O pioneirismo espírita no grande estado nortista, em fins do século XIX e início do século XX, foi, consoante as investigações que realizamos, um dos mais fervorosos e entusiastas em nosso país.

Segundo registrou o Major Francisco Solerno Moreira, em seu artigo *Subsídio para a História do Espiritismo no Pará*[4], a primeira instituição espírita surgida na então província do Grão-Pará, em sua capital, foi o *Grupo Espírita Luz e Caridade*, com sede à rua Nova de Santana, nº 7A. Fundado em 12 de junho de 1879, referido grupo prestou, por longos e sucessivos anos, inestimáveis serviços à causa espírita, criando, em 16 de março de 1890, *O Regenerador*, primeiro jornal da região destinado exclusivamente à difusão do Espiritismo.

---

[4] Artigo inserto na coleção *Obras Reunidas de Eidorfe Moreira, v. 8*, Edições CEJUP, 1990.

Tomaram parte no *Luz e Caridade*, entre outros companheiros, Abel Augusto Cézar d'Araújo, José Sharr da Motta e Silva, José Joaquim da Silva, Manoel Gonçalves da Silva, João M. Castello Branco, Feliciano Ferreira Bentes, Antônio da Motta e Pedro Damasceno d'Alcântara Bentes.

A partir desse fulcro inicial, inúmeros foram os núcleos que surgiram com igual propósito, ainda no ano de 1890, contando-se, entre eles, o *Centro Espírita do Estado do Pará*, a *Sociedade Espírita Paraense*, essa fundada sob a presidência do Doutor Pinheiro Guedes[5], o *Grupo Espírita Amor e Perdão*, o *Grupo Espírita Regeneração*, o *Grupo Espírita Fé e Constância* e o *Grupo Espírita Abnegação*.

Após esse momento de intenso fulgor, fruto das primeiras fainas daqueles abnegados seareiros, informa-nos Solerno Moreira que somente viria a surgir nova instituição espírita na capital paraense em 23 de junho de 1895, com o nome de *Centro Espírita Esperança*. Fundado pelo funcionário do Arsenal de Marinha, Sr. Ignácio José Cypriano Belmont, o citado grêmio teve dilatada existência.

Principiando o século XX, novo e alvissareiro estágio se iniciaria para o Espiritismo nas terras da *Feliz Lusitânia*[6].

Transferindo-se do município de Maranguape, Ceará, onde já laboravam intensivamente na seara espírita, chegaram à capital paraense Arthúnio Vieira e sua mulher Emília Freitas Vieira, que logo, precisamente em 7 de setembro de 1902, fundaram o *Centro Espírita Paraense*, o qual passou a editar, ainda no mesmo ano, a revista *Sophia* e o jornal *Luz e Fé*[7], causando larga repercussão em toda a região.

O gesto idealista e arrojado do valoroso casal insuflou novo ânimo aos espíritas belenenses, tonificando sobremaneira o movimento espírita local.

Infelizmente, com o seu trabalho em plena ascensão, nossos amigos se viram obrigados, outra vez, a mudarem de domicílio. Desta

---

[5] Antônio Pinheiro Guedes (1842 – 1908), sócio fundador da Federação Espírita Brasileira.

[6] Primeiro nome dado pelos portugueses à região. Depois a batizaram com o nome de Grão-Pará (*A origem do nome* **Pará** *vem do termo* **Pa'ra**, *que significa* **rio-mar** *na língua indígena* **Tupi-Guarani**).

[7] O opúsculo *Memória Histórica do Espiritismo*, publicado pela FEB em 1904, registra que esses periódicos foram criados em 1903.

feita, em 1904, foram residir na cidade de Abaeté[8], Pará, onde continuariam suas atividades em favor da divulgação espírita, deixando a direção do *Centro Espírita Paraense* aos cuidados do Sr. Antônio Lopes da Silva que, nada obstante seus melhores esforços, não conseguiu mantê-lo em funcionamento.

Esse centro viria a ser reorganizado em 6 de maio de 1905, por alguns de seus antigos membros, voltando cinco meses depois a reeditar a revista *Sophia*[9].

Pouco tempo depois, somando-se à nobre presença do casal Arthúnio e Emília Vieira, chegaria à Belém, proveniente do Rio de Janeiro, o Sr. Francisco de Paula Menezes, que exerceria sentida e benéfica influência entre os espíritas paraenses, quando fundaria, ao lado de Solerno Moreira, em 7 de janeiro de 1906, o *Grupo Espírita Atalaia*.

Nesse período, o movimento espírita paraense já se havia ramificado pelo interior do estado, contando com inúmeras instituições legalmente constituídas e com vários periódicos de propagação doutrinária.

Com a presença de Francisco de Paula Menezes, experimentado trabalhador da seara espírita, e Antônio Lucullo de Souza e Silva, que havia participado da fundação da Federação Espírita Amazonense, a ideia da criação de uma instituição federativa que congregasse e coordenasse o movimento espírita estadual tomou significativo vulto.

Todo esse movimento culminou, após extensa e oportuna propaganda entre os espíritas da região, com a fundação da *União Espírita Paraense* em 20 de maio de 1906. Servira de local para a realização desse importante evento do movimento espírita paraense a sede da Associação dos Empregados do Comércio, com endereço à Travessa São Mateus, nº 153, onde a recém-criada instituição funcionou por algum tempo. Sua primeira diretoria foi eleita e constituída em 17 de junho de 1906, quando foram nomeados seu presidente o Sr. Abel Augusto Cezar d'Araújo e seu vice-presidente o Sr. Raymundo da Ponte e Souza.

Na atualidade, após mais de um século de profícua existência, a *União Espírita Paraense* continua a desempenhar, com zelo e nobreza,

---

[8] Atual Abaetetuba (Decreto-Lei nº 4.505, de 30 de dezembro de 1943).
[9] Nessa segunda fase, a revista foi editada no período de outubro de 1905 a junho de 1906.

o importante papel de coordenadora dos trabalhos de unificação do movimento espírita estadual, conjugando-o ao seu primordial programa de difusão doutrinária do Espiritismo.

Durante esses mais de vinte lustros, impulsionadas pelo órgão federativo, inumeráveis foram as conquistas alcançadas pelo movimento espírita paraense, resultando na criação de vários núcleos destinados ao estudo e divulgação dos postulados espíritas, bem como na fundação de escolas, abrigos e orfanatos.

Para tanto, homens e mulheres de notável fibratura interior e subida abnegação, trabalharam diuturnamente.

A todos eles, os trabalhadores da primeira hora, assim como àqueles que lhes seguiram os passos nas incansáveis lidas da Seara Espírita, o nosso manifesto respeito e sentida gratidão.

Ao *Movimento Espírita Paraense* e à *União Espírita Paraense,* os nossos votos de maiores e mais dilatados labores, sob a luz meridiana da Boa Nova e sob o beneplácito de Jesus e Kardec.

Nos Passos de Anna Prado

Uma das mais admiráveis faculdades mediúnicas já vistas e registradas em nosso país foi incontestavelmente a de Anna Prado.

Os fenômenos por ela produzidos – tiptologia, efeitos luminosos, materializações, escrita direta, transportes, levitação, moldagens em parafina, etc. – foram fartamente documentados nas obras *O Trabalho dos Mortos*[10] e *Renascença da Alma*[11], ambas de autoria do professor Raymundo Nogueira de Faria[12], com vasta iconografia cuidadosamente obtida e organizada pelo maestro Ettore Bosio[13].

Alguns fenômenos de raríssima ocorrência, como a desmaterialização de seu próprio corpo, a *psicografia cutânea*, a *germinação de sementes* ou a simultânea comunicação de espíritos por seu intermédio[14],

---

[10] Publicado pela Federação Espírita Brasileira (1921).
[11] Publicado pelo Instituto Lauro Sodré, Belém-PA, (1921).
[12] Destacado trabalhador da seara espírita paraense, diretor da Faculdade Livre de Direito do Pará e Secretário de Segurança Pública do Pará.
[13] Maestro de elevada projeção e dedicado trabalhador espírita, registrou e fotografou grande parte dos fenômenos produzidos pela mediunidade de Anna Prado. Também escreveu um livreto sobre esses fenômenos, intitulado *O que eu vi*, infelizmente não publicado, de cujo original obtivemos uma cópia.
[14] Conforme registrou o professor Nogueira de Faria, era comum ocorrer que, enquanto um espírito se materializava, utilizando o *ectoplasma* da médium, outro se manifestasse através de suas faculdades psicofônicas, instruindo sobre o andamento dos trabalhos. A *escrita cutânea* e a *germinação de sementes* estão descritas no capítulo sétimo desta obra.

conferem-lhe, sem favor algum, notado destaque na galeria dos grandes médiuns de todos os tempos.

Apesar do inusitado de tais fatos, que transcenderam nossas fronteiras[15], dos abundantes registros de que foram objeto e da sua grande importância para a história e o estudo do Espiritismo, pouquíssimo se conhece sobre a vida e as lutas da notável médium amazonense, sua principal protagonista.

Citada por quase todos que lhe conhecem o trabalho como de naturalidade paraense – o que se constitui um equívoco – fica evidenciado que nunca alguém se ocupou com o esboço de seu perfil biográfico.

Quando realizávamos uma pesquisa sobre a história do Espiritismo no Amazonas, cujos resultados publicamos no *Anuário Histórico Espírita 2003*[16], o nosso companheiro e amigo Luciano Klein Filho, professor e historiógrafo cearense, sugeriu-nos que encetássemos uma pesquisa sobre a vida da extraordinária médium de *O Trabalho dos Mortos*.

No curso daquele nosso trabalho, quando vasculhávamos o acervo da Biblioteca Pública do Amazonas, encontramos alguns exemplares do mensário espírita *O Semeador*, editado em Parintins, Amazonas, a partir de julho de 1907. O seu primeiro número noticiava a fundação do *Grupo Espírita Amor e Caridade* naquele município.

Folheando o segundo número do referido jornal, publicado em agosto do mesmo ano, encontramos a notícia da eleição e posse de sua primeira diretoria. Nela constava como secretário o *Sr. Eurípides de Albuquerque Prado*.

Observando a similaridade com o nome do esposo de Anna Prado – *Eurípedes de Albuquerque Prado* – e que diferiam em apenas uma vogal, pois que o primeiro fora grafado no jornal com a letra *i* e o segundo com a letra *e* na obra *O Trabalho dos Mortos*, achamos que poderia se tratar da mesma pessoa e resolvemos averiguar o fato.

Com esse fim, após verificarmos que a Federação Espírita Amazonense não dispunha de material de consulta sobre o assunto

---

[15] Esses fatos foram noticiados em vários periódicos sul-americanos e europeus, sendo comentados por Gabriel Delanne em sua obra *A Reencarnação*, traduzida e publicada pela Federação Espírita Brasileira.

[16] Publicado pela Editora Madras Espírita (São Paulo, SP).

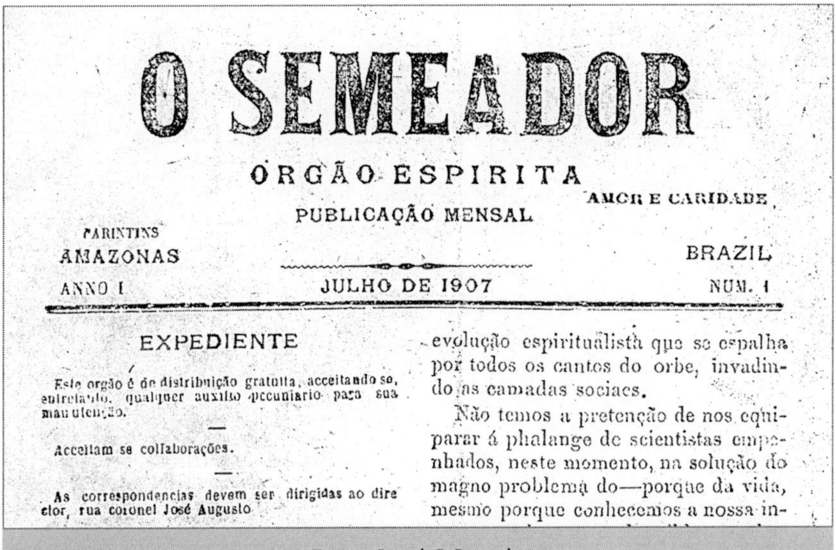
O SEMEADOR

ORGÃO ESPIRITA

AMOR E CARIDADE

PUBLICAÇÃO MENSAL

PARINTINS
AMAZONAS | BRAZIL

ANNO I | JULHO DE 1907 | NUM. 1

EXPEDIENTE

Este orgão é de distribuição gratuita, acceitando se, entretanto, qualquer auxilio pecuniario para sua manutenção.

—

Acceitam se collaborações.

—

As correspondencias devem ser dirigidas ao director, rua coronel José Augusto

evolução espiritualista que se espalha por todos os cantos do orbe, invadindo as camadas sociaes.

Não temos a pretenção de nos equiparar á phalange de scientistas empenhados, neste momento, na solução do magno problema do—porque da vida, mesmo porque conhecemos a nossa in-

Fig. 1 – Jornal *O Semeador*

e que desconheciam a naturalidade amazonense de Anna Prado, visitamos e compulsamos considerável acervo da Biblioteca Pública de Manaus, do Arquivo Público do Amazonas e de outras instituições congêneres, resultando, entretanto, infrutíferas as nossas primeiras buscas.

Posteriormente, viajando à cidade de Parintins, tivemos o ensejo de manusear variados documentos pertencentes à sua Biblioteca Pública Municipal e ao seu Arquivo Público Municipal, sem alcançarmos qualquer sucesso em nossas investigações.

Retornando mais tarde àquele município, onde nos demoramos um pouco mais, percorremos, mercê da boa vontade de seus notários, as empoeiradas e amarelecidas folhas de seus antigos livros cartorários, neles encontrando, após intensos e demorados exames, as anotações sobre a certidão de casamento de Eurípides de Albuquerque Prado e Anna Rebello Prado, as certidões de registro civil de seus filhos, além de outros documentos alusivos a transações comerciais de que participaram.

Foi um grande achado para o trabalho que empreendíamos!

A análise desses documentos, todavia, não nos revelou o lugar de nascimento de Anna Prado. Necessitávamos prosseguir com as nossas inquirições.

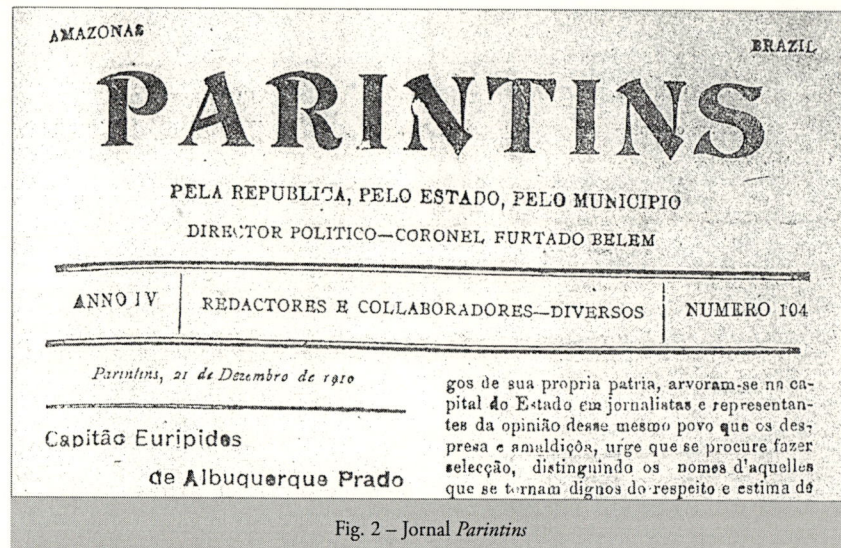

Fig. 2 – Jornal *Parintins*

Regressando à Manaus, realizamos nova visita à Biblioteca Pública do Amazonas, o que fazíamos semanalmente há mais de dois anos, quando iniciáramos nossas pesquisas, encontrando, entre outros documentos, vários números do jornal *Parintins*, datados do início do século XX, cujo foco principal, pelo que notamos de imediato, girava em torno das questões políticas daquele município.

Poderíamos, então, tê-los desconsiderado.

Nada obstante e embora não tivéssemos qualquer indicativo de envolvimento dos nossos pesquisados com a política local, decidimos dar uma passada de vistas em alguns desses números. Para nossa satisfação e contentamento, lemos no exemplar de 1 de janeiro de 1911, sob a manchete *Nova Administração Municipal*, a seguinte notícia:

> [...] Entre aplausos delirantes de uma população inteira, assume hoje a direção do Governo Municipal o jovem, honesto e talentoso Capitão Eurípides de Albuquerque Prado.
> Dominado pelo sentimento ao trabalho proveitoso e útil ao progresso desta terra que ele ama e venera como se fosse a sua formosa Iracema dos verdes mares, a população de Parintins tem plena confiança no bom êxito de sua administração[...].

Eurípides de Albuquerque Prado fora eleito Superintendente Municipal de Parintins[17], com mandato vigente de 1911 a 1913.

Animados pela descoberta, prosseguimos em nossa análise, confirmando logo mais adiante aquilo que já suspeitávamos: a inolvidável médium de *O Trabalho dos Mortos* era realmente amazonense, filha da ilha de Parintins.

Quem fez essa afirmação foi o próprio Eurípides Prado ao proferir o seu discurso de posse no cargo de superintendente municipal – publicado pelo citado jornal em 8 de janeiro de 1911 – quando assim se expressou:

> [...] Srs., neste momento solene, que marca para este município o início de uma vida autônoma, o desejo, que me anima, de trabalhar pelo progresso desta parcela do Amazonas, berço do que mais amo – minha mulher e meus filhos – muito me auxiliará no desempenho do honroso, porém, pesado encargo de administrar esta pequena comuna [...].

Na posse dessas preciosas informações, comentamos cheios de entusiasmo, com alguns companheiros do movimento espírita amazonense, os sucessos de nossas investigações. Recolhemos invariavelmente de todos eles, além de fervoroso incentivo para que prosseguíssemos em nossas atividades, expressiva surpresa quanto ao fato relatado.

Algum tempo depois, por força desses nossos comentários, chegou-nos ao conhecimento que uma senhora[18], trabalhadora do movimento espírita local, dizia-se sobrinha da afamada médium.

Por meio dessa senhora, com quem estreitamos laços de fraterna amizade, recolhemos valiosas informações, fotos e documentos sobre a vida e a família da nossa ilustre pesquisada, aclarando determinados aspectos de sua existência, até então sobejamente obscuros.

Descobrimos, por exemplo, que muitos dos seus familiares, entre eles a mãe, tios e o esposo, foram destacados pioneiros espíritas naquela região, tendo participado ativamente da mais antiga instituição

---

[17] Atual cargo de Prefeito Municipal.
[18] Ana Augusta Nina Corrêa – Filha de João Rebello Corrêa, único irmão de Anna Prado. Consta, ao final desta obra, uma entrevista que realizamos com essa senhora.

espírita amazonense – Sociedade de Propaganda Espírita, da fundação da Federação Espírita Amazonense, em 1 de janeiro de 1904 e do jornal o Guia, em 15 de dezembro de 1905.

Com o escopo de ampliar os dados que já possuíamos acerca da nossa ilustre senhora, realizamos mais algumas diligências. Visitamos as cúrias de Parintins e Manaus e viajamos até Belém do Pará. Nas cúrias não logramos obter o seu batistério, como era o nosso intuito, mas, na capital paraense, localizamos o seu túmulo, a sua certidão de óbito e cópias de jornais da época, além de mantermos contato com alguns descendentes do casal Cristina Rebello Corrêa e Clóvis de Albuquerque Prado[19].

À medida que tomávamos conhecimento dos fatos, lutas e vivências da inesquecível médium, cuja fama transpôs as fronteiras brasileiras, mais crescia nossa admiração pela sua personalidade e trabalho.

Nesse tempo, já havíamos acumulado considerável cabedal de conhecimentos sobre ela. Todavia as descobertas sobre os diversos aspectos da vida de certos personagens parecem que nunca se encerram.

Numa das ocasiões em que visitamos o acervo de obras raras da Federação Espírita Brasileira, após julgarmos suficiente o material que tínhamos para o trabalho desta obra, encontramos, ainda, valiosos e esclarecedores documentos sobre o desenlace de nossa querida médium, utilizados e descritos no capítulo décimo segundo adiante.

Assim é que ainda permanecemos empenhados em descortinar novos caminhos que nos levem às ocorrências verificadas *Nos Passos de Anna Prado*.

Resgatando sua digna memória, que como tantas outras jaz infelizmente esquecida nos dias atuais, acreditamos que nos penitenciamos, mesmo que em parte, de tão grande e lastimoso pecado.

Sustentada pelo seu leal e dedicado esposo, pelos seus devotados familiares e fiéis companheiros de lides espíritas, conquanto sofresse incompreensões, injúrias e zombarias daqueles que se creem donos da inteira verdade ou dela se ausentam voluntariamente, Anna Rebello Prado cumpriu sua elevada missão junto à mediunidade, testemunhan-

---

[19] Cristina Rebello Corrêa era irmã de Anna Prado e Clóvis de Albuquerque Prado era irmão de Eurípides Prado.

do a sobrevivência da alma e proporcionando a sua comunicação com os chamados *vivos*, sem que lhe esmaecesse o ideal em tempo algum.

    Que todos esses denodados pioneiros, especialmente a nossa querida Anna Prado e seu digno esposo Eurípides Prado – seguro esteio de sua missão – recebam aqui o nosso mais sincero e elevado preito de reconhecimento, gratidão e amor[20].

---

[20] Após a conclusão desse texto, em 23 de abril de 2008, realizamos em maio desse mesmo ano mais uma viagem à Belém do Pará, onde recolhemos, por meio do nosso caro companheiro Nazareno Tourinho, várias fotos dos fenômenos de Anna Prado, cópia do original do livro *O que eu vi* e de um caderno de anotações de Ettore Bosio, recortes de jornais da época, cópia do livro *Materializações de Esmeralda* e localizamos um neto de Eurípides Prado, filho de Eudes e Maria Prado. O Sr. Eudes Prado era filho do segundo casamento de Eurípides Prado.

I
Notícias Biográficas

Na terra dos bois-bumbás

Abrimos esse capítulo com um pouco da história de Parintins.

Terra natal da inesquecível médium Anna Rebello Prado, a famosa ilha, situada à margem direita do Baixo Amazonas, foi descoberta, em 1749, pelo navegador e explorador português José Gonçalves da Fonseca.

Habitada naquela época por várias tribos indígenas – Tupinambás, Sapupé, Peruviana, Mundurucu, Mawe e Parintins[21] – foi batizada, em 1796, com o nome de *Ilha Tupinambarana*, pelo capitão de milícias José Pedro Cordovil.

Após essa primeira denominação, a grande ilha recebeu vários outros nomes.

Devolvida à Coroa Portuguesa, em 1803, ocasião em que foi elevada à categoria de Missão Religiosa, recebeu o nome de Vila Nova da

---

[21] Também conhecida como tribo dos *parintintins*.

Rainha e em 25 de julho de 1833, Freguesia de Nossa Senhora do Carmo de Tupinambarana. Posteriormente, em 24 de outubro de 1848, alcançando o status de *vila*, foi rebatizada como Vila Bela da Imperatriz, para finalmente, em 30 de outubro de 1880, denominar-se Parintins.

Com vegetação típica da Amazônia, formada por florestas de terra firme, várzeas e igapós, apresenta vários lagos, ilhotas e uma pequena serra, de modestas proporções, localizada já quase na fronteira entre os estados do Amazonas e Pará. Com uma área de 7.096 km² e abrigando uma população de aproximadamente cento e dez mil habitantes, possui um clima onde se verifica acentuada precipitação pluviométrica, alta umidade e elevadas temperaturas. Sua economia gira em torno da pesca, da pecuária, do comércio e do turismo.

Constituindo um dos principais polos intelectuais amazônicos, berço de ilustres poetas, respeitados escritores e grandes artistas, o município guarda com muito zelo e carinho todas as suas mais caras tradições, com destaque para o seu festival folclórico – considerado a maior festa popular do norte do país. Promovido pelos integrantes dos *bois-bumbás Garantido*[22] e *Caprichoso*[23], esse festival, que ocorre a cada ano, divide literalmente a afamada ilha em vermelho e azul, cores que representam cada um desses grupos, revelando claramente a indubitável paixão que despertam na população parintinense.

Com um notável acervo cultural, uma prestigiosa influência política e uma relevante economia para a região, Parintins é hoje, como outrora, um dos mais importantes municípios amazonenses.

O pioneirismo espírita de uma família

Numa época em que o preconceito e a ignorância sobre as transcendentes questões do espírito imperavam de maneira generalizada e opresso-

---

[22] Segundo alguns historiadores, o *Boi Garantido* foi fundado em 12 de junho de 1913 por Lindolfo Monteverde.

[23] Consoante alguns registros históricos, o *Boi Caprichoso* foi fundado em 20 de outubro de 1913 por José Furtado Belém e pelos irmãos Cid.

ra, provocando temores e receios tanto na alma popular quanto nas elites intelectuais, alguns membros da família Rebello lograram dilatar as fronteiras de influência dos conhecimentos espíritas na região norte do país.

Voluntariamente dedicados à causa do bem comum e perfeitamente integrados aos postulados kardequianos, participaram ativamente de várias agremiações espiritistas na capital amazonense, oferecendo-lhes considerável contributo ao aperfeiçoamento de suas atividades e estabelecendo, com outros companheiros, os pródromos do movimento espírita local. Dentre essas contribuições, todas importantes, merecem destaque as atuações de Emiliano Olympio de Carvalho Rebello e Jovita Olympio de Carvalho Rebello[24].

Dignitários funcionários do serviço público federal[25], o que lhes garantia um lugar de relevo na sociedade manauara, esses dois valorosos companheiros sofreram as mais ásperas críticas e soezes zombarias, pela ousadia de comungarem naqueles tempos com as refulgentes e profundas verdades espíritas. Nada obstante tais incompreensões, alheios aos desvarios dos contumazes detratores daquilo que não conhecem ou não conseguem compreender, eles, com grande bravura, consagraram-se à ingente e meritória tarefa difusora do Espiritismo.

Emiliano Olympio de Carvalho Rebello, membro ativo da *Sociedade de Propaganda Espírita* – instituição responsável pelo excelente jornal *Mensageiro*[26] –, ali exerceu várias atividades, desempenhando, entre outras, a função de diretor da escola *Curso Noturno Gratuito*[27], inaugurada pela referida entidade em 31 de julho de 1901.

Incansável trabalhador de nossa seara, participou também da fundação da Federação Espírita Amazonense[28] em 1 de janeiro de 1904 – marco determinante para a organização do movimento espírita estadual

---

[24] Tios maternos de Anna Prado.
[25] Funcionários da Alfândega – Manaus – Amazonas.
[26] Primeiro jornal espírita a circular no Amazonas.
[27] Contando com mais de quatrocentos alunos matriculados na data de sua inauguração e ofertando o estudo de várias disciplinas como português, matemática, geografia e francês, o *Curso Noturno Gratuito* foi, provavelmente, a primeira escola brasileira a funcionar sob a direção de uma instituição espírita. Trouxe valiosos benefícios à população de Manaus.
[28] Segundo órgão espírita de caráter federativo estadual brasileiro.

Fig. 3 – Jovita Olympio de Carvalho Rebello (1865 – 1943)

Fig. 4 – José Furtado Belém (1867 – 1934)

– ocasião em que juntamente com Antônio José Barbosa, Joaquim Francelino de Araújo, Antônio Ulysses de Lucena Cascaes e Antônio Lucullo de Souza e Silva compôs a primeira comissão encarregada da elaboração dos estatutos da novel instituição.

Quanto a Jovita Olympio de Carvalho Rebello, nossas pesquisas revelam que foi igualmente um ardoroso e intrépido defensor da causa espírita. Fundador do *Centro Espírita São Vicente de Paula*[29], integrou o Conselho Fiscal da *Sociedade Cosmopolita de Benefícios Mútuos – Previdente Amazonense*[30], instituída pelo referido grupo em 21 de abril de 1905, participando de 1907 a 1911 da Comissão de Contas da Federação Espírita Amazonense.

Colaboradores entusiastas da seara espírita, sempre impulsionados por superiores inspirações, Emiliano e Jovita realizaram ainda muitas outras tarefas em favor do Espiritismo, sem que, em momento algum, mesmo ante as dificuldades enfrentadas, fenecesse-lhes o ideal iluminativo.

Ao lado de outros pioneiros como Carlos Theodoro

---

[29] Fundado em 11 de abril de 1905 (Manaus, AM).
[30] Conforme jornal *O Guia* de 15 de janeiro de 1910.

Gonçalves, Raymundo de Carvalho Palhano, José Furtado Belém e Eurípides de Albuquerque Prado, propiciaram expressivo impulso à imprensa espírita nacional, num tempo em que as publicações eram extremamente custosas e difíceis. Enquanto Carlos Theodoro fez editar o jornal *Mensageiro*[31], Furtado Belém e Eurípides Prado, o jornal *O Semeador*[32], e, alguns outros, o jornal *A Luz da Verdade*[33], eles, juntamente com Raymundo Palhano, fizeram circular em 15 de dezembro de 1905 o primeiro número do jornal *O Guia*, cuja tiragem se estendeu até pelo menos o início da década seguinte[34].

Fig. 5 – Raymundo de Carvalho Palhano (1868 – 19480)

Todo esse trabalho emprestou significativo avanço ao nascente movimento espírita amazonense. Cumpre-nos anotar, ainda, que além desses dois ascendentes consanguíneos da nossa querida médium, tomaram igualmente parte nas mesmas fileiras, Ermelinda de Carvalho Rebello[35], João Rebello Corrêa[36], Clóvis de Albuquer-

---

[31] Fundado em 1 de janeiro de 1901, em Manaus (AM).
[32] Fundado em julho de 1907, em Parintins (AM).
[33] Fundado em 5 de setembro de 1919, em Porto Velho (AM). O município de Porto Velho, criado em 2 de outubro de 1914, pertencia originalmente ao estado do Amazonas. Com a instituição do Território Federal do Guaporé, em 13 de setembro de 1943, passou à condição de capital do novo território. Depois, em 17 de fevereiro de 1956, o Território do Guaporé passou a se chamar Território Federal de Rondônia, para, finalmente, em 22 de dezembro de 1981, ser elevado à categoria de estado federativo, com o nome de Estado de Rondônia.
[34] Conforme cópias de exemplares em nosso poder.
[35] Mãe de Anna Prado. A Sra. Ermelinda Rebello possuía um exemplar de *O Evangelho Segundo o Espiritismo* – edição comemorativa do centenário de Allan Kardec, publicado pela FEB em 1904 – que hoje faz parte do acervo do Memorial do Espiritismo no Amazonas, por nós idealizado e executado, entre os anos de 2002 e 2004, e instalado na sede administrativa da Federação Espírita Amazonense.
[36] Único irmão de Anna Prado. Filho do segundo casamento da Sra. Ermelinda Rebello.

que Prado[37] e sua mulher Cristina Rebello Prado[38], revelando uma marcante presença de seus familiares nas lides espíritas do final do século XIX e início do século XX.

Isto nos leva a uma clara e natural conclusão de que a nobre medianeira, bem antes dos extraordinários fenômenos verificados em Belém do Pará, vivera cercada pelas meridianas luzes do Es-

Fig. 6 – Jornal *Mensageiro*

Fig.7 – Jornal *O Guia*

---

[37] Irmão de Eurípides Prado.
[38] Irmã de Anna Prado. Filha do segundo casamento da Sra. Ermelinda Rebello.

piritismo, o que seguramente lhe favoreceu uma sólida e elevada formação moral e espiritual. Por fim, gostaríamos de lembrar que o seu orientador mediúnico – o espírito *João* – fora em verdade o seu tio materno Felismino Olympio de Carvalho Rebello, que retornando do mundo espiritual veio, por meio de suas excepcionais faculdades psíquicas, reafirmar para o mundo a alvissareira verdade da sobrevivência da alma.

Fig.8 – Jornal *A Luz da Verdade*

Anna, Eurípides e filhos

Anna Rebello Prado nasceu em Parintins, Amazonas, por volta do ano de 1883[39], filha do casal Francisco Maximiano de Sousa Rebello e Ermelinda de Carvalho Rebello.

Sobre a sua infância e adolescência, infelizmente, não encontramos qualquer registro. Provavelmente viveu e foi educada em sua

---

[39] Apesar das buscas que realizamos em cartórios, cúrias católicas, bibliotecas e cemitérios, não conseguimos encontrar a exata data de seu nascimento.

cidade natal, onde se casou a 9 de junho de 1901[40], com o cearense Eurípides de Albuquerque Prado[41], que se tornaria, mais tarde, o firme arrimo de sua tarefa espiritual.

Lamentamos essa escassez de informações acerca de determinados aspectos de sua vida, inclusive no que diz respeito às suas inclinações religiosas – até a eclosão de suas faculdades mediúnicas – conquanto tenhamos comprovado em nossas pesquisas que vários membros de sua família foram dedicados trabalhadores espíritas.

Quanto a Eurípides Prado, consoante suas próprias palavras, desde a sua adolescência muito se preocupava com os destinos da alma após a morte. Educado na religião católica, votava elevada estima aos seus princípios morais. Contudo, sempre achara inconcebível a ideia de um Deus exclusivista e vingativo, criador de seres destinados a intérminos sofrimentos, conforme preceitua a doutrina das penas eternas. Sua razão refutava vigorosamente tal possibilidade, não aceitando as explicações que lhe eram oferecidas, por entendê-las inteiramente destituídas de bases concretas.

Oportunamente chegara às suas mãos o livro *O céu e o inferno*, de Allan Kardec. Lendo-o com grande avidez, aceitara de pronto as ideias ali expendidas, como uma revelação. Posteriormente, adquirindo e estudando outras obras sobre o assunto, reconhecera-se espírita, despreocupando-se de procurar, desde então, desvendar o mistério da *morte*, que sempre o atraíra, para mergulhar no trabalho de sua própria reforma íntima[42].

Comerciante, jornalista, professor e homem público, apesar de seus muitos afazeres profissionais e familiares, sempre encontrou tempo e disposição para cooperar com as atividades espíritas de sua cidade.

Redator do jornal parintinense *O Tacape*, editado a partir de 15 de novembro de 1902, contando com a cooperação de alguns companheiros, fez publicar com relativa regularidade, em suas páginas, textos de Léon Denis, Gabriel Delanne e de outros consagrados autores espíritas, além de inúmeros excertos das obras de Allan Kardec. Essa sua dedicação

---

[40] Conforme certidão de nascimento de seus filhos Eurídice, Eratósthenes, Antonina e Dinamérico.
[41] Filho de Joaquim Freire do Prado e Maria de Albuquerque Prado.
[42] FARIA, Raymundo Nogueira de. *O trabalho dos mortos*. 4ª ed. Rio de Janeiro: FEB, p. 50.

ao ideal espiritista o levaria, em 1907, a participar ativamente da fundação do periódico *O Semeador* e do *Grupo Espírita Amor e Caridade*[43].

Alma laboriosa e voltada para a assistência às camadas menos favorecidas da sociedade, Eurípides Prado sempre trabalhou com essa finalidade, apoiando toda ação digna que tivesse por objeto a melhoria de vida das pessoas. Exercendo a função de Superintendente Municipal de Parintins[44] – atual cargo de prefeito municipal – no período de 1911 a 1913, desincumbiu-se de suas funções com honradez e responsabilidade, promovendo consideráveis melhorias na infraestrutura daquele município, com inequívocos benefícios para toda a população.

Mais tarde, sem abandonar por completo a cidade natal de sua querida esposa, onde havia estabelecido sólidas amizades e fortes laços afetivos, transferiu-se com ela e seus filhos[45] – Eurídice, Eratósthenes, Antonina e Dinamérico – para a capital paraense.

Com os mais velhos vivendo a adolescência, percebeu que eles se inclinavam fortemente para o materialismo. Preocupado com essa tendência, que considerava extremamente nociva, passou a frequentar as reuniões espíritas locais no intuito de levá-los a uma reflexão sobre os equívocos e males do culto exclusivista da matéria.

A princípio, não demonstraram grande interesse pelo assunto. Todavia, com o desenvolvimento das atividades mediúnicas de Anna Prado, vamos encontrá-los, tempos depois, perfeitamente ajustados às tarefas espíritas.

---

[43] O *Grupo Espírita Amor e Caridade* foi reorganizado em julho de 2004, com a presença do médium e orador José Raul Teixeira, numa promoção do Centro de Documentação Espírita do Amazonas e Federação Espírita Amazonense.

[44] Conforme o jornal *Parintins*, de 1 de janeiro de 1911.

[45] O professor Raymundo Nogueira de Faria não faz nenhuma referência aos nomes de Eurídice ou Dinamérico em seus livros *O trabalho dos mortos* e *Renascença da alma*. Todavia, nossas pesquisas revelaram, por meio de suas certidões de nascimento, que Eurídice era a filha mais velha do casal e Dinamérico o filho mais novo. Tudo indica que *Alice*, tantas vezes mencionada por Nogueira de Faria e Ettore Bosio, este, em seu livro *O que eu vi*, seja a mesma Eurídice, já que não encontramos fora dessas citações nenhum registro documental da existência de Alice. Reforçando esse nosso raciocínio, a certidão de óbito de Anna Prado, expedida pelo Registro Civil de 1º Ofício Guedes de Oliveira (Belém - PA), informa que ela deixou os filhos Eurídice, Eratósthenes, Antonina e Dinamérico. Outra informação que corrobora essa conclusão pode ser vista na Nota de Rodapé 23, Cap. 24 de *O trabalho dos mortos*, quando registrou Nogueira de Faria: *Há mais ainda: em nossas experiências íntimas, todos nós: os esposos Prado, seus três filhos maiores, sempre tirávamos as nossas fichas.*

Fig. 9 – Família Prado – Antonina Prado, Eurípides Prado, Anna Prado, Alice Prado e Eratosthenes Prado

Eratósthenes cooperava assiduamente com a organização das reuniões.

Antonina servia de intermediária a diversos espíritos pela psicografia mecânica e se tornou, depois, trabalhadora do Centro Espírita Caminheiros do Bem.

Alice tocava ao piano durante as sessões de materializações a pedido do espírito João e, após a desencarnação de sua mãe, colaborou igualmente com as tarefas do Centro Espírita Caminheiros do Bem.

Cultos, esclarecidos e reconhecidamente dignos, inúmeros foram os membros das famílias Rebello Prado, Carvalho Rebello e Albuquerque Prado que integraram as fileiras espíritas naqueles dias.

Reencarnados com tarefas específicas no campo da comprovação da *vida além-túmulo*, aqui perlustraram por muitos anos, sofrendo a incompreensão de uns e a intolerância de outros, sempre arrimados à fé raciocinada.

Claro, caberia a Anna Prado, elevada cota de trabalhos e sacrifícios!

Numa época em que pouco ou nenhum espaço era oferecido à manifestação da mulher na sociedade, nossa irmã foi chamada a dar público testemunho sobre uma das mais importantes questões da vida: *a existência da alma e a sua sobrevivência*. Não abandonando os seus compromissos de madona do lar, ela soube se desdobrar a fim de cumprir fielmente a nobre missão de fortalecer a fé daqueles que ainda tateiam nas sombras das próprias dúvidas.

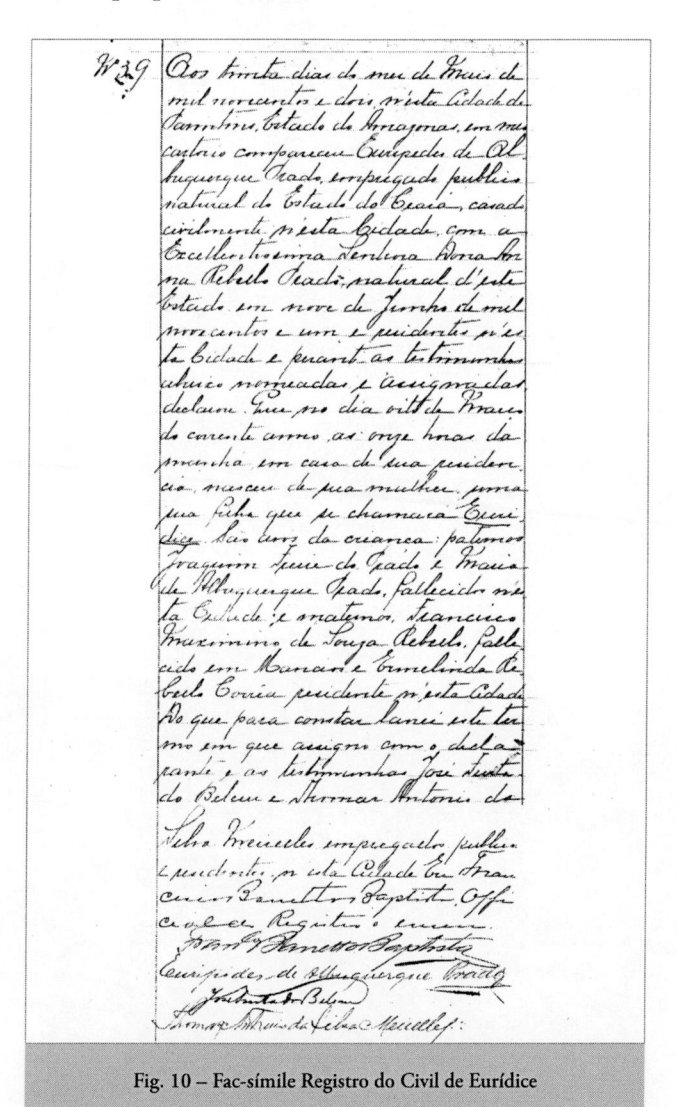

Fig. 10 – Fac-símile Registro do Civil de Eurídice

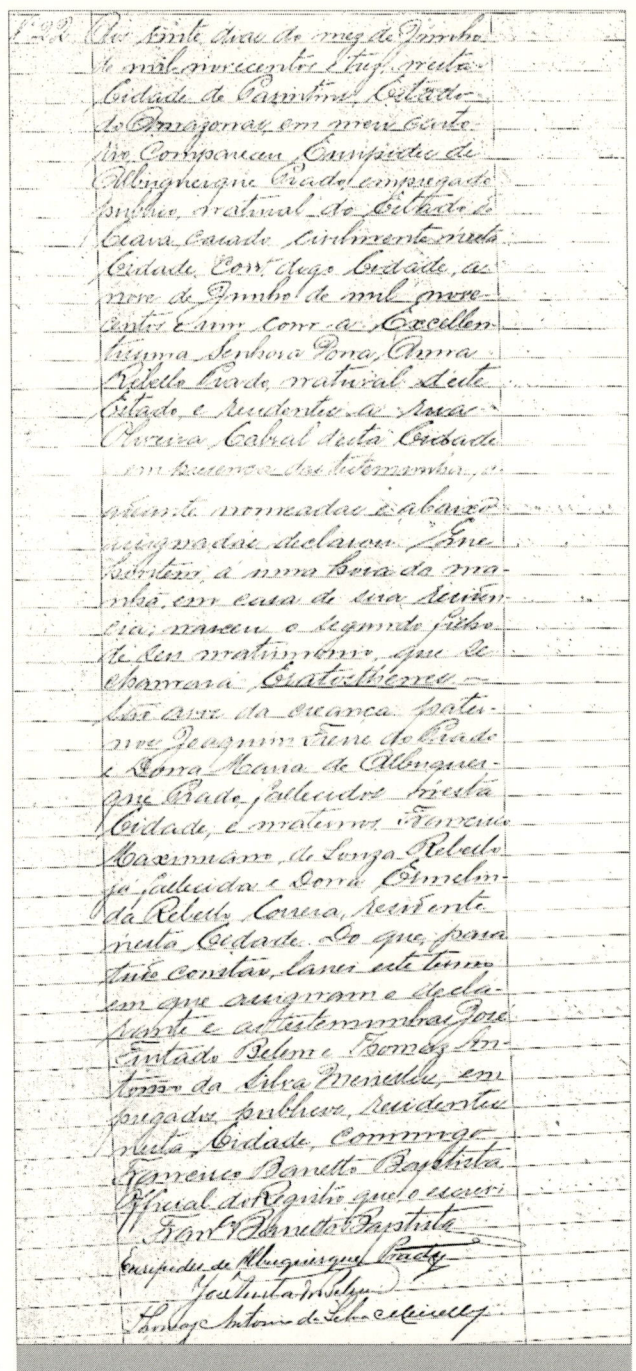

Fig. 11 – Fac-símile Registro do Civil de Eratósthenes

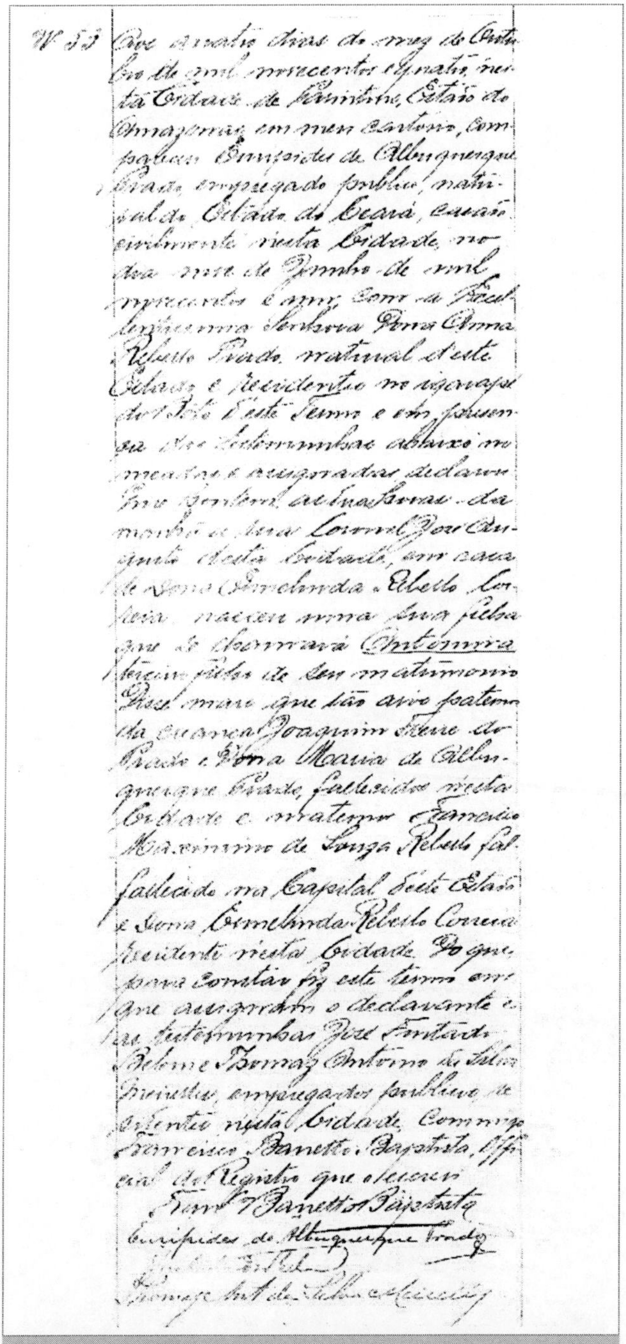
N 53 Aos quatro dias do mez de Outu-
bro de mil novecentos e quatro, nesta Cidade de Parintins, Estado do
Amazonas, em meu cartorio, compareceu Eurypides de Albuquerque
Prado, empregado publico, natural do Estado do Ceará, casado
civilmente nesta Cidade, no
dia [illegible] de Junho de mil
novecentos e um, com a Excel-
lentissima Senhora Dona Anna
Rebello Prado, natural deste
Estado e residentes no [illegible]
do [illegible] deste Termo e em presença das testemunhas abaixo no-
meadas e assignadas declarou
que hontem, ás [illegible] horas da
manhã, [illegible] Coronel José Augusto desta Cidade, em casa
de Dona Ermelinda Rebello Correia nasceu uma sua filha
que se chamará Antonina
terceira filha de seu matrimonio
[illegible] que são avós paternos
da creança Joaquim Ferreira do
Prado e Dona Maria de Albuquerque Prado, fallecidos nesta
Cidade e maternos Firmino
Maximino de Souza Rebello fal-
fallecido na Capital deste Estado
e Dona Ermelinda Rebello Correia
residente nesta Cidade. Do que
para constar fiz este termo em
que assignaram o declarante e
as testemunhas José Furtado
Belem e Thomaz Antonio da Silva
Meirelles, empregados publicos residentes nesta Cidade. Comigo
Francisco Benetti Baptista, Official do Registro que escrevi
Fran.co Benetti Baptista
Eurypides de Albuquerque Prado
[illegible]
Thomaz Ant. da Silva Meirelles

Fig. 12 – Fac-símile Registro do Civil de Antonina

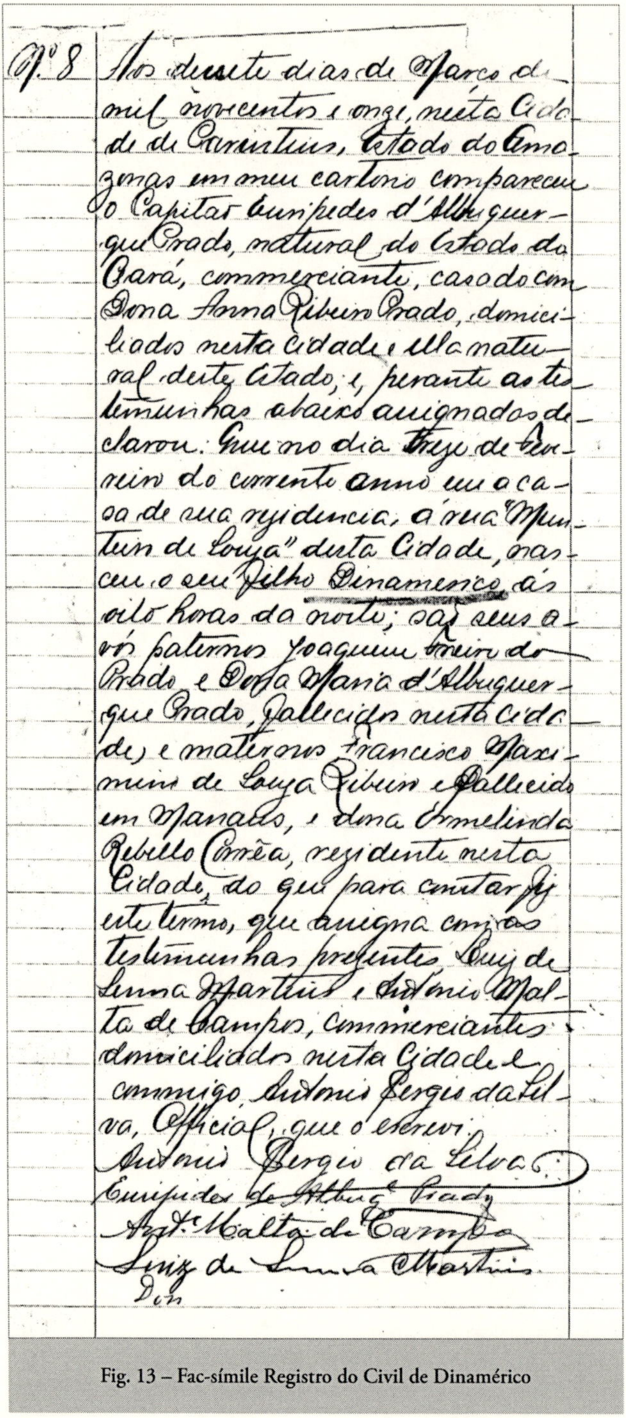
Nº 8 Aos desesete dias de Março de mil novecentos e onze, nesta Cidade de Parintins, Estado do Amazonas em meu cartorio compareceu o Capitão Euripedes d'Albuquerque Prado, natural do Estado do Pará, commerciante, casado com Dona Anna Ribeiro Prado, domiciliados nesta Cidade e ella natural deste Estado; e, perante as testemunhas abaixo assignadas declarou: Que no dia treze de Fevereiro do corrente anno em a casa de sua residencia, á rua "Martins de Souza" desta Cidade, nasceu o seu filho Dinamerico, ás oito horas da noite; são seus avós paternos Joaquim Ribeiro do Prado e Dona Maria d'Albuquerque Prado, fallecidos nesta Cidade, e maternos Francisco Maximino de Souza Ribeiro e fallecido em Manáos, e dona Ermelinda Rebello Corrêa, residente nesta Cidade, do que para constar fiz este termo, que assigna com as testemunhas presentes Luiz de Lima Martins e Antonio Malta de Campos, commerciantes domiciliados nesta Cidade e commigo Antonio Sergio da Silva, Official, que o escrevi.
Antonio Sergio da Silva
Euripedes de Albuqe Prado
Antº Malta de Campos
Luiz de Lima Martins
Dou

Fig. 13 – Fac-símile Registro do Civil de Dinamérico

2

UMA MEDIUNIDADE EXCEPCIONAL

O Evangelista Lucas, em Atos dos Apóstolos 2:17-18[46], registra: *Nos últimos tempos, diz o Senhor, derramarei do meu Espírito sobre toda a carne; vossos filhos e filhas profetizarão; vossos jovens terão visões e vossos velhos, sonhos. Nesses dias derramarei do meu Espírito sobre os meus servidores e servidoras, e eles profetizarão.*

Atendendo ao fiel cumprimento dessa afirmativa profética, desde fins da primeira metade do século XIX, as vozes dos chamados *mortos* têm ecoado por toda parte anunciando um novo, admirável e transformador *pentecostes*.

Portador de sublimes esperanças para o gênero humano, apresentando um formidável conjunto de leis que regem as relações entre os mundos *visível* e *invisível* e tratando da origem, natureza e destinação dos espíritos, o movimento nascido com essas manifestações inaugurou uma nova era para a humanidade, concretizada e consubstanciada na magnífica obra do inolvidável professor lionês Allan Kardec.

---

[46] Texto contido originalmente em *Joel 2:28-29*. Algumas traduções o localizam em *Joel 3:1-2*.

Fig. 14 – Andrew Jackson Davis (1826 – 1910)

Inumeráveis foram os colaboradores desse incomparável acontecimento.

Desde os dias que o precederam até a hora atual, homens e mulheres de subido valor, abnegação e honradez têm empregado seus recursos e tempo na construção e expansão desse imenso edifício, que chamamos Espiritismo ou Doutrina dos Espíritos.

Emanuel Swedenborg, Andrew Jackson Davis e as irmãs Kate, Margaretta e Leah Fox foram alguns dos seus precursores que mais se notabilizaram, semelhando-se a verdadeiras *trombetas jericoenses*, possibilitando a *derribada* das poderosas *muralhas vibratórias* que separam os dois círculos de manifestação do Espírito Imortal.

Fig. 15 – Família Fox – Leah Fox, Maggie Fox, Kate Fox, Jonh Fox, Margaret Fox

Caroline Boudin, Julie Boudin, Ruth Japhet e Ermance Dufoux, quatro jovens meninas, todas dotadas de elevada sensibilidade mediúnica, foram, por sua vez, importantes auxiliares de Allan Kardec e dos Espíritos Superiores. Responsáveis pela recepção de grande parte dos textos que compõem a codificação espírita, nada obstante o respeitável contributo de muitos outros médiuns, merecem especial destaque pelo muito que realizaram a bem da Terceira Revelação.

No período clássico das investigações científicas[47], quando experimentadores de nomeada como Willian Crookes, Charles Richet, Gabriel Delanne, Camille Flammarion, Ernesto Bozzano, Friedrich Zöllner e Alexander Aksakof se entregaram ao estudo e à pesquisa dos fatos espíritas, assistimos maravilhados aos espantosos fenômenos produzidos por sensitivos do nível de Eusápia Paladino, Florence Cook, Linda Gazera, Leonora Piper, Marthe Béraud, Daniel D. Home e Frank Kluski. Providos de extraordinários poderes psíquicos, esses companheiros

Fig. 16 – Eusápia Paladino (1854 – 1918)

Fig.17 – Linda Gazzera (1890 – 1932)

---

[47] Investigações da ciência materialista.

Fig. 18 – Florence Cook (1856 – 1904)

Fig. 19 – Daniel D. Home (1833 – 1886)

emprestaram suas preciosas faculdades para que os homens obtivessem da ciência materialista a comprovação da existência e sobrevivência da alma, vindo a sofrer, por seu turno, infundadas acusações de bruxaria e charlatanismo, mesmo quando, pelos evidentes flagrantes da vida espiritual que proporcionaram, chegaram a converter muitos daqueles que se acercaram dessas experiências, cheios de descrença e cepticismo, movidos, quase sempre, pelo vivo interesse em *desmascarar* o que supunham ser impudente mentira ou mera ilusão de sentidos sobre-excitados.

Exibindo uma mediunidade excepcional, comparável à dos maiores médiuns de efeitos físicos de que se tem notícia, Anna Prado integrou esse quadro de nobres servidores dos primeiros tempos do Espiritismo.

Com a produção de fenômenos de rara ocorrência e grande impacto entre aqueles que os testemunharam – médicos, advogados, farmacêuticos, escritores, jornalistas, políticos, diplomatas, administradores, estudiosos do assunto e pessoas comuns – viu seus feitos mediúnicos serem apresentados, estudados e discutidos dentro e fora dos círculos espiritistas brasileiros, alcançando larga repercussão, inclusive, para além das fronteiras do nosso país[48].

Com seus múltiplos dons mediúnicos, patenteou os mais diversos e inusitados fenômenos.

Fotografias obtidas por amigos e familiares registraram a parcial desmaterialização de seu próprio corpo e captaram a presença de vários *fantasmas* à sua volta.

Sob estado sonambúlico, relatou acontecimentos que se desenrolavam a centenas de quilômetros, acontecimentos esses confirmados posteriormente por correspondência recebida de Parintins, Amazonas.

Médicos do Além, materializados por meio de suas faculdades, realizaram várias intervenções cirúrgicas, sem o uso de anestésicos, cujos pacientes declararam sentir apenas leve incômodo durante o processo operatório.

Anna Prado possuía de fato uma mediunidade esplendorosa.

Via e ouvia os espíritos com meridiana clareza, desdobrava-se com grande facilidade, produzindo com frequência fenômenos de levitação, transporte, voz direta e escrita direta.

Seus abundantes fluidos ectoplásmicos – registram diversas atas daquelas memoráveis sessões – propiciavam a materialização de mais de um espírito ao mesmo tempo, atestando a grande força de seus poderes paranormais, ocorrendo, ainda, e frequentemente, o uso simultâneo de seus recursos psicofônicos, para instruções sobre os trabalhos em andamento.

O longo tempo em que os espíritos permaneciam materializados, produzindo, entre outros fenômenos, moldes de mãos e pés humanos, flores e outros objetos em parafina, é outro fato digno de nota, patrocinado por sua fecunda mediunidade.

Muitos não sabem, mas o seu trabalho em favor dos fenômenos espíritas inscreveu definitivamente o Brasil no rol dos países de grandes sensitivos e a farta documentação elaborada em torno de suas atividades mediúnicas constitui, desde aqueles tempos, importante fonte de estudos e pesquisas sobre a fenomenologia espiritista, tanto pela

---

[48] Ver cap. 10 *Anna Prado e Gabriel Delanne*.

riqueza das provas apresentadas quanto pelos diversos e lídimos testemunhos que as acompanham.

Transcorreram apenas cinco anos da eclosão de sua rica mediunidade até a sua desencarnação. Foram, porém, cinco anos de intensos e abençoados labores, outorgando à posteridade considerável acervo de provas sobre a realidade da vida espiritual.

Arrostando dificuldades de vulto – críticas, acusações, zombarias, difamações – prosseguiu intimorata em seu elevado ministério, conquanto, muitas vezes, deixasse transparecer a dor que lhe ia na alma, legando-nos inesquecível e valioso exemplo de fé, abnegação, coragem e ideal, desafiando-nos a palmilhar pela mesma estrada.

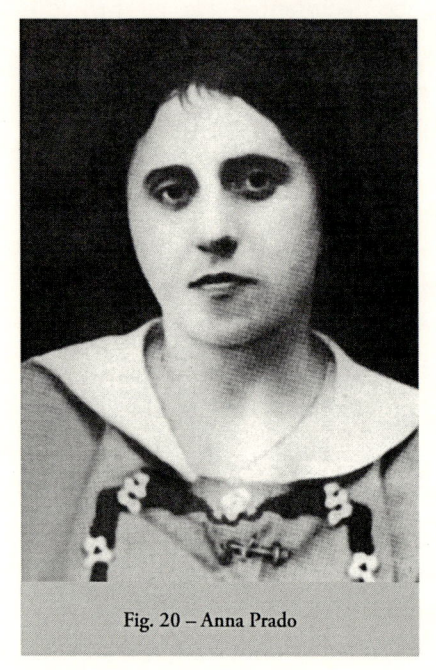

Podemos dizer, sem qualquer embargo, que ela foi um dos mais brilhantes astros na luminosa constelação de medianeiros da Terra do Cruzeiro.

Justo, pois, descortinemos algo de sua vida e personalidade, num preito de gratidão e amor, esperando que as gerações futuras possam, igualmente, beber na fonte desse cristalino exemplo.

Fig. 20 – Anna Prado

3

Manifestações iniciais, progresso mediúnico, lutas e vitórias

O Fenômeno Espírita

O fenômeno espírita está na ordem natural das coisas e acompanha a humanidade desde as mais priscas eras. Durante quase toda a história das civilizações terrenas, foi situado nos domínios do maravilhoso e do sobrenatural, com a mente popular criando as mais tolas e esquisitas teorias a seu respeito. Somente alguns indivíduos, pertencentes a determinados círculos iniciáticos, conheciam-lhe a origem e o fundamento, mesmo assim de maneira vaga e incompleta, ocultando-os deliberadamente às massas ignaras.

Ao Espiritismo – *ciência cujo fim é a demonstração experimental da existência da alma e sua imortalidade*[49] – estava reservado o seu estudo, a sua interpretação e a sua vulgarização.

---

[49] DELANE, François Marie Gabriel. *O Fenômeno Espírita*. 6. ed. Rio de Janeiro: FEB, 1992.

Fig. 21 – Charles Richet (1850 – 1835)

Fig. 22 – William Crookes (1832 – 1919)

Após os ingentes trabalhos do codificador Allan Kardec, que definiram e apresentaram as bases da Nova Revelação, renomados cientistas se ocuparam largamente com esses fenômenos, autenticando-os perante as academias do mundo.

Na França, Inglaterra, Alemanha, Itália e Rússia, gênios da importância de um Charles Richet, William Crookes, Friedrich Zöllner, Ernesto Bozzano e Alexander Aksakof, valendo-se das faculdades psíquicas de notáveis sensitivos, estudaram-nos à exaustão, aplicando a esses estudos todos os cuidados que a pesquisa científica requer, chegando a utilizar controles extremos em alguns casos.

Todavia, nada obstante o insofismável caráter dessas provas laboratoriais, muitos continuam afirmando que a existência da alma, sua sobrevivência e comunicabilidade com os chamados *vivos* não estão, ainda, suficientemente demonstradas.

A que atribuir semelhante postura se não ao misoneísmo científico, ao dogmatismo religioso ou ao cepticismo materialista? Como justificar a simples rejeição aos testemunhos desses grandes homens, que foram e são, por diversos títulos, sumidades intelectuais no vasto domínio dos conhecimentos humanos? Necessário e prudente se faz analisá-

-los para que se possa emitir uma opinião válida. Afinal não devemos esquecer que os enganos provocados por essas posturas – com graves consequências em muitas ocasiões – são de todos os tempos.

Foi o misoneísmo que fez o grande François Arago[50] dizer que nunca se conheceria a composição química dos astros. A espectrometria mostrou o seu equívoco.

Foi ele, igualmente, que levou o célebre Antoine Lavoisier[51] a dizer: *como cair pedras do céu, se no céu não há pedras?* A astrofísica o desmentiu.

Fig. 23 – Ernesto Bozzano (1862 – 1943)

Foi, ainda, esse adversário do novo que levou o famoso Jean Bouillaud[52] a insultar o representante de Thomas Edison, chamando-o de ventríloquo impostor, diante do fonógrafo.

Já o dogmatismo religioso, seu irmão siamês, engendrou as mais infandas e dolorosas tragédias.

Envenenou Sócrates[53]... Crucificou Jesus[54]... Calcinou Jan Hus[55]... Queimou Joana d'Arc[56]... Excomungou Lutero[57]... Matou Coligny[58]... Encarcerou Galileu[59].

---

[50] Dominique François Jean Arago (1786 – 1853), físico e astrônomo francês, autor espiritual de uma mensagem inserida no it. 8 do cap. 18 de *A gênese*.

[51] Antoine Laurent de Lavoisier (1743 – 1794), cientista francês, considerado o pai da Química Moderna.

[52] Jean Bouillaud (1796 – 1881), médico francês, membro da Academia de Medicina e da Academia de Ciências de Paris, localizou o centro da fala no lóbulo anterior do cérebro.

[53] Grande filósofo grego (469 – 399 a.C.).

[54] Jesus de Nazaré.

[55] Jan Hus (1369 – 1415), pensador e reformador religioso.

[56] Heroína francesa (1412 – 1431).

[57] Martinho Lutero (1483 – 1546), monge agostiniano alemão, teólogo e professor universitário, cujas ideias influenciaram a *Reforma Protestante*.

[58] Gaspard de Coligny (1519 – 1572), líder huguenote, assassinado durante o massacre que ficou conhecido como a Noite de São Bartolomeu, por ordem de Henrique de Lorraine, o Duque de Guise.

[59] Galileu Galilei (1564 – 1642), famoso cientista italiano.

Por sua vez, o cepticismo dos materialistas tem adiado indefinidamente o encontro desses espíritos com a Verdade Suprema.

Admiráveis pensadores, eminentes cientistas e consagrados escritores têm se debatido nas viscosas malhas de uma descrença enfermiça. Em vez de encontrarem no conhecimento a chave para a sua libertação, esses homens e mulheres têm erigido verdadeiros cárceres para si mesmos, vitimados pelo próprio orgulho e pela própria vaidade.

Mas dia virá em que seus olhos se descerrarão e verão uma nova luz; luz que nos tem sido adjudicada com o auxílio do fenômeno espírita, poderoso indutor de conversão da Nova Fé.

Com manifestações que vão dos efeitos luminosos às materializações, esses fenômenos permeiam o caminho da humanidade, desde sempre.

No Monte Sinai[60], Moisés recebeu as *Tábuas da Lei*[61].

Fig. 24 – Moisés no Sinai

Na Grécia, Sócrates conversava com seu *daimon*.

Brígida de Vadstena[62], a extraordinária vidente sueca, arrebatada em êxtase, contempla o venerando espírito de Maria de Nazaré.

Joana D'Arc[63], campesina francesa que passou à história como a *santa guerreira*, recebia pela clariaudiência as orientações dos espíritos que a guiavam.

Tereza de Jesus[64], a grande mística de Ávila, em admiráveis desdobramentos, via o próprio Jesus.

---

[60] Também chamado de *Monte Horeb*, localiza-se na península do Sinai, no Egito, erguendo-se a uma altitude de quase 2.300 m. Possui, atualmente, uma escadaria encravada na rocha, composta de 4.000 degraus, que vai de sua base até o seu pico, conhecida como o *Caminho de Moisés*.

[61] Êxodo – 31:18.

[62] Santa Brígida (1302 – 1373), além de vidente, psicografava, curava obsessões e levitava.

[63] Santa Joana D'Arc (1412 – 1431). Liderou o exército francês contra os ingleses na Guerra dos Cem Anos.

[64] Santa Tereza de Jesus (1515 – 1582). Falando em sua autobiografia de seu contato com Jesus, disse: *Vi-O com os olhos da alma, mais claramente do que O poderia ver com os olhos do corpo*.

José de Copertino⁶⁵, o *santo dos voos*, levitou perante o atônito papa Urbano VIII.

Afonso de Liguori⁶⁶ encontrando-se preso na cidade de Arezzo, Itália, apareceu, à vista de todos, ao lado do Papa Clemente XIV, que jazia moribundo em seu leito de morte.

Todos esses fatos e inumeráveis outros que a história das civilizações guarda, constituem inequívocas provas das realidades transcendentes da alma humana, conquanto os contumazes negadores de todos os tempos continuem a dizer: *mesmo que eu visse não creria*.

Fig. 25 – São José de Copertino

Para eles, a dor e o tempo serão os grandes transformadores. Quem sabe, num futuro não distante, apareçam no mundo envergando elevado *donum propheticum*. Tenhamos certeza, a vida saberá conduzi-los à Verdade; e, nesse dia, como o *cego de nascença*⁶⁷, certamente eles dirão: só *sei que eu era cego, mas agora eu vejo*.

Manifestações Iniciais

Frequentemente a mediunidade principia por tímidas manifestações. Com o estudo e a dedicação do medianeiro, aliado à segura orientação dos benfeitores espirituais, gradativamente caminha para o seu apogeu.

---

⁶⁵ José de Copertino (1603 – 1663), religioso franciscano, nascido em Copertino, Nápoles, Itália. Além da levitação, possuía o dom da cura e da bilocação.
⁶⁶ Santo Afonso de Liguori (1696 – 1787).
⁶⁷ João 9:25.

Com referência à mediunidade de efeitos físicos, parece-nos que os espíritos responsáveis pela tarefa do médium, vão estimulando nele a produção de *ectoplasma*[68] ou vão intensificando a sua liberação em quantidades sempre maiores, constituindo isso, segundo o que se observa, fator essencial para a produção de fenômenos cada vez mais complexos, duradouros e palpáveis.

Não fugiu a essa regra o desenvolvimento das faculdades mediúnicas de Anna Prado, cujos fenômenos atingiram admiráveis níveis no transcurso de suas atividades.

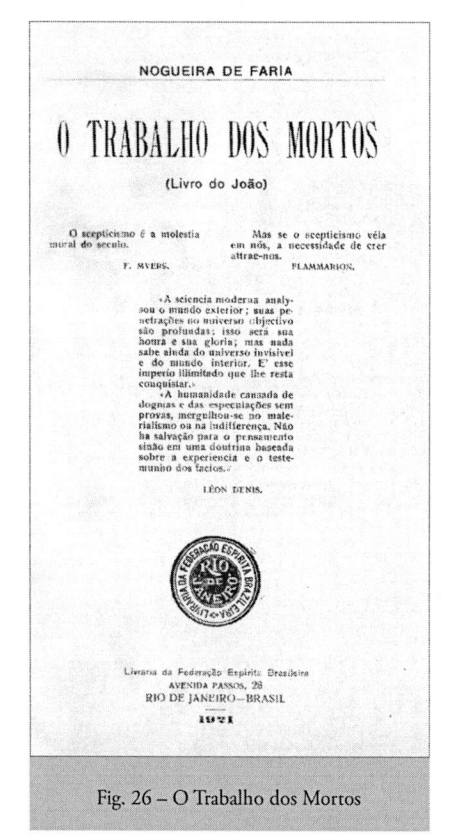

Relata Eurípides Prado em texto reproduzido na obra *O Trabalho dos Mortos*[69] que, conhecendo teoricamente os fenômenos das mesas girantes, sentiu-se profundamente inclinado a experienciá-los pessoalmente. Informa igualmente que, não encontrando adesão no meio espírita belenense para tal cometimento, decidiu-se por fazê-lo unicamente na companhia de seus familiares. Sua mulher, contudo, mesmo ante seu vibrante entusiasmo, mostrou-se inicialmente refratária a tal ideia. Alegando descrença ou quefazeres domésticos, esquivou-se em participar das primeiras reuniões, as quais, realizadas exclusivamente por ele e dois dos seus filhos mais velhos, não alcançaram qualquer resultado positivo.

Fig. 26 – O Trabalho dos Mortos

---

[68] Termo cunhado pelo professor Charles Richet para designar a substância segregada pelos médiuns de efeitos físicos, utilizada pelos espíritos na produção dos mais diversos fenômenos medianímicos.

[69] Livro de autoria de Raymundo Nogueira de Faria, publicado em primeira edição pela Federação Espírita Brasileira em 1921.

Nada obstante, determinado em prosseguir com o seu intento, Eurípides voltou a convidá-la, numa tarde de domingo, para tomar parte em uma das sessões. Colhida de surpresa e sem conseguir pretextar qualquer escusa plausível, Anna Prado finalmente cedeu às insistências do marido, que assim descreve o que aconteceu dali por diante:

> Estávamos à janela da sala de visitas. Perto, uma mesinha de centro e sobre esta um álbum de fotografias. Tiramo-lo e sentamo-nos colocando as mãos sobre a mesa.
>
> Passados alguns instantes, fomos surpreendidos com um estalido produzido na madeira da mesa. Minha esposa, cuja incredulidade disfarçava para me ser agradável, recebeu um grande susto com o fato inesperado e levantou-se muito nervosa, indo para a janela. Insisti pela continuação das experiências. Recusou-se terminantemente. À noite, voltei a pedir-lhe, sendo afinal meus rogos ouvidos. Colocadas que foram as mãos sobre a mesa – a pequena mesa de centro da sala – o estalido não se fez esperar. Minha mulher, não obstante o constrangimento do medo que sentia, acedeu aos meus pedidos, deixando de retirar-se como pretendia fazê-lo, repetindo a cena da manhã.
>
> Eu, penalizado pela situação angustiosa que a perturbava, persisti, vislumbrando já o fruto de minhas perseverantes tentativas. Alguns momentos mais e um dos pés da mesa levantou-se. Estupefação, pavor, crise de nervos de minha esposa, foram as conseqüências[70] imediatas. Assustei-me, por minha vez, diante destas e comecei a sentir o peso de uma responsabilidade tremenda, pois, se minha mulher viesse a sofrer qualquer abalo que lhe alterasse a saúde, seria eu o único responsável, por minha teimosia.

---

[70] A fim de preservar a ortografia original dos textos antigos aqui transcritos – redigidos nas primeiras décadas do século 20 – as atas e cartas da época tiveram suas grafias preservadas (trema, acentuação, hífen, etc).

A crise, felizmente passou, sem maus resultados, o que me animou a continuar no dia seguinte as experiências tão bruscamente interrompidas. Minha esposa, mais animada, inda hesitante, porém, concordou em prosseguir, já com a presença de nossos filhos mais velhos. O fenômeno, então, evidenciou-se de modo pleno: a mesa levantou uma das pernas, oscilou, dando algumas pancadas. Minha esposa resistiu à crise e, assim, vencido este obstáculo, prosseguimos em nossas experiências, até que a mesa, por pancadas convencionadas, deu o nome de um nosso conhecido, transmitindo-nos um pedido feito pela entidade que se dizia manifestada.

Passados 6 ou 8 dias, fomos surpreendidos por um fenômeno insólito e inesperado: encontramos atirado ao chão, no meio da sala, o álbum de fotografias ao qual já aludimos e que permanece sempre sobre a mesa-centro. Ficamos em dúvida: teria sido o meu filho menor, aliás muito travesso, ou um fenômeno? Interrogado, o menino negou.

Despreocupamo-nos desse fato e continuamos a trabalhar com a pequena mesa, obtendo manifestações sem importância. Uma noite, porém, o Espírito nosso conhecido disse-nos inesperadamente: *Eu vi quem lançou o álbum ao chão. Foi um irmão que passou por aqui* (a palavra irmão refere-se a outro Espírito). Essa revelação foi para mim de um efeito extraordinário: o fato de ser lançado ao solo um objeto, por uma força desconhecida, era, para mim, a probabilidade do êxito de nossas experiências!

Desta vez em diante, nós nos dedicamos todas as noites a esses trabalhos, com alternativas de êxito e fracasso, recebendo manifestações sem importância por um lado, porque as comunicações eram destituídas de valor intelectual, mas, de outro lado, os efeitos físicos produzidos na mesa aumentavam de intensidade, havendo ocasiões em que era suspensa do solo, outras em que se movia sem contato.

Prosseguiam, assim, os fenômenos, até que, em 24 de junho de 1918, por ocasião de uma experiência, violentos abalos agitaram a mesa.

Minha esposa, que já se ia habituando às manifestações, foi, de novo, possuída de pavor. A força que atuava sobre a mesa, em vez de suspender a perna desse móvel e dar as pancadas habituais, começou a imprimir-lhe rotações violentas.

A custo, conseguimos obter um ditado inteligível e viemos a saber por ele que o Espírito que se manifestava tão insolitamente era o mesmo que tinha sacudido ao solo o álbum de fotografias. Nada mais logramos alcançar nas experiências dessa noite (24 de junho de 1918). O certo é, porém, que desde então o álbum não teve mais sossego sobre a mesa referida, e tantas vezes o atiraram ao solo que se inutilizou.

Essa entidade a quem demos o nome de *João*, em homenagem à data de 24 de junho, continuou a manifestar-se. Ao começo sem ordem, sem método, até que se nos afeiçoou e principiamos a trabalhar de acordo, com designação de dia, hora, etc.

Era meia batalha vencida.

Além dos fenômenos da mesa, obtivemos remoções do álbum de cima desta para as cadeiras, de lenços de sobre a mesa para o solo e vice-versa.

Uma noite recebemos pela tiptologia o seguinte ditado: *A médium deve concentrar-se, pois vou fazer uma surpresa. Não tenham receio. A médium dormirá – mas bastará tocar-lhe a fronte com um pano molhado que despertará logo.*

Feita a obscuridade, a médium adormeceu e sem demora uma pancada nos anunciava a realização da surpresa. Dando-se luz, encontramos uma flor sobre a pequena mesa que servia para receber as manifestações, uma flor transportada do jardim.

Essa espécie de fenômenos, chamados de transporte, repetiu-se freqüentemente, em crescente intensidade, chegando a realizar-se, em uma sessão, o aparecimento, na sala inteira e cuidadosamente fechada, de mais de vinte flores.

Foi esse o começo dos fenômenos. Seguiram-se depois as materializações em obscuridade plena, apenas perceptíveis pelo tato, enquanto se ouvia a médium ressonar ao lado, junto à fila dos assistentes; gradualmente, da obscuridade plena, passou-se a uma luz muito tênue e de materializações de membros esparsos – um braço, mãos, etc. – ao aparecimento de vultos perfeitos e até ao reconhecimento dos mesmos por parte dos parentes.

Progresso mediúnico, lutas e vitórias

As faculdades mediúnicas de Anna Rebello Prado alcançaram rápido desenvolvimento, produzindo os mais diversificados e surpreendentes fenômenos.

Iniciando suas atividades no claustro familiar, cedo a notável médium amazonense viu seus feitos caírem no domínio geral, ultrapassando as fronteiras paraenses, para, logo mais, varar os limites do nosso país e do continente americano, sendo noticiados na França e Alemanha[71].

Recebendo expressivo destaque por parte dos meios de comunicação da época – fruto da grande curiosidade e alvoroço que despertaram – os fenômenos mediúnicos patrocinados pela nobre senhora atraíram a atenção de leigos e estudiosos, cientistas e religiosos, fortalecendo muitas convicções, edificando ainda outras e fazendo outros tantos adversários.

Esses adversários – contados em todos os segmentos da sociedade – moveram-lhe, muitas vezes, soezes perseguições e tentaram manchar-lhe a honra, acusando-a de embuste e fraude deliberada ou rotulando-a com a pecha de histérica e apoucada da inteligência.

Alguns deles, com uma miopia que se abeirava da mais soturna cegueira, tentavam estabelecer um injustificável *non plus ultra*, temerosos de

---

[71] Ver Cap. 10 adiante.

encontrarem, para além de suas toscas concepções, uma verdade superlativamente maior acerca da vida.

Isso, contudo, não é o que mais lamentamos. O que mais lamentamos e nos causa grande estranheza é verificarmos que tão desarrazoadas quão primitivas atitudes ainda medrem no mundo atual, quando tanta luz já verteu de *Mais Alto*. Não nos espantemos, porém, com semelhante constatação. Hoje como outrora, ideias novas e tendentes a modificar a inércia dos homens continuam sofrendo-lhes tenaz rejeição, aguardando quem as apregoe e defenda sem desfalecimentos.

No caso particular dos fenômenos mediúnicos, como nos remetem diretamente às ideias espíritas que, sem ser absolutamente novas, trazem novas e mais amplas interpretações acerca das transcendentes questões da alma, aqueles que lhes servem de veículos – médiuns e experimentadores – foram e ainda o serão, por muito tempo, atacados em sua dignidade, ideais e esperanças.

Léon Denis, especificamente sobre as perseguições aos médiuns, escreveu[72]:

Fig.27 – Retrato de Felismino Olympio de Carvalho Rebello – Espírito João.

Fig. 28 – Léon Denis (1846 – 1927)

---

[72] DENIS, Léon. *No invisível*. 20. ed. Rio de Janeiro: FEB, 2002, cap. 25.

O médium – dissemos nós – é muitas vezes uma vítima, e quase sempre uma mulher. A Idade Média a havia qualificado de feiticeira, e queimava-a. A Ciência atual, menos bárbara, contenta-se com deprimi-la, aplicando-lhe o epíteto de histérica ou de charlatã.

[...]

Os médiuns terão ainda por muito tempo que sofrer pela verdade. Os adversários do Espiritismo continuarão a difamá-los, a lançar-lhes acusações; procurarão fazê-los passar por desequilibrados enfermos, e, por todos os meios desviá-los de seu ministério. Sabendo que o médium é a condição *sine qua non* do fenômeno, esperam assim causar a ruína do Espiritismo em seus fundamentos. Em caso de necessidade farão surgir médiuns exploradores e fictícios[73].

Anna Prado sofreu todas essas tribulações.

Com seus familiares, colaboradores e amigos mais próximos, foi difamada, perseguida e evitada por quantos se julgavam puros ou donos da verdade.

Acusada indebitamente por uns e outros – causa de grande desconforto para o seu lar – teve de arrostar pesadas lutas para servir ao ideal que livremente abraçara. Lutas que em muitas ocasiões abalaram a sua saúde física e emocional.

A propósito dessa questão, inventariando os ataques que a distinta missionária da mediunidade vinha sofrendo e explicando o *porquê* dos insucessos de uma sessão realizada em 20 de agosto de 1920, escreve o Doutor Nogueira de Faria:

Acusada publicamente de comediante, sujeitando-se a provas rudes, como essa de efetuar sessões fora de casa, exame de vestes, embora em presença de senhoras respei-

---

[73] Não deve causar estranheza a referência do autor às mulheres como sendo a maioria dos médiuns. Naqueles tempos e por toda a história, esse é um fato sobejamente comprovado. Outra observação a fazer diz respeito ao período no qual referido livro foi escrito, quando inúmeros *médiuns falsos* eram utilizados para tentar denegrir e desmerecer o Espiritismo.

táveis e distintas; sentindo-se alvo de ironias pungentíssimas e da irreverência dos frívolos que, numa inconsciência assombrosa, se aproveitam das coisas mais sérias e graves, para servirem o interesse próprio...

Imagine-se tudo isso e mais: após dois meses de sofrimento moral intenso, o achar-se diante de um auditório estranho e numeroso, que a sujeita a provas não menos dolorosas. Só um espírito forte, mas muito forte, poderia resistir, no primeiro instante, máxime, quando de antemão sabia que a disposição mental desse auditório era contrária à realização do fenômeno, e que, voluntária ou involuntariamente, iria dificultá-la ainda mais!

A Senhora Prado não pôde, infelizmente, dominar a crise que a atormentava. Nada mais natural, nada mais justo, nada mais digno de respeito do que essa emoção. Só os inconscientes e os maus podem pensar de outra forma. Nessa exaltação psíquica, nesse estado de espírito, a médium não caiu em transe.

[...]

Somos dos que pensam que a Senhora Prado deve repousar. Seu esgotamento nervoso é evidente e prosseguir assim nas experiências é quase um crime. Mais tarde, quando inteiramente restabelecida, então, e só então, deve voltar à sua tarefa elevada e sagrada, a serviço da Ciência e da Religião.

[...]

A Senhora Prado conhece, felizmente, o martirológio de todos os grandes médiuns.

[...]

E o ilustre filósofo lionês[74] nos recorda a violentíssima perseguição sofrida por Margarida e Catarina Fox; as cenas de selvajaria de que foram vítimas, as tempestades de ameaças e injúrias que sofreram; a dor da Senhora Hauffe, a célebre vidente de Prevost, tratada com o máximo

---

[74] Léon Denis.

> rigor no próprio lar paterno; as torturas morais de Madame Esperança; as acusações violentas contra Howe, Slade, Eglington, Paladino, Ana Roche... e tantas!
>
> A recordação da coragem moral desses heróis e dessas heroínas do Neo-Espiritualismo deve confortá-la e fortalecê-la – pois que o seu caminho está traçado pelo nobre exemplo do sublime devotamento dessas criaturas providenciais.
>
> Então a própria ciência médica, que está longe de ser infalível, virá reconsiderar o seu diagnóstico de hoje, proclamando a vitória da verdade, que será a vitória de Deus.

Infelizmente, os embates suportados por nossos companheiros, particularmente pelo casal Eurípides e Anna Prado, não se iniciaram e nem se restringiram aos fatos acima mencionados.

Os acintes clericais estiveram sempre presentes.

Representados, especialmente, pela palavra ferina e acre do padre Florêncio Dubois, enxovalharam a mancheias a respeitável conduta de todos eles.

O *Folha do Norte*, jornal de grande circulação da capital paraense, foi o principal veículo utilizado pelo mordaz sacerdote francês, em sua sacrílega empreitada. Iniciando publicamente seu combate aos fenômenos espíritas[75], nas páginas desse conceituado noticioso, Florêncio Dubois tomou para *apoio e argumentação* uma fotografia[76] mediúnica, obtida nas sessões de Anna Prado, que fora divulgada pelo próprio *Folha do Norte* e *pelo Estado do Pará*, escrevendo, após classificar a todos os envolvidos, como fraudadores ou tolos:

> Vejo no quadro[77] umas palavras que decerto foram acrescentadas*:* Clichê Fulano, Clichê Beltrano. Tais letras vieram escritas ou buriladas na chapa a lápis ou a buril, depois do banho que revelou e fixou o negativo. Pois bem:

---

[75] Artigo publicado no jornal *Folha do Norte*, de 20 de junho de 1920.
[76] O espírito fotografado foi reconhecido como o pai de Eurípides Prado, Sr. Joaquim Prado, desencarnado há muitos anos.
[77] Identificação do *atelier* a que pertencia a chapa utilizada na fotografia.

assim como é fácil juntar nomes numa chapa, da mesma é muito possível, antes de ser colocada no chassis, raspar, à claridade da lâmpada vermelha, a camada impressionável, em forma de fantasma. Reparem bem, como o vulto se esconde cautelosamente atrás da médium que lhe vela a metade do corpo, como se realmente a senhora fora fotografada, numa lâmina que já trazia a forma do pretenso defunto. Temos aqui uma patente dissimulação ou habilidade cênica, como quer que a queiram chamar.

Dizem os kardecistas que o perispírito é uma nuvem, um vapor etéreo, uma névoa que flutua e, entretanto, no quadro que estudamos, o desencarnado finca pesadamente o pé no chão, enquanto que sua mão esquerda se equilibra no encosto da cadeira. Tem-se a impressão de alguém que se está encostando, para não cair, e não de um personagem aéreo, a pairar no espaço.

E após zombar da *toilette* do espírito fotografado, numa crítica que afirma não ser sua, dardeja o reverendo:

Traslado aqui uma derradeira crítica. Não é minha: o seu a seu dono. Afigura-se-me decisiva, como testemunha da fraude, no nosso caso: A senhora e a mobília projetam uma sombra, ao passo que o espectro, ainda que opaco, ficou inteiramente rodeado de luz. Os leitores constatam como as cadeiras e a médium vão acompanhadas pela sombra, quando a visagem aparece à laia de boneco chinês e digam, a puridade, se o defunto e se a sombra foram retratados no mesmo instante. Enxergamos, repetidos no espaço, à distância matemática, os contornos da vidente e da mobília, e nada vemos a ladear o perispírito tão grosseiramente debuxado na chapa; o mesmo relâmpago de magnésio não iluminou decerto a senhora e o tal desencarnado porque, sendo fotografados ao mesmo tempo, tanto rodear-se-ia de penumbras a visagem como a espírita.

Houve duas imagens ajeitadas a uma terceira vez diante do aparelho, que deram uma cena única para impressionar os papalvos.

Não sei por quê, ao afirmar o ponto final, canta-me na memória e pinga-me da pena um dito de Alexandre Dumas Filho: Fico humilhado de ver que o gênio humano tem limites e que não os tem a tolice humana.

Fig. 29 – Um habitante do Além – Segundo Eurípides Prado, trata-se do espírito de seu pai Sr. Joaquim Prado, desencarnado há muitos anos. Fotografia tirada em 17 de maio de 1920.

Aí temos, caros leitores, uma amostra das muitas injúrias e insultos de que foi vítima a ilustríssima médium de *O Trabalho dos Mortos*. A louca sanha do padre não lhe dava tréguas e nem a quantos se dedicavam aos estudos e práticas espíritas. Por mais se lhe oferecessem provas, por meio dos testemunhos de pessoas respeitáveis, fotografias e moldes em parafina, continuava ele a bradar:

> Eu tudo explico pela fraude, ainda pela fraude, sempre pela fraude. Se os espíritas fazem do seu credo reclames e preconícios, assiste-me o direito de fazer contra-reclame e anti-preconícios. Gabem seus milagres que me encarrego de acolhê-los com a risada do bom senso popular. E se não quiserem os kardecistas sofrer repulsas em público e pela imprensa, não venham impor aos leitores dos jornais a narração das suas proezas.

Cremos que, para ser mais sincero consigo mesmo e fiel à verdade, Dubois bem poderia trocar as palavras do famoso escritor de *A dama das Camélias* pelas do célebre historiador e escritor Eugéne Bonnemère, quando disse:

> Como todo o mundo, eu também ri do Espiritismo. Mas, o que eu pensava ser o riso de Voltaire não era mais que o riso do idiota, muito mais comum do que o primeiro.

Em vez disso, porém, ele preferiu continuar com suas arengas, fazendo as mais descabidas exigências e assacando as mais desabridas acusações contra os seareiros espíritas.

Referindo-se outra vez às fotografias de fantasmas apresentadas por Eurípides Prado, disse, por meio do *Folha do Norte* de 27 de junho de 1920, que elas, com os seus embustes, exalavam *pitiú de velhacaria* e, sobre o comportamento de Anna Prado nas reuniões, afirmava no mesmo artigo, que fora ela quem *com a virtuosidade adquirida em constantes exercícios, tirara do regaço panos pretos e os aplicara no lugar conveniente*.

Esquece o ardiloso polemista, certamente por lhe ser oportuno e proveitoso, que as chapas fotográficas, conforme noticiou o *Folha do Norte*[78], foram previamente assinadas pelos senhores João Alfredo de Mendonça, secretário do citado jornal, Antônio Chermont, diretor do *Estado do Pará* e pelo Senador Virgílio de Mendonça, sob a presença testemunhal dos fotógrafos José Girard e Armando Mendonça. Esquece de mencionar, também, o instigante sacerdote, que o *chassis*, logo depois de carregado com as referidas chapas, foi lacrado, para ser entregue ao maestro Ettore Bosio, somente à noite, quando o mesmo chegou à residência de Eurípides Prado, para a sessão daquele dia. E, ainda, que as fotografias obtidas naquela sessão, foram reveladas pelo maestro Ettore Bosio, com o auxílio de um fotógrafo do *Atelier Girard*, pouco após a explosão do magnésio.

Visível se torna a rudeza das lutas travadas pela veneranda Anna Prado e seu grupo, que, atendendo a muitas das exigências feitas pelos seus críticos e investigadores diversos – mudança do local das reuniões, minucioso, prévio e posterior exame desse local, ausência de mobília na sala destinada às sessões, revista da médium, toques no espírito materializado, dispensa de trechos musicais na hora dos trabalhos, dispensa da grade em uma das sessões, etc. – ofereceu ao mundo perenes e substanciais provas da sobrevivência da alma.

Vitoriosos nesse grande e demorado *combate*, todos eles merecem o nosso reconhecimento e apreço, especialmente a nossa querida e memorável biografada.

Para que o leitor possa tomar conhecimento e ajuizar com plena liberdade de análise o real valor dessas estupendas provas, enfeixamos nos próximos capítulos considerável acervo dos fenômenos que lhes deram origem, todos eles prodigalizados pelas exuberantes faculdades mediúnicas de Anna Rebello Prado.

---

[78] Artigo publicado em 20 de maio de 1920, com o título *Um habitante do além fotografado nesta capital*.

4
Tiptologia, levitação, escrita direta, sonambulismo e outros fenômenos

A multiplicidade de fenômenos constituiu uma das marcantes características apresentadas pela excepcional mediunidade de Anna Prado.

Trataremos agora, especialmente por uma questão didática, apenas alguns desses fenômenos – tiptologia, levitação, escrita direta, sonambulismo, etc. – reservando para capítulos posteriores aqueles que entendemos como de maior complexidade, superior importância ou rara ocorrência[79].

Buscando preservar as emoções daqueles instantes gloriosos e fugindo de alterar a feição dos acontecimentos que as motivaram, transcrevemos, *in totum* e sem qualquer modificação, alguns dos relatos grafados por aqueles que os testemunharam.

Nogueira de Faria, Ettore Bosio, Matta Bacellar, Esther e Frederico Figner foram alguns dos que registraram com larga riqueza de detalhes os memoráveis eventos daqueles dias, legando às gerações futuras inexprimível conjunto de experiências que pugnam pela sobrevivência da alma.

---

[79] Todos os fatos transcritos no presente trabalho foram extraídos das obras citadas no final desta publicação.

À margem de cada um desses relatos, sem a tola pretensão de levantarmos o *Véu de Isis* que dormite sobre eles, ou, ainda, de delimitarmos e dirigirmos as elucubrações de quem os leia, tecemos algumas considerações de próprio punho, procurando interpretá-los à luz clara do Espiritismo, formulando especial convite a quantos se interessem pelo assunto, para que se debrucem sobre o seu estudo e meditação, sem nenhum preconceito ou ideia sectária.

Tiptologia

A tiptologia – comunicação por meio de pancadas – foi o primeiro mecanismo de que se utilizaram os espíritos para as manifestações inteligentes.

Excelente sistema para demonstração da plena independência do pensamento do espírito comunicante em relação ao pensamento do médium, mostrou-se, contudo, inapropriado aos longos ditados, sendo substituído com ampla vantagem pela escrita por meio dos médiuns psicógrafos, embora esta favoreça a fraude e o embuste.

Nos casos que selecionamos para exemplificar esse meio de comunicação, levamos em consideração não só o fenômeno em si, mas as singularidades que eles apresentam, em que resta patente a interferência de uma vontade alienígena e autônoma.

Primeiro caso

O Sr. Eduardo M., maquinista em Belém do Pará, onde residia há longos anos, resolveu, em conseqüência da ausência de trabalho, e da quase paralisação da nossa navegação fluvial, tentar fortuna no Rio de Janeiro, esperançando de ali colocar-se [sic].

Sucedia, porém, que Eduardo M. vivia há tempos em companhia de uma senhora, a quem dedicava profunda e sincera afeição.

Partindo para o Rio, deixou aqui em Belém três filhinhos, ilegítimos todos, conjuntamente com aquela que lhes dera o ser, e com quem durante anos vivera feliz, destinos ligados pela mais firme das afeições.

Antes de embarcar, no mesmo dia da partida, um pressentimento triste invadiu-lhe o coração: não voltaria...

E como não tinha tempo de, nas horas que lhe restavam, promover a legitimação dos menores, deixou na sede da sociedade a que pertencia uma declaração nesse sentido, pedindo que, no caso de sua morte, revertesse em benefício dos mesmos a pensão a que teria direito.

O seu pressentimento, infelizmente, era verdadeiro.

Mal chegara ao Rio, moléstia bastante grave o prostrara num leito que lhe foi o de morte.

Chegada aqui a notícia tão infausta para a pobre senhora, começou a mesma a trabalhar no sentido de receber aquela pensão. Algumas naturais dificuldades surgiram. Nesse ínterim a referida senhora procurou-me, narrando-me os fatos e deixando-me um exemplar dos estatutos da sociedade a que pertencera Eduardo.

Dias depois, em nossa residência, realizou-se uma sessão espírita, sendo as manifestações recebidas tiptologicamente.

Depois de manifestar-se um espírito cuja identidade foi reconhecida e apurada, a mesa agitou-se violentamente caminhando em direção a uma das estantes da sala em que se realizava a sessão. Chegada à porta desse móvel, inclinou-se, batendo de leve.

O meu irmão quer algum volume dessa estante? – perguntei.

Sim.

Qualquer um?

Não.

E como posso saber qual será? O meu amigo dir-lhe-á o nome?

Sim.

Aberta uma das portas da estante, – com surpresa de todos a mesa caminhou, firmou uma das pontas sobre a outra porta e, abrindo-a também, deixou-se cair, batendo violentamente sobre o vão da segunda prateleira.

É aí que está o livro? – indaguei.

Sim.

Não pode ser. Aí tenho apenas revistas, folhetos, etc.

A mesa novamente inclinou-se para a prateleira batendo repetidas vezes sobre o monte de revistas.

Bem. Não creio que aí tenha alguma coisa que interesse a espíritos. Em todo o caso irei tirando um por um os folhetos que aí estiverem. O meu amigo dará o sinal quando se tratar daquele que o interessa.

Sim.

E comecei a tirar cuidadosamente exemplares de revistas, folhetos, etc. A certa altura a mesa deu sinal.

Será este?

Sim.

E então, com verdadeiro assombro, reconheci o exemplar dos estatutos da sociedade que a companheira de Eduardo me confiara. Uma sincera comoção me empolgou.

Será possível, meu Deus? Tratar-se-á deste caso?

A mesa respondeu a tais exclamações batendo ruidosamente – e como o folheto me caísse das mãos, a mesa precipitou-se sobre ele, no assoalho, como que o acariciando docemente em estremecimentos quase imperceptíveis.

Erguida a mesa, a manifestação continuou sempre pela tiptologia.

Peço-te que não esqueças meus filhos.

Embora estivesse já intimamente convencido de quem se tratava, ainda perguntei:

Quem sois?

Eduardo M.!

A cena fora deveras emocionante. Todos os assistentes estavam profundamente comovidos!

Fez-se então uma prece em intenção do espírito, durante a qual a mesinha conservou-se quieta. Às últimas palavras da oração, inclinou-se sobre aquele que a recitou como que agradecendo.

Outras manifestações tivemos, dadas por esse espírito, todas palpitantes de interessantes detalhes de identidade.

Interessante notarmos que o fenômeno tiptológico, objeto do presente relato, se ajusta perfeitamente ao que, sobre o assunto, escreveu Allan Kardec no Capítulo XI de *O Livro dos Médiuns*, em que tratou de *sematologia* e *tiptologia*.

O espírito comunicante utiliza uma mesinha *animalizada*[80], como apêndice de seu próprio corpo, para tornar claro o objetivo de sua visita.

Dirigindo a mesa para uma das estantes da sala onde ocorria a reunião, faz ver seu interesse por algo que se achava no interior daquele móvel, inclinando-se para ele, com uma leve batida.

Numa extraordinária demonstração de inteligência e autonomia, através da *mesa*, abre a segunda porta da estante, indica a prateleira exata em que estavam os documentos que lhe interessavam, agita-se quando o experimentador pega nesses documentos e precipita-se sobre eles quando caem ao chão, evidenciando forte emoção[81], responde às questões que lhe foram formuladas – *sim, não* – identifica-se pela *tiptologia* e acompanha calmamente a oração pronunciada em seu favor, agradecendo-a com uma mesura diante daquele que a proferiu.

Essas informações, ditas por pessoas de ilibado caráter e reconhecida honradez, que nenhum interesse menos elevado possuíam em

---

[80] Impregnada pelos fluidos do médium, combinados com o fluido universal. Nesse estado, a mesa pode ser manipulada pelo espírito que, para esse fim, utiliza-se do seu próprio fluido.

[81] A essas emoções, mesuras e outras formas de expressão que os espíritos empregam quando se comunicam por meio de objetos materiais inanimados, Allan Kardec denominou de *sematologia*. Ver cap. 11 de *O livro dos médiuns*.

divulgá-las, afrontam com sereno brilhantismo a teimosia daqueles que insistem em dizer que a vida acaba no túmulo ou que os *mortos* não voltam para contar suas histórias.

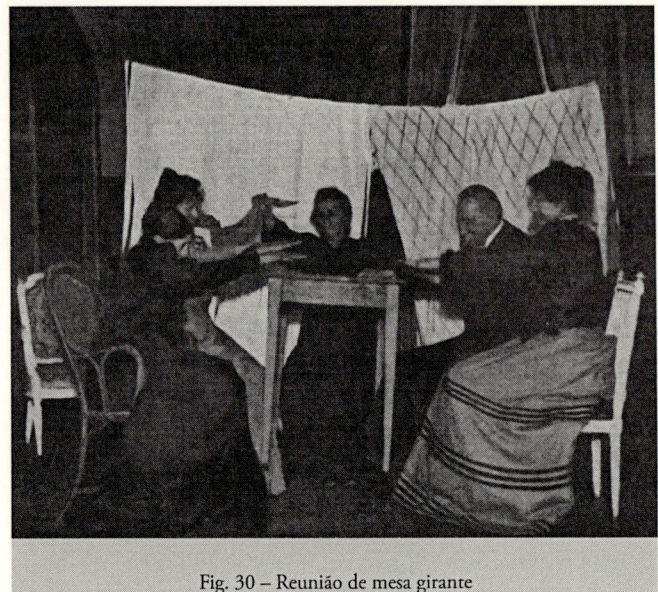

Fig. 30 – Reunião de mesa girante

Segundo caso

Na noite de 22[82], às 22 horas correspondemo-nos por tipologia a uns dos espíritos presentes. Eis o diálogo:
Espírito – Que desejam?
Médium. – Com quem falamos?
Espírito – Manoel da Costa. (espírito familiar)
Médium – Desejaria que nos auxiliasses a fazer vibrar os móveis.
Espírito – Vou chamar Domingos. (também espírito familiar)

---
[82] 22 de janeiro de 1921.

Médium – Com o Domingos pode dar-se, então, o fenômeno?

Espírito – Sim.

(Depois de um intervalo relativamente longo)

Espírito de Domingos – Pronto.

Médium. – Domingos?

Espírito – Sim. Seja louvado Deus!

Médium. – O irmão pode ajudar-me a vibrar os móveis?

Espírito – Sim.

Médium. – Igualmente como o "João"?

Espírito – Sim.

Médium. – Onde está o "João"?

Espírito – Está socorrendo uns irmãos.

Médium. – Onde?

Espírito – No Amazonas.

Médium. – Em Parintins ou em todo o Amazonas?

Espírito – Amazonas.

Médium. – Irmão, seria possível bater nas cordas do piano fechado?

Espírito – Vamos experimentar.

Médium. – Com esta luz? (A luz era branda)

Espírito – Sem luz.

Médium. – (Fechando a luz) Está bem agora?

Espírito – Sim.

Médium. – Não garantes?

Espírito – Não; vamos experimentar.

O piano de casa estava completamente fechado.

O médium, as suas filhas e eu, colocamos as mãos na parte de cima da tampa do teclado que estava fechada à chave, a fim de formar uma corrente fluídica.

A sala era iluminada pela luz que vinha da rua através das bandeiras das janelas, a ponto de nos vermos reciprocamente.

Esperamos uns dez minutos quando, com grande surpresa nossa, ouviu-se bater bem distintamente dentro do instrumento, repetidas vezes, seguindo-se, pouco depois, um barulho estranho, sempre no interior do piano e uns sons nas notas graves, provocados pelo vibrar forte das cordas.

Passamos da sala à varanda.

O médium, sem auxílio da corrente fluídica dos presentes, depois de colocar a sua mão direita sobre a pedra de mármore do guarda-louça, fez estremecer o móvel, ouvindo-se o vibrar das vidraças e de todos os objetos aí existentes.

Repetida a mesma experiência em uma pequena estante cheia de livros, deu-se o mesmo fenômeno vibratório, sendo que.na ocasião do tremor do móvel e das vidraças, um espírito disse ao ouvido do médium para pôr-se de costas contra o mesmo, cruzando os braços. Isto feito, após poucos segundos, as portas da estante abriram-se lentamente, obrigando o médium a acompanhar o movimento. A nossa impressão foi que, de dentro do móvel, alguém as empurrava com certa resistência, visto como estas se achavam fechadas pelos ferrolhos internos e com a respectiva chave. Os ferrolhos foram levantados por mãos invisíveis. A lingüeta da fechadura da estante conservava-se intacta como se o móvel estivesse ainda fechado. O médium, na ocasião do surpreendente fenômeno, conservava, como já disse acima, os braços cruzados sobre o peito.

Nesse segundo exemplo, em que o espírito dialoga tiptologicamente com a médium, destacamos a colaboração fluídica de suas filhas e do experimentador, para que fossem vibradas as cordas do piano bem como a movimentação das portas da estante, sem nenhum contato físico, lembrando que o piano estava completamente fechado e a estante devidamente chaveada e aferrolhada, afastando qualquer ideia de fraude ou embuste.

Aí temos alguns dos aspectos que julgamos mais impressionantes, nos casos acima. Meditemos um pouco mais e descobriremos, certamente, novos motivos de júbilos, pela real perspectiva de continuidade da vida, que nos surgirá ao raciocínio.

Levitação

Alguns dos mais famosos médiuns do mundo produziram inúmeros fenômenos de levitação. Apesar de ser essa uma faculdade mediúnica bastante rara, não poucos foram aqueles que a apresentaram[83].

Daniel D. Home e Eusápia Paladino, por exemplo, para não falarmos dos incontáveis relatos fora dos círculos espiritistas, flutuaram perante experimentados observadores ou fizeram levitar objetos diversos.

Com respeito à nossa querida e veneranda biografada, compulsando diversos registros de suas atividades mediúnicas, constatamos a existência de vários relatos dando-nos conta de numerosos fenômenos de suspensão de objetos materiais, proporcionados por sua fascinante mediunidade. Quanto à levitação de seu próprio corpo, porém, nenhum dos registros compulsados faz a menor alusão.

Qualquer desses fatos – seja a levitação de pessoas ou a suspensão de coisas – *parece* contrariar a lei de gravitação. Dizemos *parece* porque sabemos que uma força mecânica atua sobre esses corpos, por ocasião do fenômeno, exercida por um agente invisível ao olhar comum, mas que é de existência tão *concreta* quanto a nossa. Esse agente, inteligente, capaz e livre vem dizer para nós que a vida prossegue. O Espírito é imortal!

Os sábios de ontem já investigaram essas questões e emitiram pareceres, quase sempre concludentes. Que os sábios de hoje façam o mesmo, antes de

Fig. 31 – Levitação. Experiência com Eusápia Paladino, Milão, Itália, 1892.

---

[83] Allan Kardec classifica esses sensitivos como médiuns de *translação e de suspensões*, conforme *O livro dos médiuns,* cap. 16, it. 189.

negarem a existência desses fenômenos, lembrando que, para tanto, necessitarão contar não só com médiuns aptos a produzirem esses fenômenos, mas, igualmente, com a anuência e participação dos espíritos desencarnados, sem os quais não há fato mediúnico.

O tema é deveras cativante, reconhecemos!

Porém, como o presente trabalho não tem o escopo de estudar com minúcias o assunto aqui tratado, passemos à transcrição dos casos que elegemos para nossa apreciação.

Primeiro caso

Em a noite de 11 de novembro de 1921, fui visitar a família Eurípides Prado. A palestra recaiu, como era natural, sobre fenômenos espíritas. Falávamos na possibilidade de obter impressões digitais dos espíritos, rememorando fatos anteriores, narrados no livro do João (O Trabalho dos Mortos). Dizia, ainda uma vez, da minha convicção de que acreditava possível, certo mesmo, conseguir, ao lado das impressões digitais do duplo do médium, as dos espíritos. Fundamentava a minha opinião nas faculdades do perispírito.

Nessa altura da conversa, a senhora Anna Prado, que é também médium auditivo desenvolvido, interrompeu-nos:

O João está aqui e diz que poderemos tentar novas experiências. Ele garante que obterá as duas espécies de impressões.

Começou, então, curiosa palestra entre os vivos ali reunidos e um morto, ainda mais vivo, talvez. Nessa conversa ficou perfeitamente combinado como deveríamos proceder, fazendo o espírito questão de empregar os utensílios oficiais: goteira, tinta de impressão, etc[84].

---

[84] Motivos alheios à nossa vontade impediram-nos de continuar essas experiências. Era absoluta a carência de tempo (nota de Nogueira de Faria).

Embora procurássemos ocultar, estávamos profundamente emocionados com aquela cena. O nosso pensamento fugia para essa época longínqua, muito longínqua, sim, mas que virá, em que todos nós poderemos nos comunicar diretamente, sem dúvidas nem vacilações, pela intuição e pela audição com os nossos queridos habitantes do Invisível.

Depende o evento dessa época maravilhosa, apenas do nosso acurado melhoramento moral, de sorte evitar a comunicação que seria grandemente perturbadora, com os espíritos grosseiros e maus.

Cena impressionante essa – de ouvirmos pronta, clara, perfeita, lógica, a opinião de um espírito, por intermédio de um de nós – opinião nem sempre acorde com a nossa. Em tão excelentes disposições, solicitei ao interlocutor invisível a produção de alguns fenômenos. O ambiente era propício. João acedeu. Estavam presentes: Sr. Eurípides, esposa (a médium), uma filha, a senhorita Alice, o Sr. Manoel Tavares e esposa. Feita a escuridão, João mandou-me colocar a mão sobre a pequena mesa destinada às sessões. Alguns minutos mais, o móvel estremeceu e lentamente começou primeiro a oscilar e a altear-se depois. Pus-me de pé. A pequena mesa continuava a subir. Estendi os braços para o alto, sobre a cabeça tanto quanto pude e o móvel subia sempre... Larguei-o e ele continuou a subir rumo do teto. Desceu, depois, lentamente, pousando quase sem ruído no assoalho. Por duas ou três vezes este fato se reproduziu. Passado alguns minutos, vimos com surpresa que uma coisa brilhante bailava no ar. Ia e vinha, alteava-se e baixava, pousando afinal sobre a mesa de experiência. Só, então, reconheci um relógio de mostrador fosforescente. Pousado que foi esse objeto sobre a mesa, com o mostrador voltado para mim, o espírito começou a mover-lhe com rapidez os ponteiros. Fez soar a campainha, parando quando lhe pedimos. Depois num vôo, num vôo é o termo, o relógio foi conduzido ao aparador, a um canto da sala de jantar. Nova espera. Súbito, ouviu-se que a tampa do

> mostrador do relógio de parede, colocado, aliás, bem alto, era aberta e o ponteiro posto em movimento precipitado. Seriam 9 ½. Num minuto ouvimos dar 10 horas, 10 ½, 11, 11 ½, meia-noite. Pedimos ao espírito que fizesse parar o pêndulo. Imediatamente fomos atendidos. Que o pusesse em movimento; idem; que fechasse a tampa, o que foi feito, etc.
>
> João comunicou que iria novamente levantar a mesa, de tiptologia – e o fez de modo perfeito. Por uma fresta da janela do pátio entrava um largo raio do luar, que por sinal era lindo nessa noite. Pois bem: o espírito colocou a mesa sob a incidência desse raio e assim a pudemos ver, melhor ainda, subir, subir até o teto, descer até a de jantar sobre a qual pousou de mansinho. Este fenômeno foi repetido seis vezes pelo menos.
>
> Madame Prado avisou: o João vai despedir-se, apertando a mão de todos: primeiro, com a mão quente, de temperatura normal: logo depois tendo a mão inteiramente fria.
>
> E, com efeito, assim fez. Todos nós tivemos as mãos apertadas, sentindo primeiro o calor natural, depois a mesma mão fria, gelada.
>
> Estava finda a sessão.

Nogueira de Faria, autor do texto acima[85], revela-nos interessantes nuances do fenômeno observado.

Primeiro, destacamos a plena independência da vontade do espírito comunicante, tão presente em todos os eventos historiados, para frisarmos tratar-se de uma individualidade racional e livre, sobre a qual não podemos exercer o império de nossos próprios desejos.

Depois, além dos vários movimentos efetuados com a mesa e os relógios, chamamos a atenção para a inusitada despedida de *João*. Sem achar-se materializado, ele aperta as mãos dos presentes – que acusam a pressão recebida – registrando primeiro o calor natural de uma pessoa *viva* e, em seguida, a temperatura gélida de um corpo em que há muito já expirara o derradeiro *hálito*.

---

[85] Texto publicado no livro *Renascença da alma*, escrito por Raymundo Nogueira de Faria.

Temos a impressão de que o espírito desejava reafirmar que ali se encontrava um habitante do *Grande Além*, sobre o qual, ainda, muito pouco sabemos.

Segundo caso

Entusiasmado[86], pelo que tinha apreciado, até então, pedi ao médium a fineza de me proporcionar o prazer de assistir mais uma prova de levitação. Acedendo ao meu pedido, às 20 horas do dia, achávamo-nos sentados ao redor da mesa mediúnica em um quarto da casa.

Apagadas as lâmpadas elétricas, ficou o aposento brandamente iluminado pelas bandeirolas da porta que dava para outro quarto, onde havia luz suficiente.

Ficamos sentados, sem tocar na mesa. Depois de poucos instantes esta se moveu, balançando em todos os sentidos, indo em seguida até a porta do fundo do aposento e aí permanecendo um pouco. Voltando ao círculo, repetia os mesmos movimentos da primeira vez, parecendo dançar; curvando-se muito de um lado e ficando nesta posição algum tempo, desobedecendo assim à lei de gravidade.

Seguiu-se mais outra prova, produzida pela corrente fluídica e coletiva. Pusemos as mãos sobre a mesa, formando assim uma corrente, e ficando todos em pé. A mesa suspendeu-se até a altura dos nossos braços erguidos e depois voltou lentamente ao primitivo lugar, também desobedecendo à lei de gravidade.

A esta experiência, sucedeu mais outra semelhante, com a notável diferença que a mesa foi colocar-se sobre o espelho de uma cadeira, para depois voltar ao

---

[86] Relato efetuado por Ettore Bosio.

mesmo ponto de partida. A diferença é bem acentuada para o observador atento, pois a mesa faz, primeiro, movimento vertical, subindo à altura dos nossos braços levantados; depois, um horizontal até a cadeira, visto esta achar-se de lado – e não no centro da sala – perfazendo o mesmo trajeto muito lentamente e sempre desobedecendo à lei de gravidade.

Luta!

Finalmente, eis-nos feito lutadores!

Estando em pé, coloquei as mãos sobre a mesa, forçando-a para baixo, e auxiliando-me, para melhor resistir, com o peso do corpo.

Incontinente, uma força estranha veio lutar comigo, contrapondo-me uma formidável resistência ascendente.

Resisti quanto pude, mas, depois de minutos de esforço titânico, vi-me obrigado a ceder ao meu antagonista invisível!

Estava vencido e fatigado, exausto mesmo e imensamente surpreendido do fato assombroso.

Era ainda, neste caso, mais desnorteante o atentado à lei de gravidade.

O episódio aqui narrado apresenta os traços comuns a todos os fenômenos que lhe são similares, com a suspensão e translação de objetos materiais.

Foge ao trivial, contudo, a superação da resistência oposta por Ettore Bosio à realização do fenômeno, que, apesar de ter utilizado o peso de seu corpo, como força adicional, não conseguiu impedir a levitação da mesa de testes.

Isso mostra o vigor das forças mediúnicas de Anna Prado, pois somente os indivíduos possuidores de avultados recursos ectoplásmicos conseguem realizar tal proeza, ficando evidente que os seus fenômenos de levitação vão muito além da simples suspensão de corpos.

Nesses casos, quando objetos muito pesados devem ser erguidos ou transladados, geralmente os espíritos convidam outros companheiros, para secundá-los na ação necessária. O relato em apreço não indica que isso tenha ocorrido no evento em questão, mas, talvez, seja exatamente o que se tenha dado.

Independentemente disso, fica comprovada a ação de uma força *desconhecida*, agindo voluntariamente na produção desses fatos, exigindo acurada investigação e demorada reflexão em torno dos mesmos.

Escrita Direta

A *escrita direta* ou *pneumatografia*, apesar de ser um fenômeno pouco comum, não é de tão rara verificação, assinalou Allan Kardec em O livro dos médiuns, capítulo 8, item 127[87]. Com ditados geralmente muito curtos, sua principal virtude é tornar evidente a interferência de uma potência oculta, cuja vontade é soberana.

Os espíritos, nesse tipo de manifestação, escrevem sem nenhum intermediário, prescindindo de lápis ou outros petrechos utilizados na escrita que não sejam o papel empregado para grafar os caracteres que deseje. Para a obtenção do fenômeno, habitualmente coloca-se uma folha de papel em uma gaveta ou outro lugar que se julgue conveniente – sob uma mesa, dentro de uma caixa, etc. – ficando então a sua ocorrência por conta dos espíritos, quando haja as necessárias condições para tanto. Alguns experimentadores mais cautelosos vão mais além, costumando dobrar o papel destinado a esse fim, dificultando o logro e a fraude.

Nos dois feitos, cujas narrativas reproduzimos à frente, observamos que, além do papel, foi disponibilizado lápis, embora, como já o dissemos, isso fosse inteiramente dispensável, para uso pelo espírito comunicante na produção do fenômeno.

Sobre o primeiro desses feitos, antes de fazermos a sua transcrição, queremos registrar interessante curiosidade.

---

[87] Allan Kardec, na mesma obra, cap. 14, it. 177, considera a *pneumatografia* uma faculdade muito rara.

Na tarde de 10 de janeiro de 1921[88] – três dias antes de o fato ocorrer – Ettore Bosio recebeu o seguinte bilhete, assinado por *Nicota*[89]:

> Maestro: o João deu sinal de sua presença pelo álbum. Se o senhor quiser vê-lo falar, esperamo-lo.

Conta o maestro que, então se dirigindo imediatamente à residência da médium, travou diálogo com *João* pela *tiptologia*, em que o companheiro desencarnado pediu uma reunião para que um outro espírito lhe trouxesse uma comunicação pela *escrita direta*[90], deixando claro, com essa solicitação, que eram eles – os espíritos – que a rigor dirigiam os trabalhos mediúnicos de Anna Prado.

Na conversa tiptológica acima mencionada, ressaltamos igualmente a orientação dos espíritos para que fosse utilizado *papel almaço* para esse fim, sob a alegação de que, sendo maior, oferecia mais firmeza para a escrita. Esse é um dado que consideramos interessante, uma vez que tal recomendação partiu dos próprios desencarnados, restando, ainda, lembrar que as referidas folhas eram previamente rubricadas por alguém, constituindo isso um fator essencial para o necessário controle da veracidade do fenômeno.

Acompanhemos a exposição circunstanciada do fato, efetuada pelo nobre maestro e grande pioneiro espírita em terras paraenses, para que possamos tecer ligeiras considerações sobre o mesmo, extraindo alguns elementos para nossa reflexão.

Primeiro Caso

> Na noite de quarta-feira, 13, na minha residência, situada à travessa São Matheus, 100-A, às 21 horas, achavam-nos: Mme. Prado (médium), suas filhas, minha espo-

---

[88] Conforme relatado por Ettore Bosio no seu livro *O que eu vi*.
[89] Forma carinhosa pela qual era chamada Anna Prado, por seus familiares e amigos mais próximos.
[90] Mensagem transmitida em reunião ocorrida em 13 de janeiro de 1921, transcrita aqui em sua inteireza.

sa e eu, prontos para receber a prometida comunicação. À mesa, coberta de um pano, sentaram-se o médium(*à cabeceira), minha mulher e eu(aos lados) e as filhas do médium (nas cadeiras de balanço próximas), como assistentes*. Apagaram-se as luzes, menos a do *3º* quarto da pousada, a fim de iluminar o corredor de modo tênue e, assim indiretamente, todo o ambiente onde se efetuava a experiência.

Em seguida, minha esposa colocou debaixo da mesa um caderno de papel almaço, tendo somente rubricado a primeira página, por supor que o fenômeno só aí se daria, e, sobre o dito caderno, um lápis.

O papel foi posto debaixo da mesa por ser a escuridão mais intensa, facilitando desta forma a escrita por mão de um espírito.

Concentramo-nos, cada qual orando mentalmente.

Pouco depois, João disse ao médium, pelo ouvido: *Está pronto o primeiro ditado. Há outro irmão que se quer comunicar.*

Poucos minutos depois, continuou: *Este sim, que escreve bem, com pontos e vírgulas*[91].

Acabada a escrita pelo novo manifestante, João deu sinal de pronto, por pancadas repetidas.

Eu – Pode-se acender a luz?

Espírito – Sim.

Feito isto, encontramos uma comunicação dirigida à minha esposa, assinada por Guilherme, espírito de pessoa que foi conhecida nossa na Itália, e cuja identidade ficou provada. Deixamos de transcrevê-la pelo seu caráter inteiramente íntimo.

Na viagem que fizemos, em 1912, para visitar os nossos parentes naquele país, a minha mulher conheceu uma única pessoa com o nome de Guilherme: meu irmão mais velho, desencarnado há 6 anos. O assunto da dita comuni-

---

[91] O espírito alude à circunstância das manifestações escritas, em sua generalidade, serem transmitidas vertiginosamente, sem que os desencarnados se preocupem com a pontuação (nota de Ettore Bosio).

cação liga-se a um fato acontecido naquela época, por nós completamente esquecido e recordado agora pelo Espírito.

Mais uma outra escrita de 2 páginas completas, grafadas em caligrafia corrente, seguindo as linhas do papel e que transcrevo na íntegra:

A paz seja entre vós.

A dor é uma benção que Deus envia aos escolhidos. Não vos aflijais quando sofrerdes, mas vos designou a dor nesse mundo para obterdes a glória do céu.

Sede pacientes, pois a paciência é também uma forma da caridade ensinada por Cristo, enviado de Deus. A caridade que consiste na esmola dada aos pobres é a mais fácil das caridades; porém a mais penosa e, por conseqüência, a mais meritória é a que consiste em perdoar aqueles que Deus colocou entre o vosso caminho para serem instrumentos do vosso sofrimento e vos porem em provas a Paciência.

"A vida é difícil, bem o sei: compõe-se de mil futilidades, quais alfinetadas que acabam por ferir; mas é mister comparar os deveres que nos são impostos às consolações e compensações, que nos vem do outro lado, para então vermos que as bênçãos são mais numerosas que as dores. O fardo, quando se olha para cima, parece mais leve do que quando se curva a cabeça para o chão.

Coragem, amigos, o Cristo é o vosso modelo; nenhum de vós sofreu como ele, que, aliás, não tinha motivo para isso, ao passo que vós tendes de expiar o passado e fortificar-vos para o futuro. Sede, portanto, pacientes e cristãos; esta palavra encerra tudo"[92].

Eu vos abençôo. Boa noite. Dou este conselho porque vejo a união entre vós; continuem a ser unidos. É o que desejo.

---

[92] O trecho aspeado – compilado a partir de fac-símile do original da referida comunicação, publicado na obra de Raymundo Nogueira de Faria, *O trabalho dos mortos*, foi acrescentado por nós ao relato constante no livro de Ettore Bosio, *O que eu vi*. Cremos que a supressão desse parágrafo se deu por um descuido do maestro, ou, mais provavelmente, por um erro gráfico, que agora corrigimos (nota do autor).

Esta comunicação é copia[93], com poucas modificações de outra, dada por Um Espírito Amigo, em Havre, em 1862, e publicada no Evangelho Segundo o Espiritismo de Allan Kardec sob o título A Paciência, comunicação esta que transcrevemos para que o leitor melhor possa compará-las.

A Paciência

A dor é uma benção que Deus envia aos seus escolhidos. Não vos aflijais quando sofrerdes; mas, ao contrário, bem-dizei o Senhor Todo Poderoso que vos designou a dor nesse mundo para obterdes a glória no céu.

Sede pacientes, pois a paciência é também uma forma de caridade ensinada por Cristo, enviado de Deus. A caridade que consiste na esmola dada aos pobres é a mais fácil das caridades; a mais penosa e, por conseqüência, a mais meritória é a que consiste em perdoar aqueles que Deus colocou no vosso caminho para serem instrumentos dos vossos sofrimentos e vos porem em prova a paciência.

A vida é difícil, bem o sei: compõe-se de mil futilidades, quais alfinetadas que acabam por ferir; mas é mister comparar os deveres que nos são impostos às consolações e compensações, que nos vem do outro lado, para então vermos que as bênçãos são mais numerosas que as dores. O fardo, quando se olha para cima, parece mais leve do que quando se curva a cabeça para o chão.

Coragem, amigos, o Cristo é o vosso modelo; nenhum de vós sofreu como ele, que, aliás, não tinha motivo para isso, ao passo que vós tendes de expiar o passado

---

[93] Esse fato faz lembrar fenômeno idêntico observado por Stainton Moses, e por ele narrado em seu precioso livro *Ensinos espiritualistas* (nota de Ettore Bosio).

e fortificar-vos para o futuro. Sede, portanto, pacientes e cristãos; esta palavra encerra tudo.

Um Espírito Amigo – Havre, 1862.

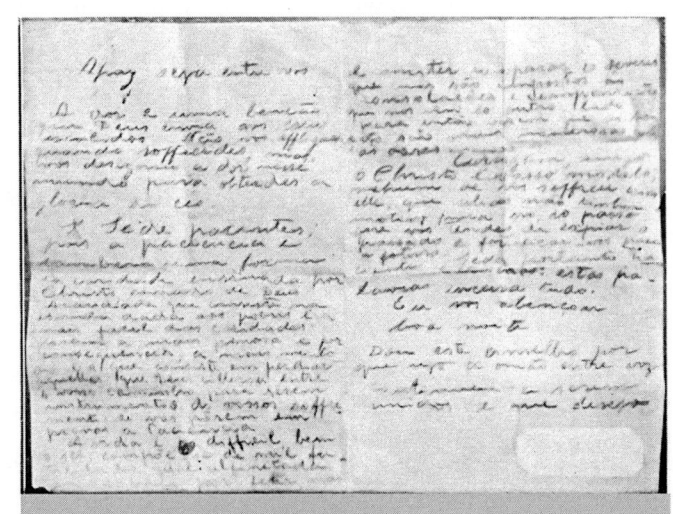

Fig. 32 – Escrita direta – Mensagem produzida em sessão de 13 de janeiro de 1921.

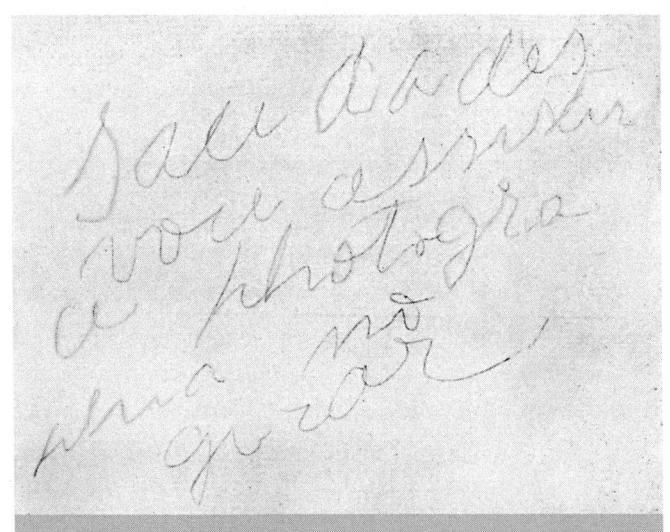

Fig. 33 – Escrita direta – Mensagem escrita pelo espírito materializado de João, sessão de 6 de maio de 1921. Foi nessa sessão que o Espírito de Rachel se despediu de seus familiares

Tendo causado bastante pesar à Luiza a mensagem do espírito Guilherme, provocando-lhe sincero pesar, o médium, sensibilizado por este fato, pediu ao João que, pelo mesmo meio, se dirigisse aquela, confortando-a. Acedendo ao pedido, depois de apagadas as lâmpadas, este escreveu, com o papel sobre a mesa, algumas frases consoladoras que deixo também de transcrevê-las pelas razões acima expostas.

Em seguida João bateu com a sua mão materializada sobre a minha e foi, após, acariciar a fronte de Luiza, com o fim de acalmá-la de sua aflição.

Dentre os relevantes aspectos que nos apresenta o fenômeno acima descrito, cremos que merecem especial atenção, além das particularidades a que já nos referimos anteriormente, o número de espíritos comunicantes, a manifestação de *Guilherme* e a semelhança entre uma das mensagens *pneumatografadas* e a mensagem intitulada *A paciência*, encontrada no *Evangelho Segundo o Espiritismo, capítulo 9, item 7*.

A multiplicidade de espíritos comunicantes, sem o comprometimento da harmonia dos trabalhos em execução, denota um claro planejamento da espiritualidade, em que fica evidente que tudo obedece a uma ordem preestabelecida, sem a qual os riscos para todos os envolvidos seriam muito elevados. Essa pluralidade de sucessivas e distintas manifestações, separadas apenas por um diminuto lapso de tempo, nos permite, igualmente, concluir pela extraordinária capacidade mediúnica de Anna Prado, pois somente os grandes sensitivos se prestam a tantos fenômenos numa mesma sessão.

Quanto à comunicação de *Guilherme*, espontânea e inesperada, fica patente a enorme surpresa dos que o conheceram – Ettore e Luiza Bosio – cujos pensamentos não o evocavam naqueles momentos. *Guilherme*, como alguém que exibe e comprova sua identidade, relembra alguns fatos já esquecidos pelo casal amigo, e que, seguramente, eram desconhecidos pela médium ou qualquer dos presentes. Isso configura, realmente, uma fantástica prova em favor da sobrevivência da alma e da conservação de sua individualidade após o decesso do corpo biológico.

No que diz respeito à mensagem que nos fala sobre a paciência, apógrafo quase perfeito de uma outra já referida, pode parecer, num primeiro olhar, que tudo não passou de ingênua fraude, pelas visíveis semelhanças e diferenças existentes entre elas. Porém, uma análise mais demorada do assunto nos diz que esse fato, longe de concorrer para a ideia de fraude, reforça a autenticidade do fenômeno descrito, pois que, havendo interesse de algum dos participantes em iludir e enganar os demais, naturalmente que teria transcrito a referida mensagem em sua inteireza ou teria escrito, ele mesmo, uma outra mensagem que fosse de sua própria lavra.

Dessa forma, salientamos que, sob nosso ponto de vista, as diferenças existentes entre as duas mensagens depõem em favor do fato aqui narrado, mesmo que os negadores de cátedra, com a ilusória altivez que os caracteriza, continuem afirmando o contrário.

Para finalizarmos nossos apontamentos em torno do caso sob exame, além das observações aqui já expendidas, gostaríamos de ressaltar o grande carinho e preocupação demonstrada pela espiritualidade para com os colaboradores encarnados e lembrar que o espírito, ao escrever, obedeceu ao traçado das linhas do papel utilizado, realizando seguramente, para tanto, grande esforço e firme concentração.

Segundo Caso

Para complementar nossas ilações acerca dos fenômenos de *escrita direta*, proporcionados pelas singulares faculdades mediúnicas de Anna Prado, reproduzimos adiante um pequeno trecho do artigo publicado pelo Dr. Matta Bacellar, no jornal *Folha do Norte*, quando o conceituado facultativo narra algumas das experiências realizadas em sua casa graças à presença da inolvidável medianeira parintinense.

Além dos fenômenos de *pneumatografia*, obtidos durante a referida sessão, outros mais, repletos de lances verdadeiramente fantásticos, foram observados e descritos no mesmo artigo. Contudo, por suas características peculiares, optamos por tratá-los dentro de um capítulo específico, adiante[94].

Veremos que o texto do nosso querido Dr. Matta Bacellar não só informa sobre os sucessos daquela noite, mas, igualmente, nos mostra o caminho de sua conversão ao Espiritismo, do qual sobressai a decisiva influência exercida pelos trabalhos mediúnicos de Anna Rebello Prado.

Sem Ambages
Uma profissão de fé

> On l'adit avec juste raison: c'est à la Science à s'accommoder aux faits, non aux faitss'accommoder a la Science[95].
>
> E. Boirac

Em um artigo que publiquei na *Folha do Norte*, em outubro, eu disse quais foram as minhas impressões diante do que vi em três sessões espíritas, na casa da honrada família Prado.

Já então, o meu espírito, fundamente abalado em suas priscas convicções filosóficas, sentia-se atraído para as investigações no campo dessa ciência cheia de novidades, que não podem ser indiferentes ao homem que tem sede de saber. E hoje, depois de alguma leitura, de novas observações e de séria meditação, venho dizer, com essa franqueza e coragem que me são peculiares, que o Espiritismo conta mais um crente sincero, disposto a levar avante as suas observações e cogitações, quer no campo da observação dos fatos, como ainda no terreno filosófico e religioso.

---

[94] Cap. 5 – Materializações de Espíritos.
[95] *Tem-se dito com justa razão: deve a Ciência se acomodar aos fatos, não os fatos à Ciência.*

Dando mesmo de barato, como querem muitos, que o Espiritismo é um conjunto de hipóteses, eu direi, como Boirac: *A Ciência tem o direito de exigir que toda hipótese forneça suas provas; mas não tem o direito de interdizer a nenhuma hipótese o acesso do seu tribunal.*

Conheci a mentira e dela me afastei, começo a lobrigar a verdade e dela me aproximo.

Estou escrevendo ainda sob a impressão do que vi e observei na noite de 28 do mês passado, em minha própria casa, à vila de Santa Isabel; e foram tão extraordinários e decisivos os fatos que ali se passaram nessa noite memorável, que eu desafiaria ao maior sabichão, empanturrado de ciência infusa, a que os contestasse vantajosamente.

Vamos expor sucintamente os fatos observados e o público sensato que julgue.

Nessa noite de 28, a família Prado dignou-se de dar, a meu pedido, uma sessão na dita minha casa, onde se achavam cerca de dez pessoas entre as de minha família e mais duas por mim convidadas. Os trabalhos se dividiram em duas partes, sendo a primeira em minha sala de jantar e a segunda na sala de visitas.

1º Parte – Sentados em torno da mesa de jantar sobre a qual estava um candeeiro aceso, o Senhor Prado me pediu papel e lápis, que eu mesmo depositei sob a mesa. Depois de ligeira palestra, a Senhora Prado, que se achava ao lado de minha senhora, disse-me que o *João* estava escrevendo uma carta a mim dirigida e que se esforçava para fazê-lo com letra bem legível. Um instante depois ouvimos vibrar uma campainha, que fora posta também embaixo da mesa. Era o sinal de estar concluída a carta, que apanhei e li, e era assim concebida:

A paz de Jesus seja entre vós.

Espero que o irmão Bacellar observe bem o fenômeno e defenda o meu pobre inocente.

Seu irmão dedicado – João

A Senhora Prado disse-nos que o João pedia mais papel e lápis. Coloquei novamente o bloco e o lápis sob a mesa e dois minutos depois a mesma senhora me deu o seguinte recado, mandado pelo João:

Peço para o Doutor Bacellar ler só para si o que acabo de escrever, e, se não compreender bem, faça-o ler pelo irmão Eurípedes.

Retirei o bloco de debaixo da mesa; procurei ler o que nele estava escrito e, não o conseguindo, passei ao Senhor Eurípedes, que, depois de alguma dificuldade, pôde ler e dizia assim:

Perdoa. Na materialização retira esta criança. Do irmão – João.

O *João* pedia não consentisse que uma menina que se achava presente assistisse aos trabalhos de materialização, que iam começar, no que foi atendido.

Dr. Matta Bacellar
Folha do Norte, 14 de Dezembro.

A profissão de fé exarada pelo nosso valoroso companheiro Dr. Matta Bacellar, após assistir a algumas das incríveis sessões patrocinadas pelos elevados dotes mediúnicos de Anna Prado, fornece para nós uma pálida visão da grande importância que, no passado, alcançaram aqueles trabalhos, valendo, igualmente, essa sua declaração, por elevado testemunho, nos dias que correm.

Na primeira parte dos trabalhos desenvolvidos naquela noite, objeto da presente análise, observamos que os espíritos orientaram inicialmente o grupo por meio da mediunidade auditiva de Anna Prado, antecipando a quem seria dirigida a mensagem que escreveriam, e, quando necessário, solicitando, pela mesma via, que fosse disponibilizado mais lápis e papel, para a execução de nova mensagem pela *escrita direta*.

Nessa última mensagem, trazida pela *pneumatografia, João*, chegado que era o momento destinado à segunda parte dos trabalhos –

materializações de espíritos – pediu que fosse retirada uma criança de apenas dez anos, que se achava no grupo.

Prontamente atendida essa recomendação, nossos amigos passaram imediatamente a uma outra sala, adequadamente preparada, onde novos e surpreendentes fenômenos perpetuaram aquela noite na memória de todos eles.

Esses fenômenos, como já o dissemos, serão estudados e analisados um pouco mais à frente.

Sonambulismo

No Capítulo 8 da Segunda Parte de *O Livro dos Espíritos*, Allan Kardec trata com os Espíritos Superiores sobre a *emancipação da alma*, elaborando, ao final de seus estudos, extraordinário resumo sobre as atividades de *sonambulismo, êxtase* e *dupla vista*.

Nessas três modalidades de fenômenos, que mais não são do que meras e distintas manifestações de uma mesma causa – *emancipação da alma* – ocorre o desprendimento parcial do Espírito encarnado, mais ou menos acentuado, conforme sejam as disposições de sua organização fisiológica, permitindo-lhe ampliar suas percepções sensoriais, como a de ver e a de ouvir. Esse relativo estado de emancipação possibilita ainda que acesse conhecimentos que jazam latentes em seu mundo íntimo, investigue o passado e sonde o futuro, comunique-se mais facilmente com outros Espíritos, encarnados ou desencarnados, ou, ainda, que vare grandes distâncias, com a velocidade do pensamento.

No Capítulo XIV, item 172 de *O Livro dos Médiuns*, Allan Kardec observa que o *sonâmbulo* tanto pode falar do que seu próprio Espírito vê, ouve ou percebe, como pode transmitir o pensamento dos Espíritos com os quais esteja em contato. Nesse último caso, ele é chamado de *médium sonambúlico*[96].

---

[96] Também denominado *médium sonâmbulo*, conforme *O livro dos médiuns*, cap. 16, it. 190.

Anna Prado, como veremos logo mais, possuía essa faculdade em adiantado estágio de adestramento. O fato de sua lavra mediúnica, presenciado e documentado por Ettore Bosio e que servirá de base às nossas ponderações sobre o tema, recebeu originalmente por título *um caso de desdobramento*[97], conforme transcrição abaixo.

Vejamos o que sua análise nos oferece à reflexão.

Um caso de desdobramento

No mesmo dia[98] às 18 horas e 45 minutos tivemos com João outra conversa tipológica. Ei-la:

Espírito – Peço ao irmão Bosio que me dispense esta semana, porque a nossa família chama-me a todo momento em Parintins[99].

Médium – Há por lá alguma novidade?

Espírito – *Há grande perigo. Queres ir comigo?*

Médium – Eu, em Parintins?

Médium – Quando eu estiver dormindo?

Espírito – *Sim.*

Médium – Não haverá perigo?

Espírito – *Não.*

Médium – De quem é o vulto que está fotografado na última chapa?

Espírito – *Sou eu, de roupão. Referindo-se à conversa anterior: Falarás quando fores interrogada.*

Médium – Quem fará as perguntas?

Espírito – *Alice ou Antonina.*

Médium – Será alguma desordem?

Espírito – *Não, são bandoleiros. Aos outros – Pela irmã ouvirão a narrativa da cena que já se passou e da que está iminente.*

---

[97] Publicado no livro *O que eu vi*, escrito pelo maestro Ettore Bosio.
[98] 19 de janeiro de 1921 (nota do autor).
[99] Parintins, cidade amazônica, perto da fronteira do Estado do Pará (nota de Ettore Bosio).

Depois de um pequeno intervalo, dirigindo-se a mim: *Bem, vai jantar*. Efetivamente, ate àquela hora não tinha feito a minha segunda refeição.

No dia 20, às 12 horas em ponto, achava-me na residência de Mme. Prado com suas filhas e a senhora Raymunda Tavares, amiga íntima desta, a qual, sabedora do que o *João* tinha prometido na véspera, apareceu àquela hora, a fim de apreciar e testemunhar o fenômeno.

O médium achava-se dormindo.

Fig. 34 – Anna Prado – Processo de desmaterialização. A parte inferior das pernas da médium e de seu vestido está transparente, permitindo que se vejam as armações de madeira da cadeira. Seu ombro e seu rosto, também em processo de desmaterialização, permitem que se veja a madeira e a palhinha da cadeira em que a médium está sentada. No chão, nuvens de ectoplasma. Foto original cedida por sua sobrinha Sra. Ana Augusta Nina Corrêa.

Aproximamo-nos ficando todos de pé, em profundo silêncio, cada qual ocupado na sua tarefa: um perguntava, outro escrevia as perguntas e ainda outro escrevia as respostas. As perguntas eram feitas pela senhorita Alice, algumas delas sugeridas por mim. Eis o resultado:

Pergunta[100] – *Já estás em Parintins?*
Médium – *Já. Ai! Não quero ver isto!*
Pergunta – O que está vendo?
Médium – *Coitado de quem... (pausa, a frase ficou interrompida) Os judeus em massa em casa do Clóvis.*
Pergunta – O que estão fazendo lá?
Médium – *Procuram abrigo.*
Pergunta – Eles não têm teto?
Médium – *Estão todos em casa do Clóvis*[101]. *Olha a Cristina, Olindina, Zulmira, todos em casa do Clóvis. Estão todos de rifle, todos armados!*
Pergunta – Onde? Na loja ou em casa da família?
Médium – *Em casa da família.*
Pergunta – Então há perigo?
Médium – *Vejo o aviso*[102], *vai saindo em perseguição dos criminosos.*
Pergunta – Estava no porto[103]?
Médium – *Não quero ver isto!*
Pergunta – Há mortos?
Médium – *Há mortos, feridos e presos. Agora é preciso ter cuidado com eles. Parecendo o médium falar à sua genitora – Mamãe, que horror! Continuando – Levem-me daqui; não quero ver isto!*
Pergunta – São os bandoleiros?

---

[100] Perguntas feitas à médium, que estava em processo de desdobramento.
[101] Quer Clóvis, quer as demais pessoas mencionadas neste transe são parentes do médium. Daí o tom familiar e íntimo com que os trata (nota de Ettore Bosio).
[102] O Aviso *Cidade de Manaus*, enviado pelo governo do Amazonas para sufocar o movimento (nota de Ettore Bosio).
[103] O Aviso *Cidade de Manaus* é, na verdade, um navio; daí a pergunta *Estava no porto?*.

Médium – São os saqueadores. O aviso foi para outro ponto. Parecendo referir-se a seu irmão Dr. João Corrêa – Tu nunca pensaste mano, pegar em armas. Olha um de perna quebrada!
Pergunta – Quem é?
Médium – Mas eu não conheço este rapaz! Estás vendo em que deu a brincadeira? Quebraste a perna!
Pergunta – Quem é?
Médium – Não sei, não conheço.
Pergunta – A família está em perigo?
Médium – Não é nada de luta, foi em uma brincadeira que ele quebrou a perna. Coitado!
Pergunta – O que esta fazendo o povo?
Médium – Todos estão alerta.
Pergunta – Onde está a vovó?
Médium – Coitada! Aflita, juntando os seus.
Pergunta – Mas isto que está se passando, é agora?
Médium – Não. Está aí; não vejo nada.
A resposta nega que o fato seja a descrição do presente, seguindo-se após uma frase estranha à pergunta.
Pergunta – Isto acabará em breve?
Médium – Não.
Pergunta – Qual o motivo da luta?
Médium – A fome.
Pergunta – Há muita miséria?
Médium – Mataram uma porção de bois. Tem um rancho.
Pergunta – Um rancho de quê?
Médium – De carne.
Pergunta – Para os famintos?
Médium – Foram eles que se apossaram. Eles têm munições, Deus é Pai! Não chegarão[104].
Pergunta – Onde está o Corrêa?
Médium – Junto ao rapaz de perna quebrada. Passando a outro assunto, como quem responde a uma pergunta – Como

---

[104] Isto é: não chegarão à cidade (nota de Ettore Bosio).

não recebi? Tu dizes que me escreveste. Eu bem sabia que eles não me entregavam logo. Porque não entregaram ao Maneco?
As duas respostas parecem ser dirigidas ao Dr. Corrêa, irmão da médium, provocadas por perguntas feitas por este
– Leva-me daqui. Não quero ver mais nada. Ai! Que horror! Mãezinha! Ai! Ai!
Seguiu-se a isso choro convulso de muita dor.
Médium – Olhe, mamãe, o João (espírito) me disse que vem ficar aqui. (Compreende-se: Parintins).
A senhorita Antonina, a pedido meu, continua o diálogo:
Pergunta – Como está a vovó, está aflita?
Médium – Não dorme, não come e não sossega.
Pergunta – E o Loly[105] está muito nervoso?
Médium – Está tão pálido! A Zulmira só anda na ponta do pé, com cuidado.
Pergunta – E a titia Virgínia?
Médium – Está tão calma!
Pergunta – E o titio Neco[106] está com a família?
Médium – Quem toma conta da família é o Clóvis. Estão todos armados! Mas que coisa! Nunca pensei que aqui estivesse assim.
O espírito de João dirigindo-se a mim, por intermédio do médium:
João – Agora, irmão, vê se tenho ou não razão de pedir licença para acudir estes pobres infelizes!
Pergunta – É o João quem fala?
Médium – Sim.
Pergunta ao espírito de João – E a mamãe, onde está?
João, pelo médium – Agora vou levá-la para distraí-la do que viu.
Médium (parecendo falar ao espírito de João) – Onde está Alice, Antonina? Leva-me para junto delas.
Pausa.

---

[105] Sobrinho da médium (nota de Ettore Bosio).
[106] Cunhado da médium (nota de Ettore Bosio).

Médium (como quem está colhendo flores) – Está rosa é de Antonina, este cravo é de Alice, que gosta muito de cravos.
Pergunta – Onde está agora?
Médium – Não conheço o lugar.
Pergunta – É muito bonito o que está vendo?
Médium – Sim.
O médium faz algumas contorções.
Antonina (ao espírito de João) – João, a mamãe já está aqui?
João (pelo médium)– Já.

Seguiu-se o despertar do médium. Não obstante as violentas emoções manifestadas durante o transe, Mme. Prado nenhuma indisposição de saúde acusou.

No dia 21, às 11 horas, encontrei o Sr. Manoel Tavares, esposo de Mme. Raymunda Tavares, que assistira o fenômeno da véspera, o qual ia ao correio para retirar um registrado dirigido à Mme. Prado, vindo de Parintins no vapor Paraná, chegado no dia 20 às 10 horas, tendo sido entregue a mala no correio no dia 20 às 14 horas. O dito foi aberto às 12 horas do mesmo dia (21) achando-se presente nesta ocasião o Sr. Manoel Tavares que fora portador do registrado, Mme. Prado e as suas duas filhas Alice e Antonina. O invólucro continha uma fotografia do Dr. João Corrêa, e, além desta, uma carta do mesmo, datada de 13 de Janeiro, descrevendo os fatos ocorridos naquela localidade, encontrando-se nela tópicos idênticos à narrativa feita no dia anterior (20) pelo médium por efeito do seu desempenho.

Transcrevo alguns trechos dessa carta, grifando os pontos que coincidem com a descrição acima transcrita.

Parintins, 13/01/1921
Nicota:

Eu e mamãe, nesta carta, vimos dar-te notícias nossas, notícias que não são lá das melhores. De saúde felizmente vamos todas bem, mas desde 31 que toda a cidade está alarmada, pela revolução contra os judeus, a qual se tem alastrado desde Barreirinha, onde começou, até o município de Maués, ao Paraná do Ramos e Andirá. Fomos avisados que cerca de 600 homens viriam atacar-nos, o que nos fez pegar em armas, patrulhando a cidade durante a noite. De Manaus não vinha socorro algum porque lá também não estavam boas as coisas por causa da dualidade dos governadores. Ontem, porém, chegou o aviso *Cidade de Manaus* ao mesmo tempo em que dois portadores nos cientificavam que o bando já estava próximo daqui, aguardando apenas um último reforço enquanto mataram uns bois de uma fazenda qualquer para rancho.

O aviso foi ao encontro, sendo recebido à bala, saindo feridos dois soldados. O fogo do aviso foi grande, dizimando o bando. Deve ter sido grande a mortandade, sendo que vieram presos uns quatro, dentre os quais um deles era portador de um *ultimato* para que entregássemos a cidade, visto tencionar o bando almoçar hoje aqui! Os saques têm sido enormes, e o que não pode ser saqueado é destruído pelo fogo que ateiam às casas.

Foram aprisionadas onze canoas, muitos rifles, terçados e diversos feixes de couro de peixe-boi.

Deve sair novamente o aviso hoje para atacar novos pontos onde estão concentrados outros grupos.

João (espírito) é chamado a todo momento.

Há dias, quando constou que o bando estava próximo à casa de Clóvis, esta ficou cheia de judeus que vinham se esconder. Neste dia foi um terror, uma gritaria enorme se ouvia em toda a parte. Quem possuía uma arma aprontou para o combate. A nossa família toda dorme em casa do Clóvis. Assim ficamos mais sossegados, porque todos estão reunidos.

O Dico Nina no campo de futebol quebrou a perna direita, no meio da canela, isto na véspera do alarme do ataque.

O resto da carta contém noticias íntimas que deixo de transcrevê-las por inúteis ao caso.

A fim de documentar mais o fato, dirigi-me por carta ao Sr. Manoel Tavares, recebendo a resposta que submeto à apreciação do leitor.

Eis a minha carta:

Pará, 22 de Janeiro de 1921
Amigo Sr. Manoel Tavares
Cumprimentos

Peço-lhe a gentileza de me informar a respeito de um registrado dirigido ao Sr. Eurípedes Prado, e vindo ontem de Parintins, indicando-me a hora exata em que o recebeu. Mais: dizer-me a pessoa a quem o entregou e o que ele trazia, visto estar informado de ter sido o mesmo aberto em sua presença. Peço-lhe ainda fazer da sua resposta o uso que me convier, agradecendo ao amigo esta fineza.

Cr.º At.º Obr.º.
Ettore Bosio.

Illmº Sr.

Em resposta à sua carta supra, venho afirmar que o registrado a que V.S. se refere foi recebido por mim no Correio deste Estado, em 21 do corrente ás 11 horas da manhã.

Logo após a recepção desse registrado, dirigi-me à casa do Sr. Eurípedes Prado, onde fiz entrega do mesmo à sua esposa que imediatamente o abriu em minha presença, verificando conter duas fotografias do Dr. João Corrêa e uma carta escrita por este, relatando, entre outras coisas, uma série de fatos passados em Parintins, atentado àquela cidade por parte dos bandoleiros. Essa narração impressionou aos que ouviram a leitura da carta, pelo motivo de que, na véspera, 20 do corrente, Madame Prado, em momento de transe descreveu em presença de várias pessoas, ocorrências, as quais de fato se deram porque a carta do Dr. João Corrêa positivamente as confirmou.

Esperando ter assim respondido à sua carta, apresento-lhe os meus respeitosos cumprimentos e firmo-me com estima e alta consideração.

De V.S
Am.º Cr.º Obr.º
Manoel José Tavares
P.S. Pode fazer desta minha resposta o uso que lhe convier.

Manoel José Tavares

Firma reconhecida pelo tabelião
Dr. Corrêa de Miranda

Belém, 5 de Março de 1921
Sr. Manoel José Tavares

Saudações
Em resposta à sua carta de hoje datada, tenho a dizer-vos que informa a 5ª seção, ter sido o registrado N.º 62 procedente de Parintins, Baixo Amazonas, dirigido ao Sr. Eurípedes Prado, entregue a V. Srº. no caráter de procurador daquele Sr., no dia 21 de Janeiro último, achando-se o aviso de recepção arquivado naquela seção.

Sem outro assunto, subscrevo-me

Am.º Cr.º Obr.º
José Assumpção Santiago
Administrador do Correio
Firma reconhecida pelo mesmo tabelião

Magnífico fato nos apresenta o companheiro Ettore Bosio. Com numerosas e ricas revelações, sobejamente comprovadas pelas correspondências de João Corrêa, Manoel Tavares e José Santiago, desafia a ciência materialista de todos os tempos, sempre presta a formular confusas teorias acerca do assunto, das quais sobressaem, infantilmente, disfarçadas fugas e vazias negações.

Dizemos infantilmente, porque muitos cientistas, conquanto dotados de mentes voláteis e fulgurantes, quando indagados sobre temas dessa natureza, por receio da opinião de seus pares ou por não admitirem ignorância em tese tão palpitante, alinhavam ingênuas explicações, que não convencem nem mesmo o mais néscio dos tolos.

Pensamos que, permanecendo entrincheirada nos rígidos preceitos que estabeleceu para si mesma, jamais a ciência acadêmica conseguirá surpreender mais do que simples vislumbres das verdades que esses fenômenos encerram. Cremos mesmo, que embora renovando suas ferramentas de pesquisas e ampliando os seus já vastos horizontes, não esboçará melhores e mais sólidos argumentos sobre essa matéria, que os já expendidos pelo Espiritismo.

Como imaginar uma ciência que espose conceitos e objetivos tão hostis às questões espirituais, acolhendo fatos como os acima relatados? O conjunto de eventos aqui apresentados afronta peremptoriamente as razões e os princípios dessa ciência. A perfeita descrição de acontecimentos passados à grande distância do local onde se encontrava a médium, os quais eram inteiramente desconhecidos por ela ou por qualquer das pessoas que a acompanhavam e a presciência de ocorrências futuras, conquanto devidamente comprovados e chancelados por idôneas testemunhas, ainda não encontram guarida no seio do *precavido* academicismo. Preferem os seus membros, com louváveis exceções, simplesmente dar de ombros ante qualquer referência ao assunto ou desmerecê-lo por não se comportar dentro das poucas leis naturais que já conhecem e que acreditam conter todos os segredos do Universo.

Tempos virão, contudo, que já não mais poderão ignorar o Espírito. Premidos pelas provas que se acumularão à sua volta e acima de suas cabeças – provas proporcionadas pelos *fenômenos espíritas* – dirão, como o grande sábio inglês, Sir William Crookes: *não digo que isso é possível, afirmo que isso é uma verdade.*

Os fenômenos de *emancipação da alma* constituem evidentes provas da sua existência e fascinam pelo extraordinário *mistério* que guardam.

No caso sob exame, consideremos, ainda, que foram os espíritos quem sugeriram o *desdobramento* da médium, com local e hora determinado para o fato e sobre o que tratariam por ocasião do fenômeno.

Curioso notar, igualmente, que ante a natural aflição por que passara o espírito da médium durante a maior parte do tempo em que estivera sob estado sonambúlico, *João* a conduziu para algum lugar aprazível, objetivando claramente devolver-lhe a calma e a tranquilidade.

Nesse momento do transe, expressando íntima serenidade, Anna Prado – Espírito, ainda parcialmente liberta do corpo físico, parecia colher flores do ambiente em que se achava, ofertando-as às suas filhas Antonina e Alice.

Outras reflexões seguramente advirão ante o aprofundamento da análise do fato aqui comentado. Deixemos, contudo, que cada leitor realize a sua própria apreciação, dela extraindo o que possa servir-lhe à meditação e à descoberta da Verdade.

Outros fenômenos

Não poderíamos deixar de assinalar, mesmo que *en passant*, outros tantos fenômenos produzidos pelos fabulosos dons mediúnicos de Anna Prado.

Portadora de elevada sensibilidade psicofônica e dotada de incomum mediunidade auditiva, teve esses seus recursos largamente utilizados pelos Benfeitores Espirituais, tanto na orientação de sua tarefa mediúnica quanto nas respostas aos diversos questionamentos que lhes eram formulados.

Promoveu abundantemente os fenômenos chamados *raps* e proporcionou repetidas vezes o aparecimento de luzes espirituais, conforme relatos efetuados por aqueles que lhe registraram as atividades mediúnicas.

Fig. 35 – Fenômeno Luminoso – A luz produzida foi de tal forma que a parede se refletiu no soalho.

Foi médium de transporte, havendo ocasião em que mais de vinte flores, recém-colhidas e cheias de frescor, foram trazidas pelos espíritos para o ambiente da reunião, quando este se achava inteiramente fechado e sem nenhuma comunicação com o exterior[107] e possuía igualmente o dom da *segunda vista*, segundo nos informa o maestro Ettore Bosio[108].

Seus dotes mediúnicos foram realmente surpreendentes e diversificados, conferindo-lhe um lugar de real destaque na fenomenologia espírita.

Os capítulos que se seguem, refertos de maravilhosos e variados fenômenos, vêm atestar a sua indiscutível condição de grande tarefeira da mediunidade e do Espiritismo.

---

[107] FARIA, Raymundo Nogueira de. *O trabalho dos mortos*. 4. ed. Rio de Janeiro: FEB, p. 50
[108] BOSIO, Ettore. *O que eu vi*.

5

Materializações de espíritos

Célebre é o encontro do rei Saul com a *sombra* de Samuel[109].

Com Israel sob ameaça dos *filisteus*, Saul, que havia expulsado todos os *adivinhos* e *necromantes* de seu território, temeroso ante a desafiadora presença do exército inimigo e não conseguindo obter qualquer resposta às suas consultas a *Iahweh*, mandou que buscassem uma *mulher entendida na arte de evocar os mortos*, para que lhe pudesse falar e pedir conselhos.

Informado de que existia *tal mulher* na cidade de *Endor*[110], para lá se dirigiu; nisso travou contato com o Espírito do antigo juiz israelita, materializado graças às forças psíquicas daquela a quem chamavam *feiticeira* ou *pitonisa*[111].

Fatos dessa natureza, longe de constituírem uma raridade, surgem amiúde no quotidiano das pessoas. Seus relatos são encontrados, com frequência, tanto nos textos sagrados que fundamentam as re-

---

[109] I, Samuel – 28:7-25.
[110] Cidade localizada ao pé do monte Tabor.
[111] Nome dado às sacerdotisas do templo de Apolo, Delfos, Antiga Grécia. As *pitonisas* ficaram muito famosas pelas suas profecias. Receberam essa denominação em função do nome original de Delfos na mitologia – Pítia – depois que Apolo matou a grande serpente Píton.

Fig. 36- Pitonisa de Endor

ligiões terrenas – Vedas, Zend--Avesta, Bhagavad-Gita, Bíblia, Alcorão – quanto nos escritos mais profanos.

Ao estudar essa ordem de fenômenos, Allan Kardec, entre outras explicações, recolheu dos Maiores da Espiritualidade a informação de que os Espíritos, *em seu estado normal, são inapreensíveis, como num sonho. Entretanto, podem tornar-se capazes de produzir impressão ao tato, de deixar vestígios de sua presença e até, em certos casos, de tornarem-se momentaneamente tangíveis, o que prova haver matéria entre vós e eles*[112].

Claro que essa *matéria* a que ele se refere, quintessenciada e maleável, dista muitíssimo da adensada matéria do nosso plano, conquanto guarde-lhe os mesmos princípios e algumas propriedades.

Ao investigar o mecanismo das manifestações físicas, Allan Kardec, após formular várias questões ao Espírito de São Luiz, conclui, mediante análise das respostas obtidas, que *o fluido universal, onde se contém o princípio da vida, é o agente principal das manifestações, agente que recebe impulsão do Espírito, seja encarnado, seja errante. Condensado, esse fluido constitui o perispírito, ou invólucro semimaterial do Espírito. Encarnado este, o perispírito se acha unido à matéria do corpo;[...] Em algumas pessoas se verifica, por efeito de suas organizações, uma espécie de emanação desse fluido e é isso, propriamente falando, o que constitui o médium de influências físicas. A emissão do fluido ani-*

---

[112] KARDEC, Allan. *O livro dos médiuns*. Cap. 6 – Das manifestações visuais. Q. 100, It. 24. 76. ed. Rio de Janeiro: FEB, 2005.

malizado pode ser mais ou menos abundante, donde os médiuns mais ou menos poderosos. Essa emissão, porém, não é permanente, o que explica a intermitência do poder mediúnico[113].

Necessário aos mais variados fenômenos de efeitos físicos, esse fluido animalizado – *ectoplasma*[114] – ainda é muito pouco conhecido na terra. O Espírito André Luiz, dedicado Instrutor do Mundo Maior, diante da grande importância do assunto para o estudo e a compreensão desses fenômenos, traçou-nos valiosos e esclarecedores apontamentos sobre a natureza, constituição, propriedades e finalidades dessa substância. Na ocasião, escreveu o notável estudioso desencarnado:

> O ectoplasma está situado entre a matéria densa e a matéria perispirítica, assim como um produto de emanações da alma pelo filtro do corpo, e é peculiar não somente ao homem, mas a todas as formas da Natureza. Em certas organizações fisiológicas especiais da raça humana, comparece em maiores proporções e em relativa madureza para a manifestação necessária aos efeitos físicos que analisamos. É um elemento amorfo, mas de grande potência e vitalidade. Pode ser comparado a genuína massa protoplásmica, sendo extremamente sensível, animado de princípios criativos que funcionam como condutores de eletricidade e magnetismo, mas que se subordinam, invariavelmente ao pensamento e à vontade do médium que os exterioriza ou dos Espíritos desencarnados ou não que sintonizam com a mente mediúnica, senhoreando-lhe o modo de ser. Infinitamente plástico, dá forma parcial ou total às entidades que se fazem visíveis aos olhos dos companheiros terrenos ou diante da objetiva fotográfica, dá consistência aos fios, bastonetes e outros tipos de

---

[113] KARDEC, Allan. *O livro dos Médiuns*. Cap. 4 – Da teoria das manifestações físicas. Q 75. 76. ed. Rio de Janeiro: FEB, 2005.
[114] Termo cunhado por Charles Richet (1850 – 1935).

formações, visíveis ou invisíveis nos fenômenos de levitação, e substancializa as imagens criadas pela imaginação do médium ou dos companheiros que o assistem mentalmente afinados com ele[115].

Aos menos afeiçoados ao conhecimento espírita, pode parecer delírio ou devaneio falarmos com tanta convicção e serenidade sobre o tema que ora nos absorve.

A estes, devemos dizer que não foi senão depois de amiudadas investigações científicas e demoradas meditações que tais fatos foram aceitos e sancionados pelos espíritas, e lembrar, com o célebre dramaturgo inglês William Shakespeare, que *há mais coisas entre o céu e a terra do que supõe nossa vã filosofia*[116].

A mediunidade, com as firmes diretrizes espíritas para o seu exercício, veio oferecer sublime oportunidade para que o homem pudesse desvendar o *secular mistério da morte*. Anna Prado foi valioso instrumento desse mister.

Seus incomuns dotes mediúnicos, prodigiosos em todos os fenômenos a que deram vida, surgem com admirável esplendor nos processos de *materialização de espíritos*.

Submetida às mais rudes provas, muitas vezes com a saúde visivelmente debilitada, jamais ela se negou aos testemunhos que lhe eram exigidos. Sob numerosa plateia, formada pelos mais ilustres e cultos membros da sociedade belenense, atendeu até mesmo às mais descabidas instâncias da ciência materialista e dos seus experimentadores. Colocada dentro de uma *gaiola de ferro*[117], especialmente projetada para impedir qualquer fraude, Anna Prado, antes do início de cada sessão, tinha habitualmente as suas roupas cuidadosa-

---

[115] LUIZ, André; XAVIER, Francisco Cândido. *Nos domínios da mediunidade*. 27. ed. Rio de Janeiro: FEB, 2000, p. 271.
[116] William Shakespeare (1564 – 1616), em *Hamlet*.
[117] Confeccionada em forma cúbica, com barras de ferro dispostas em paralelo, possuía uma única abertura, localizada na sua base inferior, carecendo ser erguida a certa altura, para que a médium entrasse. Como medida adicional de precaução, a referida gaiola era fixada em uma tábua – onde já se achava a médium, em sua cadeira – por quatro porcas engastadas em espigões de ferro, conforme relatado na obra *O que eu vi*, de autoria do maestro Ettore Bosio.

mente examinadas por algumas senhoras, que a despiam, como medida extrema de controle. E para atender a doentia desconfiança de uns tantos observadores e refutar as dardejantes investidas do padre Florêncio Dubois – renitente e gratuito inimigo dos fatos espíritas – muitas dessas sessões foram realizadas em diferentes residências, cujos moradores eram tidos por severas e atentas sentinelas, contra o logro e a mentira.

Todo esse excessivo aparato, aliado à leviana e demasiada suspeição de alguns espectadores, tinha o condão de comprometer seriamente o sucesso dos trabalhos em andamento. Todos nós sabemos – aqueles que algum conhecimento espírita possuem – que um ambiente hostil, onde reine indiferença, prevenção e heterogeneidade, oferece expressiva resistência à realização de tais fenômenos.

Mesmo assim, num clima pouco ou nada favorável à ocorrência de manifestações dessa natureza, inúmeros e variados foram os feitos propiciados pela estupenda mediunidade de Anna Prado. O seu inestimável contributo ao estudo e testificação dos fenômenos espíritas só é comparável ao dos grandes missionários da Nova Revelação. Seu magnífico trabalho nos acena, hoje, como outrora, com a firme certeza do triunfo da *vida* sobre a *morte*.

Com breves comentários de nossa parte, inclusive com aposição de título em cada um deles, apresentamos a seguir alguns fatos de *materializações de espíritos*, colhidos em sua imensa e abençoada lavra mediúnica. Sozinhos eles bastariam para confirmar a grandiosidade de sua tarefa medianímica; porém, outros mais, como veremos nos capítulos subsequentes, garantem lídima veracidade a esta nossa assertiva.

UMA BRISA ANUNCIADORA

Sem preâmbulos nem comentários, exporemos os fatos, fidelissimamente, tal como se deram e o presenciaram os Srs. Doutor Amazonas de Figueiredo, diretor do Ginásio; Assunção Santiago, administrador interino dos

Correios, e respectivas esposas; Doutor Virgílio de Mendonça, senador estadual; Manoel Barbosa Rodrigues, comerciante; professor Sílvio Nascimento, Pedro Baptista, da Farmácia Beirão, um cunhado e duas senhoritas, filhas do Senhor Prado, e nós.

Às 8 horas da noite, começou a sessão, tendo ficado a médium no meio do círculo formado pelos assistentes.

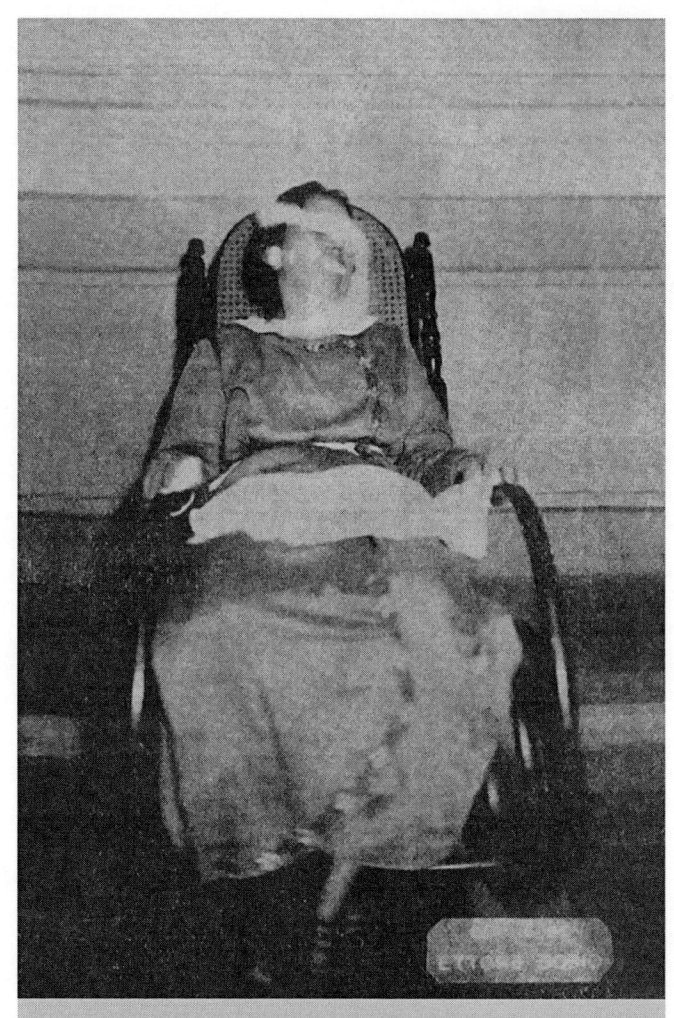

Fig. 37 – Anna Prado – Fotografia obtida na noite de 30 de outubro de 1922. Grande quantidade de ectoplasma sai pelo nariz, boca e ouvidos da médium.

Feita a obscuridade, o Espírito determinou fossem buscar as flores deixadas na varanda e que as distribuíssem pelos assistentes[118]. Estes repararam na espécie de flores que lhes coube. Apagaram-se as luzes. Logo, como que uma brisa bem acentuada acariciou o rosto de todos. Era o sinal de que os fenômenos começavam. Com efeito, daí a segundos sentimos a mão de alguém – mão fina, mas evidentemente masculina – tocar nas nossas como que tateantes e quase simultaneamente anunciaram igual contacto os Srs. Eurípedes Prado, Doutor Amazonas de Figueiredo, minha esposa, professora Elisabet e, finalmente, a assistência inteira, com exceção da Senhora Amazonas de Figueiredo, Assunção Santiago e o professor Sílvio Nascimento.

A seguir produziu o Espírito, que se dá pelo nome de João, uma série interessantíssima de fenômenos, entre os quais, num resumo, destacaremos os seguintes: troca de flores entre os assistentes, sentindo-se bem distintamente as mãos que retiravam e devolviam as flores, sendo de notar que os ramos dos Srs. Amazonas de Figueiredo, Santiago e o nosso, foram entregues às nossas respectivas esposas e vice-versa, sem equívoco algum. A retirada de um lenço do bolso do Senhor Doutor Amazonas de Figueiredo e sua imediata restituição, num trançado de forma semelhante a uma pêra; os lenços do Senhor Manoel Barbosa Rodrigues foram transformados em pequenas e interessantes estatuetas, de difícil formato. A troca de anéis: a aliança de minha esposa foi-me entregue e em troca levaram-lhe a que me pertence. O próprio Espírito no-las tirou e enfiou nos dedos. O anel do Senhor Doutor Virgílio foi-nos trazido. À professora Elisabet o Espírito retirou do colo a gravata e a bolsa, tendo dado esta ao senador Virgílio de Mendonça e aquela ao Senhor Barbosa Rodrigues, que teve também a sua aliança oferecida a um dos assistentes. Ao Doutor Amazonas o Espírito tentou arrancar a gravata

---

[118] Nessas ocasiões, o espírito João se comunicava pela tiptologia.

e, como o laço desta estivesse bastante apertado, limitou-se a tirá-la de sob o colete. Minha esposa ainda ficou por instantes sem um dos sapatos, que nos trouxeram. *João* também lhe retirou o leque e pôs-se a vibrá-lo demoradamente, no ar, percorrendo o círculo inteiro, ora elevando-o bastante alto, ora aproximando-o do rosto dos presentes.

Todos esses fenômenos, porém, foram entremeados de detalhes interessantes: – A esposa do Senhor Doutor Amazonas mostrava-se algo receosa da aproximação do Espírito. Este como que pressentia isso, de sorte que, delicadamente, se não dirigia àquela distinta senhora. Seu esposo, entretanto, observou o fato, e, como a Senhora Amazonas tivesse dito que se não assustaria, ficou logo sem o seu leque, que o Espírito, à maneira do que fizera antes, vibrou demoradamente no ar, restituindo-o depois.

Mas, ao retirá-lo das mãos da Senhora Amazonas, fê-lo tão delicadamente, que esta quase não sentiu contacto algum. Desfeito assim o seu receio, *João*, então, acariciou-lhe as mãos, retirando-lhe as flores e oferecendo-as ao seu digno esposo.

A Senhora Santiago, meio assustada ao começo, também teve entre as suas a mão veludosa de João, que lhe demonstrou simpatia e afeto.

Ainda outros fatos e a nosso ver mais interessantes, como prova indiscutível da *Inteligência* que ali agia livremente. Assim, quando a Senhora Amazonas, utilizando-se do seu próprio leque, produziu uma leve ondulação de ar, o que alguém atribuiu ao Espírito, este, pela mesa, imediatamente disse: *É o leque de nossa irmã Sinhá.* Se alguém produzia qualquer ruído, ele indicava quem era, desfazendo assim possíveis equívocos. O Doutor Virgílio, por exemplo, fez vibrar um pequeno elástico que lhe fora entregue pelo Espírito e que retirara das mãos do Doutor Amazonas. O nosso companheiro atribuiu esse fato ao *Invisível*, e logo, pela mesa, veio à resposta: *Não fui eu mas o irmão Virgílio.*

Pedimos a João que nos tirasse as lunetas e as levasse àquele senador. O Espírito respondeu: *O Doutor Virgílio não enxerga pelas lunetas da polícia...* – aludindo às nossas funções[119]. Entretanto, daí a momentos as lunetas eram retiradas e, depois de serem mostradas a vários assistentes, foram entregues àquele facultativo.

Ao no-lo restituir, *João* puxou-nos levemente a orelha esquerda. De tudo o que se passou, porém, o mais interessante foi: ao assentar-se o senador Virgílio, o Senhor Eurípedes Prado colocara sob a cadeira dele, no chão, uma campainha.

Aproveitando a escuridão, S. Ex. retirou-a, guardando-a. *João* que, naturalmente, lhe surpreendeu o gesto, mandou acender a luz e procurá-la. O Doutor Amazonas, desconfiando que o Doutor Virgílio a tivesse num dos bolsos, indagou, ao que S. Ex., sorrindo, respondeu: *Peçam informações ao João*. Este reclamava que apagassem a luz e, atendido, pela mesa, declarou que fora S. Ex. mesmo quem guardara a campainha. Depois, como lhe pedissem para retirá-la de onde estava, atendeu-nos, vibrando-a longamente no ar, dando-lhe corda, alteando-a e baixando-a com rapidez, e, finalmente, pousando-a sobre a mesa, onde continuou, então, a utilizá-la, em vez da mesa, para conversar com os assistentes. Depois, sempre pela campainha, pergunta: *Querem ver-me?* – e como os assistentes dissessem que sim, seguiram-se os trabalhos de materialização.

Estes foram idênticos aos que já temos assistido: viu-se distintamente o Espírito atravessar por vezes o aposento, ajoelhar-se, caminhar ao lado da médium, de sorte que se distinguissem bem, inconfundivelmente, os dois vultos, etc. Como sempre, rogou música, e desta vez pediu a uma das filhas do Senhor Eurípedes, habituada já aos fenômenos e, portanto, sem receio algum, para atravessar consigo o aposento, o que fez olhando como quem valsava. Ficando novamente sozinho, entoou uma débil, suave, mas distinta canção.

---

[119] O narrador – Raymundo Nogueira Faria – exercia a função de Delegado de Polícia na cidade de Belém do Pará (nota do autor).

Todos esses fenômenos foram claramente produzidos e com uma abundância tal de detalhes imprevistos que seria absurdo, injustificável e grosseira má *fé admitir a possibilidade de fraude.*

Tendo o Senador Virgílio perguntado quando poderia ter informações de um fenômeno pelo qual se interessa, *João*, que nesse instante transportava as flores das mãos do Senhor Sílvio Nascimento, respondeu-lhe:

– *Mais tarde. Agora estou ocupado.*

Eis aí a narração fria, deficientíssima até, sem pormenores, sem um exagero, do que se passou. Podem confirmá-la os que lá estiveram conosco. Todos fizeram as perguntas, os pedidos, às experiências que bem entenderam e quiseram, sendo atendidos.

Os Espíritos muitas vezes lançam mão dos mais inusitados efeitos para anunciarem a sua presença. No caso em apreço, utilizaram-se de recursos que tais, para indicarem o início dos fenômenos, naquela noite de 6 de dezembro de 1919[120], motivo pelo qual o nominamos com o título que o encima.

Curioso notar que, tão logo os circunstantes sentiram o caricioso afago de *uma brisa*, souberam que os fenômenos estavam na iminência de começar. Isso indica que esse fato, provavelmente, era uma prática comum naquelas reuniões.

No transcurso da sessão, os Espíritos, antes de se materializarem, executaram várias ações, as quais se não impossíveis de serem realizadas por alguém encarnado, exigiriam extrema destreza, notável prestidigitação. Essas qualidades, certamente, nenhum dos que ali estavam, detinha. Isto afasta ou, no mínimo, reduz imensamente qualquer possibilidade de fraude.

Outros aspectos fenomênicos observados naquela noite merecem especial destaque. Os variados movimentos que o *Espírito João* imprimiu à campainha e a forma como interagiu com os participantes encarnados sugerem-nos preciosas reflexões.

---

[120] Publicado originalmente na edição de 9 de dezembro de 1919 do Jornal da Tarde, Belém (PA).

A campainha, elevada no espaço vazio ou vibrada sem a interferência de qualquer ente visível – não se dera ainda a materialização de nenhum espírito – indica que eles movem os objetos materiais pela manipulação do *ectoplasma* ao influxo de seus pensamentos e não por uma força mecânica, exercida pelos seus *músculos* materializados, como muitos imaginam. O que está inteiramente de acordo com o que anotou, sobre esse assunto, Allan Kardec[121].

A interação observada entre o espírito comunicante e os assistentes daquela reunião, dá-nos a nítida impressão de que eles mais não formavam do que um grupo de velhos e estimados amigos, entretidos em agradável sarau.

A vida realmente prossegue além-túmulo. Eis uma conclusão da qual não se pode fugir. Fatos, como o que acima foi retratado, não nos permitem tal procedimento.

Cântico de ação de graças

Às 8 horas estavam presentes ao todo uns trinta assistentes, inclusive pessoas da família Prado. Não tínhamos tido ainda reunião com tão numerosa assistência, o que julgávamos arriscado para o êxito dos trabalhos anunciados pelo Espírito: materializações, trabalhos em parafina, etc. Como se verá, o nosso receio era infundado. Preparado o gabinete, à vista e com o exame de vários dos assistentes, dentro dele foi colocada a grade onde fica a médium, inteiramente isolada, sendo essa grade, como das demais vezes, fechada a cadeado e lacrada. Junto ao gabinete uma pequena mesa e, sobre esta, o seguinte: uma caixinha de madeira, de palmo e meio de altura, com gesso; um balde com parafina e outro com água fria; um jarro, uma faca e algumas flores.

---

[121] KARDEC, Allan. *O livro dos médiuns*. 76. ed. Rio de Janeiro: FEB, 2005. Cap. 4 – Da teoria das manifestações físicas, Q. 74, it. IX.

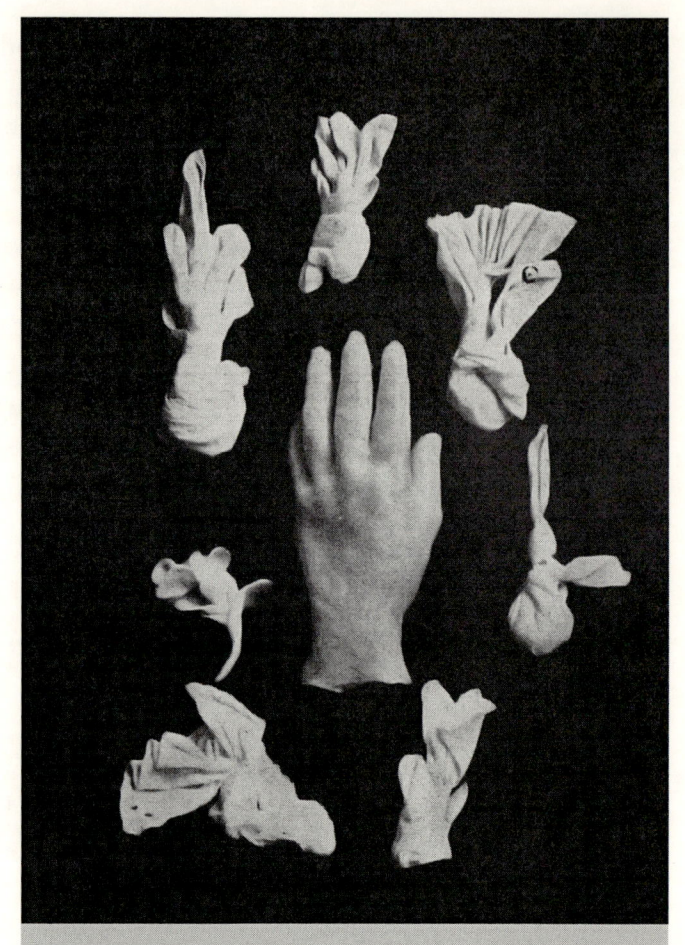

Fig. 38 – Molde de parafina da mão esquerda de Rachel, flor, também em parafina, feita pelo espírito de Annita e lenços atados pelo espírito João.

    Apagada a luz, ficou o aposento fraca mas suficientemente iluminado pelo reflexo das lâmpadas elétricas da saleta. Feita assim a meia escuridade, necessária à produção do fenômeno, começou em pouco, dentro da grade, a formação fluídica. Uma pequena nuvem branca oscilava, aumentando e diminuindo, até que se constituiu larga faixa branca, permanecendo dentro da grade até ao fim dos trabalhos. Alguns minutos mais e se distinguiu a formação de outro vulto que a pouco e pouco tomou as formas distintas e perfeitas de uma jovem. Era *Annita*, que assim se diz chamar o Espírito feminino que vem trabalhando com *João*. Como que depois de uma leve hesitação, deixou o *gabinete*, dirigindo-se ao Senhor Eurípedes Prado, a quem tomou a mão direita, levando-a aos lábios.

Encaminhou-se para uma das pessoas assistentes, saudando-a afetuosamente. Todos a viram: trajava de branco, saia e blusa, tendo os cabelos longos e lisos, apertados por uma fita, também daquela cor. Estava perfeita. Depois de passar e repassar ao comprido da fila de assistentes, dirigiu-se à banca onde se encontravam os utensílios mencionados antes e começou a trabalhar em parafina. Via-se que mergulhava a mão direita no balde de parafina a ferver, e logo depois no outro, de água fria, para arrefecê-la e dar-lhe consistência.

De quando em quando, mostrava o punho, tendo a mão já envolta em camadas daquela matéria. Antes de retirar o molde, estendeu o braço coberto de cera até o punho, feito o que, deixando cair o molde no balde de água fria, o levou depois para o Senhor Eurípedes Prado. Esse molde tem o feitio de uma delicada mão, pequenina e gorda. Fabricou ainda flores de cera, deixando-as dentro de um dos baldes.

Em seguida percorreu por duas vezes o aposento, no intervalo, aliás, pouco espaçoso, entre a assistência e o gabinete, depois do que se ajoelhou entoando, como em ação de graças, um cântico religioso. Este cântico comoveu até às lágrimas algumas senhoras. Levantou-se mal dizia as últimas palavras e, penetrando no gabinete, desapareceu.

Convém notar o seguinte: de momento a momento, e principalmente quando trabalhava na parafina, *Annita* se dirigia a outro Espírito que permanecia dentro da grade, ao lado da médium, como que para consultá-lo.

Desfeito o vulto de *Annita*, rapidamente até, surgiu-nos, passados alguns instantes, o *Espírito de João*. Trajava túnica branca, apertada à cintura, e capuz branco.

121

Mais familiarizado com a assistência, saúda-a com desembaraço. Tomou das flores naturais, atirando-as para os assistentes. Sacudiu ainda algumas gotas de água fria para os mais íntimos, começando a trabalhar. Primeiro, vergou-se sobre a mesa, como quem examina tudo; arregaçou as mangas, arriou o balde com parafina já esfriada e pesando seguramente uns quatro quilos, deixando cair uma pequena tábua, com grande ruído. Tomou da faca e bateu-a fortemente sobre a mesa.

Alguém, que estava mais distante, disse: *é a faca* – e logo ele, encaminhando-se para o lado esquerdo do círculo, de onde viera à observação, bateu de novo fortemente em uma outra mesa, destinada a manifestações tiptológicas, isso, talvez, com o intuito de confirmar aquela observação, e voltou a trabalhar.

Em sessão íntima, *João* prometeu ao Senhor Eurípedes Prado tentar produzir um molde de gesso, embora manifestasse, desde logo, dúvidas sobre o êxito da experiência. Ia, agora, fazer a tentativa. Arriou o outro balde, deixando apenas sobre a banca a pequena caixa de madeira com o gesso e o jarro com água fria.

Depois de algum trabalho, durante o qual se utilizou do jarro, encaminhou-se para o Senhor Eurípedes Prado, levando-lhe um pedaço de gesso, umedecido e informe. A experiência não dera resultado. Nem pelo malogro da tentativa, *João* abandonou o desembaraço e graça com que caracterizou essa reunião.

Ofereceu a duas das senhoras presentes as flores em parafina, trabalhadas por *Annita* e bateu palmas. Estava, assim, finda a primeira parte dos trabalhos.

Seguiu-se, então, entre o Espírito e os assistentes que se encontravam na primeira fila a troca de algumas frases, perfeitamente distintas. Prometeu deixar-se fotografar, tomando as posições em que o faria. Ao anunciar isto, levantou os braços e exclamou *puff!* para indicar a explosão do magnésio. Alguém, então, se ofereceu para lhe trazer aquele explosivo, ao que ele retorquiu nitidamente:

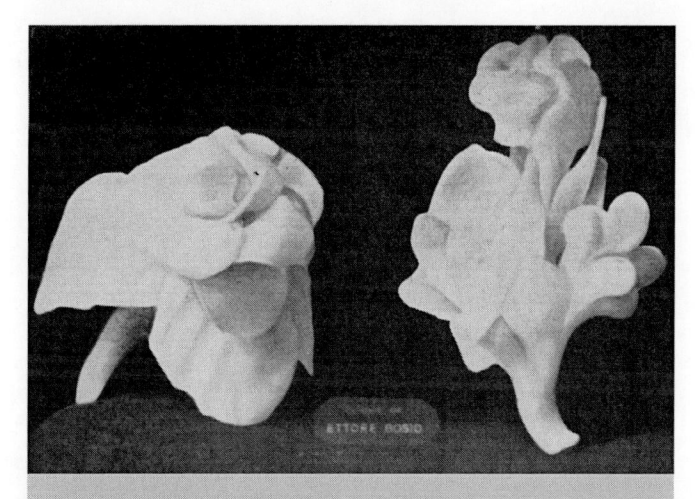

Fig. 39 – Flores em parafina oferecidas pelo espírito de Annita à senhora Luiza Bosio.

Fig. 40 – Um dos mais perfeitos trabalhos em parafina feitos por Annita.

— *Não quero, eu tenho magnésio*[122].

Nesse instante a médium tossiu insistentemente. Logo, solícito, o Espírito deixou a assistência, correndo para o gabinete. Daí a instantes voltava, exclamando de modo distinto:

— *Não há novidade!*

Várias outras palavras e frases foram pronunciadas por *João*, sendo que, com uma senhora da família Eurípedes, entreteve verdadeiro diálogo, aliás, ouvido pelos que estavam próximos da referida senhora. Apertou a mão a diversas pessoas e, depois de se ajoelhar e orar, retirou-se para o gabinete, a fim de despertar a médium, o que fez, como de costume. Já quase a extinguir-se, o Espírito acenou, dizendo adeus.

O que sobretudo impressionou a assistência foi a solicitude que demonstrou pela saúde da médium – fato que, aliás, se observa sempre. De quando em quando, abandonava o trabalho, indo ao gabinete, em cujo interior, dentro da grade fechada e lacrada, aquela permanecia.

Antes de encerrar os trabalhos, *João* tirou o capuz, vendo-se-lhe a cabeça com os cabelos rentes.

Belém, 17 de Abril de 1920.

Muitos aspectos do relato acima, pelas singularidades que apresentam, poderiam ser destacados numa apreciação mesmo que ligeira.

A acentuada nitidez das materializações, por exemplo, permitiu aos assistentes distinguirem vários detalhes referentes aos espíritos comunicantes. A *toilette* de *Annita* – saia e blusa brancas, cabelos longos e lisos, presos por uma fita da mesma cor – e o vestuário de *João* – túnica branca, apertada à cintura e capuz branco – claramente percebidos pelos espectadores, falam-nos da perfeição atingida pelos fenômenos naquela noite.

Outras ocorrências havidas naquela sessão merecem especial relevo.

---

[122] Como se sabe, pouco tempo depois, as experiências fotográficas, à luz do magnésio, deram excelente resultado, acompanhadas do mais rigoroso controle.

A experiência intentada para a produção de um molde em gesso, revela o caráter investigativo daqueles trabalhos. O cântico entoado pela entidade materializada, carreando consigo uma profusão de sentimentos elevados, comove algumas senhoras até às lágrimas. São esses fatos realmente consideráveis.

Outros mais, certamente, ressumarão de uma análise pormenorizada do texto sob exame. Como o escopo do nosso trabalho não se funda nesse propósito, deixemos para uma outra ocasião essa tarefa, tão importante quanto os próprios fatos aqui relatados.

E finalmente, para conhecimento e registro, consignamos que a ata ora transcrita foi assinada, entre outras pessoas, pelos senhores Phileto Bezerra, Ernesto B. de Castro, Alberto Vianna. Manoel Barbosa Rodrigues, João Gil Júnior, Eliezer Leon, Manoel Pereira, Pedro Baptista, Doutor Abel Costa e Nogueira de Faria.

Uma pequenina mão de cera

Presentes os srs. drs. Porto de Oliveira, Jaime Aben-Athar, Virgílio Mendonça, médicos; Apolinário Moreira, então deputado estadual; Ettore Bosio, maestro; Eusébio Cardoso, conhecido solicitador; Eustachio de Azevedo, poeta e jornalista; João Fernandes, comerciante; Manoel Pereira, comerciante; várias senhoras, além de diversas pessoas da família Eurípedes Prado; o *gabinete* foi armado à vista dos assistentes pelo Senhor Manoel Pereira e examinado pelos srs.drs. Jaime Aben-Athar e Porto de Oliveira, ambos médicos, sendo que este último assistia pela primeira vez às sessões, e por isso mesmo se mostrava interessado em conhecer os antecedentes dos fenômenos.

Vinda que foi a médium, antes de entrar para a grade, o Senhor Eurípedes Prado interrogou o Espírito, por meio da mesa destinada a manifestações tiptológicas, se tudo estava bem, sendo-lhe pedido para colocar uma pequena banca em frente ao gabinete e sobre esta os baldes de parafina, água fria, etc. Em seguida a médium se colocou dentro da grade, a qual foi cuidadosamente lacrada pelo Senhor Doutor Porto de Oliveira. Apagou-se a luz, ficando, como das outras vezes, o aposento meio iluminado pela claridade das lâmpadas da saleta. Minutos depois o Espírito recomendava que as cortinas da frente e do lado esquerdo, que estavam suspensas, deviam ser dispostas de modo a serem baixadas sem dificuldade, se fosse preciso. Há várias sessões vinha aparecendo em primeiro o Espírito de *Annita*, vestindo sempre de branco e a cuja formação fluídica – ou melhor, a cuja materialização – os espectadores assistiam perfeitamente. Desta vez o fenômeno como que demorava. Dentro da grade distinguia-se apenas a gola branca do vestido da médium, mais acentuada por um lenço também branco passado em laço ao pescoço. Esta gola e o lenço facilitavam o reconhecimento dos núcleos fluídicos, porque, enquanto estes oscilam de cima para baixo, da direita para a esquerda, diminuindo e aumentando, aqueles permanecem fixos, divisados perfeitamente. Desta vez o núcleo fluídico branco demorava a constituir-se, pelo menos mais do que das outras vezes. Apenas como que leves pedaços de gazes brancas, esgarçados, eram vistos. Num dado momento, ouvia-se o ruído das cortinas de frente, que eram arriadas, isto é, uma apenas, a da direita.

Súbito, aparece-nos *João*: trajando de preto, a cabeça envolta em um capuz. Trazia nos braços um vulto branco, na posição de quem acalenta uma criança. Ajoelha-se, como de costume. Todos vêem o pequenino vulto branco, sem contudo distinguir-lhe nitidamente as formas. Seria uma boneca? Seria uma criança?

Ao começo ninguém atina com o intuito do Espírito trazendo consigo, nos braços, o pequenino vulto. Entretanto, ele se aproxima dos baldes de parafina e começa a trabalhar. Distingue-se bem ele passar o *braço da criança* de um para outro balde, isto é, da parafina quente, para o balde de água fria em frente do maestro Ettore Bosio, próximo também do Senhor Doutor Virgílio Mendonça. Mostra-lhes a pequenina mão de cera, deixando-a cair no balde de água fria. Dá ainda alguns passos, recolhendo-se ao *gabinete*, onde faz desaparecer o vultozinho branco. Verificou-se, pois, o intuito: fabricar um molde de cera de pequeno tamanho. Que melhor prova?

Ao voltar, anuncia ao Senhor Eurípedes Prado a vinda de um Espírito mais elevado do que ele, *João*. Percebe-se-lhe bem a voz, mas apenas os que lhe estão próximos distinguem as palavras. Ajoelha-se, em seguida, e, após ligeira oração, recolhe-se ao *gabinete* e desaparece.

As cortinas do lado esquerdo são arriadas, e sem larga demora aparece, desse lado, trajando túnica branca, um Espírito mais alto do que *João* e mais alto que a médium. Ergue a mão direita para o teto, como quem indica o céu, e ajoelha-se em atitude de prece. Mostra-se a todos os presentes, abrindo os braços em cruz. Demora pouco, retirando-se, mas não sem se ajoelhar como fizera ao aparecer.

Há instantes de demora. Espera-se ainda a produção de outros fenômenos; mas João dá o sinal de findos os trabalhos. Feita a luz, os Drs. Porto de Oliveira e Jaime Aben-Athar examinaram os lacres. Estavam perfeitos.

Ao comentar os fenômenos descritos no presente relatório – fiel expressão dos fatos passados naquela memorável noite[123] – Nogueira de Faria informa que o *Espírito João*, como de costume, antes de se materializar, solicitou música. Lembra que é ele quem, por meio da tiptologia, dirige os trabalhos, fazendo observações e traçando recomendações. Anota, ainda, outro fato interessante. Como o cadeado usado para fechar a grade não estivesse amarrado, qualquer movimento da cadeira em que se achava a médium produzia sons bem semelhantes aos utilizados nas comunicações tiptológicas, travadas naquelas

---

[123] Sessão realizada em 30 de abril de 1920.

sessões. Isso muito confundia o Sr. Eurípides Prado, que ante os enganos daí advindos, indagou se quem os estava provocando era mesmo *João*. Falando, então, pela médium adormecida, *João* disse a guisa de resposta: *é bom amarrarem o cadeado para evitar estas confusões*. Penso que temos aí, segundo os conceitos adotados pelo Espírito André Luiz, um caso de *psicofonia sonambúlica*[124].

De nossa parte, entre outras coisas, ressaltamos os movimentos desenvolvidos pelas *nuvens ectoplásmicas*, que balouçavam quais cortinas de fumaça ao vento, ora diminuindo, ora aumentando de tamanho, até que o processo de materialização fosse concretizado. Esse movimento se dá, talvez, pelo seu baixo peso específico, visto tratar-se de substância semimaterial, portanto, dotada de grande leveza, ou, ainda, pela influência recebida das mentes encarnadas ou desencarnadas, que lhe dirigiam os pensamentos. O fato é que sempre assim parece se comportar esse fluido. A análise das muitas fotografias que serviram de registro a esses fenômenos e os relatos efetuados por quem os presenciou apontam nessa direção.

Já as operações em parafina, executadas naquela noite, desferiram um rude golpe nas acusações de fraude, assacadas contra os trabalhos mediúnicos de Anna Prado. Os espíritos, provavelmente com o primordial intuito de fortalecer a convicção de quantos ali se encontravam, confeccionaram uma pequena *luva* em parafina, impossível de ser modelada a partir de qualquer um dos presentes, derruindo, dessa forma, toda ideia que pudesse indicar embuste ou ludíbrio.

Na produção desse artefato, consoante o relato transcrito, foi impossível determinar a natureza do *modelo* utilizado pelos espíritos para tal fim. Se o espírito de uma criança, uma boneca ou um espírito adulto miniaturizado. O fato é que, com essa demonstração, ficou afastada qualquer possibilidade de fraude, naquele evento, pelo menos para aqueles que não falseiam o que os seus olhos veem e os seus ouvidos escutam. Infelizmente, para nós, muito ainda teremos de conviver com pessoas desse jaez. Mas, isso não importa. Sigamos em frente. Triunfará a Verdade.

---

[124] LUIZ, André; XAVIER, Francisco Cândido. *Nos domínios da mediunidade*. 27. ed. Rio de Janeiro: FEB, 2000, cap. 8.

Ao clarão do luar

Na casa do Sr. Prado, sita à estrada Conselheiro Furtado, numero 42, realizou-se mais uma sessão de fenômenos espíritas, achando-se presentes a família Figner composta do casal e três filhas, o Sr. Manoel Tavares e esposa, o Sr. João Rocha Fernandes, a família Prado, minha esposa e eu[125]. A sessão começou às 21 horas em ponto.

À distância mais ou menos de 3 metros, foi feito o círculo pelos assistentes em frente à câmara escura, armada exclusivamente para este fim.

Depois de apagadas as luzes por completo, ficou apenas uma janela aberta pela qual penetrava um belo luar, iluminando o recinto com uma luz branca, bastante para se ver a câmara, na qual entrara o médium. Foi dado início ao trabalho.

Tivemos a materialização de um espírito de moça. Viram-se primeiramente grandes focos de luz brilhante. Apareceram e desapareceram dentro da câmara escura, conservando-se os cortinados da frente semi-abertos. Estas luzes fulgurantes foram vistas por todos os pressentes. Após viu-se deslizar no solo uns fluidos, formando-se neles uns pés, em seguida, umas pernas revestidas de uma vestimenta diáfana e assim sucessivamente subindo, até formar um corpo humano. Em breve movimentou-se. Alguns dos presentes o julgaram um espírito familiar da família Figner, o que não ficou bem averiguado. Seus gestos eram graciosos e meigos. Ficou entre nós mais de uma hora, a manifestar-se afetuosamente, vindo cumprimentar e apertar as mãos de todos.

Deram-se os seguintes fatos: vindo perto da senhorita Antonina Prado, o vulto deu-lhe o braço e passeou com ela ao longo da sala, reconduzindo-a depois ao seu lugar.

---

[125] Ettore Bosio (nota do autor).

Dirigindo-se à minha esposa, segurou-lhe, com ambas as mãos (que tinham uma temperatura normal) os braços e apertando-os fortemente, aproximou o rosto do seu ouvido, fazendo-lhe uma comunicação verbal que ela não compreendeu bem.

Beijou a mão do Sr. Figner, deixando que ele beijasse também a sua. Assim fez com a esposa deste nosso distinto confrade.

Em seguida, Mlle. Leontina, dirigindo-se ao espírito, fez-lhe notar que não tinha os cabelos soltos; este, incontinente, levantando os braços até a cabeça, soltou os cabelos que lhe cobriram o rosto por completo, depois os afastou, fazendo-os cair para as costas.

Fig. 41 – Leontina e Lélia Figner. Foto cedida pelas senhoras Rachel Sisson e Marta Prochnik.

Desejando os assistentes ver melhor o rosto do espírito, foi dito pelo João que todos recuassem até o fim da sala para aquele se aproximar mais da luz, o que foi feito. A distância entre nós e o médium tornou-se de 4 metros, mais ou menos. O vulto materializado, empregando o maior esforço, hesitando e mal se firmando em pé, aproximou-se de todos nós sendo visto suficientemente o seu rosto, porém não tanto quanto seria necessário para distinguir-se em todos os detalhes fisionômicos. Sorria, mostrando assim a sua bela dentadura que foi vista melhor por Mme. Esther Figner e por minha esposa na ocasião em que lhe falou ao ouvido. Em uma das ocasiões de estar ajoelhada, percorreu nesta posição alguns metros em direção à d. Esther Figner, causando-nos uma impressão misto de pena e de admiração.

Logo no início da sessão, após a sua materialização, o espírito aproximou-se de uma pequena grade que continha encerrados dois baldes: um com parafina derretida e o outro com água (A grade foi atarraxada num fundo de madeira por Mme. Figner e seu esposo, antes da sessão). Vimos diminuir gradualmente o seu corpo como para desmaterializar-se; formar uma nuvem fluídica intensa e penetrar na grade. Nessa ocasião, cantou, seguindo a música da vitrola. É preciso notar que os varões de ferro da grade – de grossura regular – distam entre si de três centímetros e que não têm outras aberturas que permitam a entrada. Ouviu-se, então, o barulho prolongado de objetos submergidos nos dois líquidos contidos nos baldes, tendo feito nesta ocasião um modelo, em parafina, que disse ser de uma parte do seu corpo. Depois da sessão verificamos ser o pé esquerdo com uma parte da perna. Concluído esse trabalho, voltou a vista de todos ao seu primeiro estado, isto é, materializada, continuando a percorrer a sala conforme foi descrito acima.

Em dado momento, sentou-se na grade e, em atitude de quem está montada sobre um cavalo, movia as pernas e os braços com o corpo caído para trás como quem segura a rédea e com expressão de júbilo, recordando assim, talvez, um dos seus divertimentos prediletos quando encarnada.

Terminou a sessão com a sua desmaterialização, a vista de todos, e assim efetuada:

Colocou-se no centro da sala, entre o médium que falava, incorporada, dentro da câmara escura e os assistentes. Vimo-la diminuir gradualmente como um objeto que se desmancha, alargando-se, reduzindo a sua altura até ficar só um volume achatado de fluidos no solo, os quais, pouco a pouco, transformaram-se da cor branca intensa, que o eram em uma cor cinzenta, cada vez mais escura, desaparecendo, afinal, como por encanto.

Nesta sessão ficou provado que os próprios espíritos se interessam em fazer controlar o fenômeno. Não há necessidade de controle maior que aquele que vimos, para afirmar a veracidade dos ditos.

Senão, vejamos:

Quando o espírito se achava entre nós, assistentes, ouvia-se bem distintamente a voz do médium que, por incorporação, dava as informações e instruções necessárias para o nosso governo.

Fica provado assim que o espírito materializado não é o médium transfigurado, tanto mais que o espírito era mais alto seguramente um palmo do que aquele, o talhe do seu corpo mais esbelto e a sua fisionomia bastante diferente.

A desmaterialização no centro da sala vem confirmar de modo completo que o espírito é outra personalidade, visto como, separado do médium uns dois metros, desmaterializou-se, desaparecendo por completo.

Pouco antes se tinha despedido de nós apertando-nos as mãos e via-se bem os seus braços nus e o seu corpo do volume de uma criatura em pleno vigor de vitalidade.

Qual de nós pode fazer o mesmo? Eis a pergunta que faço aos cientistas que tudo analisam, tudo sabem e que tudo sofismam.

Mais uma pergunta aos mesmos. Foi notada que a música influi poderosamente sobre o espírito, parecendo dar-lhe mais liberdade de movimentos. Perguntamos, então: Qual será a causa desta poderosa influência? As vibrações sonoras não terão relação direta com a vibração molecular?

Não temos a data de realização dessa reunião. O nível de sofisticação dos fenômenos passados naquela ocasião, como a exposição de uma entidade materializada à luz mais intensa, indica que a mediunidade de Anna Prado, nessa quadra, contava com expressivo amadurecimento, sugerindo que um tempo razoável já havia decorrido desde a eclosão de seus preciosos dons. Pode parecer irrelevante localizar e dispor esses eventos cronologicamente. Devemos lembrar, contudo, que para apreciarmos a evolução de qualquer faculdade mediúnica, reveste-se de grande valia o encadeamento dos acontecimentos que lhe marcaram o desenvolvimento.

No caso em questão, arriscaríamos dizer que essa reunião ocorreu provavelmente no último trimestre do ano de 1922, visto que, consoante as fontes por nós consultadas, todos os relatos que a ele se seguem, aconteceram justamente nesse período.

Quanto aos fatos mediúnicos aqui registrados, entendemos que nos oportunizam valiosas reflexões.

Os focos de luz avistados no interior da câmara mediúnica, luzes fulgurantes e sem uma causa material aparente, nos levam a imaginar o quanto de surpresas e maravilhas o mundo espiritual nos reserva.

O inusitado processo de materialização verificado naquela noite chama-nos a atenção, principalmente, pelo modo particular como aconteceu. Os fluidos ectoplásmicos, antes de emprestarem tangibilidade à entidade comunicante, deslizaram pelo solo, iniciando a sua corporificação pelos membros inferiores. Ato simultâneo, até a completa formação do vulto materializado, era delineado sobre o seu corpo uma leve e diáfana vestimenta. Este fenômeno não oferece qualquer margem a suposições de fraude. É certo que os incrédulos ou os indivíduos movidos pela má-fé sempre poderão alegar que tudo não passou de mera alucinação. Contudo, jamais poderão dizer, neste caso, que alguém aleivosamente se fez passar por fantasma, para enganar e ludibriar os assistentes.

Notemos, também, outros interessantes fatos observados nesse episódio.

Após a sua total materialização, o espírito diminui gradualmente o seu corpo até formar uma intensa nuvem fluídica e penetra na grade onde se achavam encerrados os recipientes com parafina liquefeita e água, para proceder à modelagem de seu pé esquerdo, com uma parte da perna. Como poderia alguém realizar tal proeza? Atravessar grades de ferro que distavam apenas três centímetros uma da outra e ainda meter o seu corpo em parafina superaquecida? Somente os gratuitos adversários da verdade ou os sabidamente loucos poderiam aventar tal possibilidade.

E para concluirmos, lembramos que o fantasma, corporificado, manteve estreita relação com quase todos os presentes, atendendo, inclusive, ao pedido da jovem Leontina Figner, para que deixasse os cabelos à solta e se desmaterializou a vista de todos, enquanto na cabine mediúnica, outro espírito se comunicava pela faculdade psicofônica de Anna Prado.

Onde encontrar lugar para a pertinaz dúvida, perante tamanhas demonstrações?

Onde encontrar espaço para o sombrio materialismo, depois de tantas luzes?

A excelência e a beleza dos fenômenos da admirável médium de *O Trabalho dos Mortos* nos enchem de alegria e satisfação. Eles são provas inconcussas das realidades do Espírito Imortal.

Uma écharpe, uma cesta de vime, uma bandeja de flores

Em 27 de outubro de 1922, na residência do Sr. Eurípedes Prado, houve mais uma sessão de materialização de espíritos, com a presença do Sr. Antônio Albuquerque e filha, Dr. Gouvêa Freire e irmã, Dr. Othon Moura e esposa, Sr. e Sra. Manoel Tavares, Frederico Figner, Ettore Bosio e esposa, D. Maria Leite, Sr. Hypólito Carelli e esposa, Dr. Matta Bacellar, um senhor e uma senhora americanos, passageiros do vapor Denis, em trânsito para New York, e a família Prado.

A sessão começou às 20 horas. O controle que ia ser feito ao médium foi experimentado por alguns dos assistentes, e, declarando estes ser impossível ao médium livrar-se da cadeira, foi, pelos mesmos Srs., nesse móvel amarrada Mme. Prado; em seguida prenderam os seus pulsos aos braços da mesma cadeira colocando por cima dos nós uns lacres.

A luz foi graduada, estabelecendo-se uma claridade suficiente para ver-se distintamente as paredes e a câmara escura, atrás da qual foi colocado o médium.

Fumaças movediças deram início ao fenômeno, condensando-se até formarem uma coluna fluídica de um branco de neve, a qual se transformou em dois vultos materializados, um dos quais se dirigiu ao Sr. Figner, aproximando-se bastante deste, ficando o outro no limiar da câmara escura.

O Sr. Figner levantou-se, indo ao seu encontro, sendo segurado nas mãos pelo espírito e beijado. A entidade materializada tinha toda a aparência de Rachel, filha do Sr. Figner, embora não fosse bem reconhecida pelo seu pai porque a luz era insuficiente para este fim. Segurou-lhe a cabeça com as duas mãos, beijou-lhe a testa, como era hábito seu quando encarnada, sendo o estalo do beijo ouvido por todos os presentes.

Retirou-se um instante, talvez para buscar mais fluidos, a fim de continuar a sua materialização. Voltando perto do espírito, o Sr. Figner ofereceu-lhe umas flores soltas que ele distribuiu pelos mais íntimos. Em seguida retirou-se.

Passados poucos momentos apareceu Maria Alva, espírito familiar, ficando sempre o segundo vulto que tinha aparecido com o primeiro, no limiar da porta da câmara escura.

Maria Alva foi perto da minha mulher, beijando-lhe duas vezes as mãos e manifestando-se com afeto a diversas pessoas presentes, especialmente à D. Antônia Bastos, que se achava sentada ao lado de minha esposa.

Em um dado momento, viu-se formar um objeto, que parecia uma *écharpe*, arrastando no chão. Perguntaram ao espírito para que lhe servia; ela, então, a transformou, à vista de todos, em uma cesta de vime, causando grande surpresa; finalmente, transformou a cesta em uma bandeja cheia de flores.

D. Antônia Bastos perguntou-lhe, então:

– Minha irmãzinha, que tens na bandeja?

– Flores! – respondeu Maria Alva graciosamente, pronunciando as duas sílabas com a maior clareza.

– Não me podes dar uma destas flores? – retorquiu D. Antônia.

– Não! – respondeu o espírito e, levantando o braço e os olhos, indicou-lhe o céu...

Este fenômeno de transformação de objetos é inédito. Depois de ter percorrido o recinto, retirou-se o espírito.

João aparece, faz um berloque com um lenço que lhe foi dado pelo Dr. Othon Moura e em seguida despede-se dos assistentes, acenando com o seu lenço.

Acordado o médium pelo próprio João, foi aumentada a luz e os mesmos senhores que tinham feito o controle verificaram que tudo estava conforme eles fizeram no inicio da sessão, conservando-se os sinetes intactos, no mesmo lugar.

Outro fato maravilhoso nos apresenta a mediunidade de Anna Prado.

Após a sincrônica materialização de *Rachel Figner* e uma outra Entidade – numa clara demonstração do alto poder mediúnico de nossa ilustre biografada[126] – surge *Maria Alva*, espírito ligado à família do maestro Ettore Bosio, por afeições passadas, para nos brindar com um inédito fenômeno, semelhante a certos números de mágica, destinados ao entretenimento das plateias, ávidas pelas cenas de mistério.

---

[126] Allan Kardec classifica os médiuns como mais ou menos poderosos, consoante a quantidade de *fluidos animalizados* que sejam capazes de produzir.

Com o ectoplasma que se desprendia da médium em transe, *Maria Alva*, forma no solo algo semelhante a uma écharpe, para em seguida, mediante a pergunta de alguém – *para que lhe servia* – transformá-lo primeiro em *uma cesta de vime* e depois em *uma bandeja de flores*.

Fenômeno realmente interessante, conquanto saibamos que a plasticidade do ectoplasma permite, entre outras coisas, que os espíritos se corporifiquem e desmaterializem num abrir e fechar de olhos.

Casos como este, entretanto, em que ocorreu a rápida e sucessiva transformação de objetos, ainda não encontramos na literatura espírita. Se existem, cremos que sejam bem raros.

Ainda nessa sessão, pouco antes do seu encerramento, *João* se apresentou e fez um berloque com o lenço de um dos assistentes, desaparecendo logo após acordar a médium, como era o seu costume.

Perdoem-nos aqueles que conosco não concordam, mas os fenômenos aqui vistos e apresentados reservam um lugar de subido destaque para a notável médium que foi Anna Rebello Prado.

SITA E HILDA

Na presença dos Drs. Pereira de Barros, médico conceituado e diretor da Casa de Saúde do mesmo nome; Matta Bacellar, médico homeopata de grande nomeada; Pinheiro Sozinho, diretor da Escola de Agricultura, e esposa; Mello Cezar, advogado, esposa e filha; Francisco Vianna, cirurgião dentista, esposa, filha e cunhada; Abel da Costa, cirurgião dentista; Bacellar *Júnior, médico, e os Srs. Teixeira Marques, chefe de secção da Intendência de Belém e diretor da Escola Prática de Comércio, e sua esposa; Álvaro Menezes, farmacêutico homeopata; Pedro Bastos, corretor, esposa e filha; João da Rocha Fernandes, capitalista, senhora e filha; Manoel Tavares, guarda-livros da Casa Antônio Albuquerque & Cia., esposa e filha; Eurípedes Prado e filhas; Maria Figueiredo Costa, esposa do Coronel Simplício Costa; Barbosa Rodrigues, comerciante, esposa e filha, e do Senhor Doutor Gaston Vieira, médico legista e esposa, e de outros cavalheiros, efetuou-se na noite de 22*[127], às 21 horas, uma sessão de materialização, sendo médium a Senhora Prado, em minha residência, sita à travessa São Matheus n. 100-A, em sala expressamente preparada para este fim, tendo uma única porta de entrada, o chão cimentado e completamente descoberto, sem tapete que pudesse fazer supor alçapões, etc., as paredes completamente nuas, despidas de qualquer ornamentação, pintadas de cor cinzenta escura, o teto idem, parecendo a sala com uma grande caixa de 10 metros em quadro, contando apenas três filas de cadeiras, uma grade e uma câmara obscura móvel.

Nesta sala muitas sessões de materializações se realizaram, limitando-me a descrever apenas esta, visto como muitas das demais se encontram amplamente narradas, ou melhor, ilustradas, no *O Trabalho dos Mortos (Livro do João)*, do meu bom amigo e confrade Doutor Nogueira de Faria.

Depois de colocada a médium dentro de uma grade quadrada, de forma cúbica, com varões de ferro, de tamanho apenas suficiente para contê-la sentada em uma cadeira comum, não havendo na dita grade porta alguma, mas sim uma única abertura da sua parte inferior para a entrada da médium, suspensa na ocasião à altura da mesma; para isto se poder operar, foi fixada em uma tábua, sobre a qual a médium se achava já sentada, por meio de quatro porcas, engastadas em espigões de ferro, fixos na mesma.

Este trabalho foi feito por algumas das pessoas presentes.

Examinada cuidadosamente a câmara obscura, que se encontrava no meio da sala para este fim, formada de armação de dois quadros laterais da largura aproximadamente de dois metros, seguros apenas com travessas de 6 centímetros, formando assim uma caixa com teto, fundo e frente abertos, tendo, tanto dos lados como na frente, pendurados,

---

[127] Março de 1921. Conforme carta-resposta do Doutor Mello Cezar ao maestro Ettore Bosio, reproduzida no apêndice desta obra – *Atas e outros escritos*.

uns levíssimos cortinados soltos, de pano preto, no seu total comprimento, foi esta empurrada, visto ter roldanas, até à parede do fundo, onde se achava a grade já descrita, cobrindo esta e fixando-a na parede por meio de espigões.

Apagaram-se as luzes gradualmente, ficando a sala com claridade suficiente para serem vistas a parede do fundo, em toda a sua extensão, a câmara obscura no centro, e nesta a grade com a médium dentro, já em estado de transe completo.

Depois de uma espera não muito longa, apareceu, saindo do cortinado da frente, o fantasma de uma moça, trajando túnica branca, amarrando-lhe uma larga faixa da mesma cor, dos pés até o queixo, como se fosse amortalhada à maneira judaica. Cabelos escuros, soltos e caídos sobre os ombros, no peito. Procurou em primeiro lugar a Srta. Nair Melo, médium de efeitos físicos, que se achava perto da câmara obscura, com auxílio fluídico, atenuando assim em parte o abatimento da médium de materialização, durante o trabalho, auxílio, aliás, para mim, desnecessário, visto como nunca foi preciso nas sessões anteriores. Foi a pedido do Espírito João que assim se procedeu. Depois de abraçá-la e de lhe apertar a mão, pediu que dissesse em voz alta ser ela a filha do Senhor Teixeira Marques, indo em seguida na sua direção, bem próximo, pronunciando a seguinte frase: *Meu querido pai!* E estendeu-lhe a mão. Com fadiga e a passos curtos, por se achar amarrada, voltou para perto da câmara, ajoelhando-se em atitude de quem reza, e retirando-se em seguida[128].

Pequeno intervalo. Outra figura se mostra, abrindo o leve cortinado e é o vulto de *Hilda*, falecida em 1918, na época calamitosa da gripe. Filha do Doutor Mello Cezar, que também se achava presente, com a sua esposa e filha Nair. Veste túnica branca atada na cintura. Os seus cabelos castanhos estão soltos, caídos na frente, com fitas pretas amarradas nas extremidades.

---

[128] Percebe-se claramente a intenção do Espírito, apresentando-se assim: dar-se a reconhecer, pois, tendo sido casada com cavalheiro hebraico; ao morrer, fora sepultada de acordo com os costumes desses irmãos (nota de Ettore Bosio).

Deu a mão *à* Srta. Nair e foi diretamente ao seu pai, de braços abertos, parecendo que ia abraçá-lo. Comovido, o Doutor Cezar levanta-se para corresponder à expansão afetuosa de sua idolatrada *Hilda*, mas esta recua, talvez receando prejudicar a médium, dizendo neste momento: *Meu bom pai!*

Retirando-se, voltou-se para sua irmã Nair, com a qual brincou, pegando-lhe suavemente os cabelos, acariciando-a nas faces, dando-lhe umas leves palmadas na mão, etc. Ouvindo *Hilda* sua querida mãe chorar, disse à irmã: *Dize aos nossos pais que não chorem, eu sou muito feliz!* Ajoelhou-se, orou e retirou-se.

Mais um Espírito materializado apareceu nesta memorável sessão – o de Maria Alva, que, conforme já se disse anteriormente, foi minha filha na última existência. Vestida de branco, também com larga faixa preta a tiracolo, tinha os cabelos pretos divididos em duas tranças visíveis, uma na frente e outra atrás, caídas nas costas. Cumprimentou a Srta. Nair oferecendo-lhe uma flor, percorreu a sala, na sua extensão, e, dirigindo-se para minha esposa Luísa, para lhe dar um galho de alecrim, ajoelhou-se à sua frente, orando. No ato da entrega, disse: *Tome, plante para mim*. Apertou-lhe a mão, beijando-a. Veio também para a fila do nosso lado, oferecendo-nos flores.

Em quarto lugar vimos o Espírito de *João*, o querido dos assistentes, conhecido desde as primeiras manifestações espíritas da casa Prado. Estava triste. Ajoelhou-se e rezou muito. Aproximou-se dos assistentes, oferecendo também flores, e apertando-lhes as mãos, em sinal de despedida, pois a médium ia temporariamente para Parintins, com a família. Retirou-se, voltando pouco depois para nos saudar, agitando por muito tempo um lenço branco. Procurou o Senhor Eurípedes Prado, e, entregando-lhe umas flores secas, disse:

– *Devolva-as ao irmão Simplício.*

Mais um outro vulto: o *marinheirinho*. Calças brancas, curtas até aos joelhos, meias também brancas, blusa de cor, lenço no pescoço, cinto apertado à blusa, e neste, pendurado, um pequeno sabre. Na cabeça um boné que tirou pouco depois do seu aparecimento. Gordo, baixo, com movimentos esbeltos. Começou a brincar com a Srta. Nair, segurando-lhe ambas as mãos, e movimentando-se ritmicamente, como quem deseja dançar. Sempre com ar brincalhão, caminhando apressadamente, procurou diversas pessoas, apertando-lhes efusivamente e com força as suas mãos, a ponto de fazer exclamar ao Doutor Matta Bacellar: – *Tem força, o rapaz!* Voltou a brincar novamente com aquela senhorita, e desapareceu.

Eis-nos finalmente chegados ao último fantasma que se materializou! *O Evangelista*, assim por nós conhecido. Grande túnica de um branco fosforescente, largas mangas, barba preta crespa, poucos cabelos, em atitude austera, solene, com o olhar dirigido ao céu, levantados os braços para o indicar. Firme, em pé, perto da câmara, olhando-nos depois com ar de bondade e amor. Admiravelmente belo pelo vigor da sua figura, pela luz que do seu corpo se expandia, pela elevação e solenidade do seu porte! Passou ao lado oposto da câmara, sempre conservando o tom de superioridade evangélica, e assim ficou muito tempo. Sentíamo-nos todos deslumbrados pela graça que Deus nos tinha concedido naquele momento. Enfim, retirou-se, não sem se ajoelhar e orar.

Depois da espera necessária para a desmaterialização, acordando o mesmo Espírito João a médium, por meio de leves palmadas dadas nas suas faces, foi suavemente aumentada à luz da sala, verificando-se, então, que tudo se achava igualmente disposto como no começo da sessão, isto é, a grade dentro da câmara obscura, com a médium aí sentada e na mesma posição, sendo preciso, para retirá-la, desparafusar as porcas, e quatro pessoas levantarem a grade à altura da sua cabeça, para esta se poder retirar. Verificou-se neste momento que a Senhora Prado se achava muito incomodada, com forte dor de cabeça e tonturas, bastante fatigada e muito enfraquecida, com o pulso um pouco agitado.

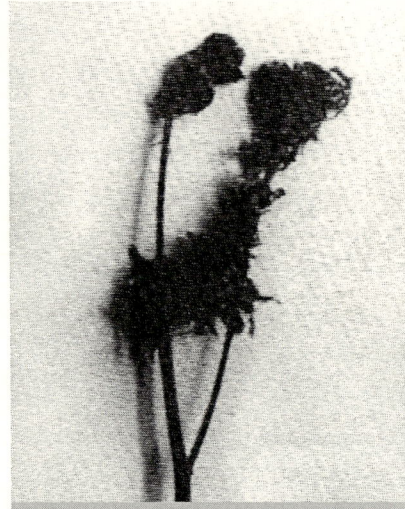

Fig. 42 – Flores secas devolvidas pelo espírito de João ao Coronel Simplício Costa, em 22 de março de 1921. Haviam sido dadas ao espírito de João, em 25 de janeiro de 1920.

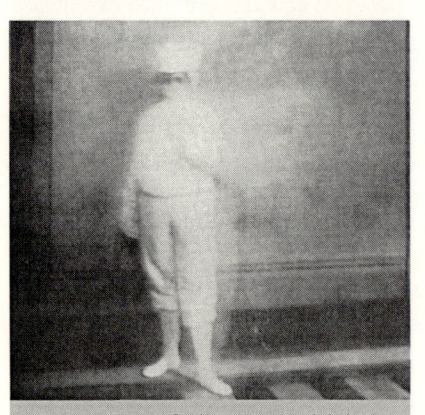

Fig. 43 – Fotografia do Espírito apelidado de Marinheiro, cuja primeira aparição se deu na sessão da noite de 24 de junho de 1920.

Rachel Figner não foi o único espírito reconhecido por seus familiares ao se materializar nas memoráveis sessões de Anna Prado. *Sita* e *Hilda*, como narrou Ettore Bosio[129], igualmente foram identificadas, quando se materializaram na noite de 22 de março de 1921[130].

Sita, que fora casada com um homem de origem hebraica, exibiu notável prova de sua identidade. Vestida como no dia do seu sepultamento, foi reconhecida por parentes e amigos. Seu pai, Sr. Teixeira Marques, afirma em carta dirigida ao maestro Ettore Bosio que tinha plena convicção de que o *fantasma* que se dizia sua filha, era mesmo a sua querida *Sita*. Escreveu ele: *seu talhe, seus cabelos, suas mãos que ela teve entre as minhas, sua voz quando disse –* meu querido papá *– me deixaram a certeza de estar em presença desse ente querido*[131]. Ante tal declaração, vinda de alguém perfeitamente lúcido, que conhecera e convivera

---

[129] Ata publicada originalmente no livro de Ettore Bosio, *O que eu vi*, e reproduzida na obra de Nogueira de Faria, *O Trabalho dos Mortos*.

[130] Aqui encontramos uma pequena divergência entre o relato de Ettore Bosio e o que disse o Doutor Mello Cezar ao falar da materialização de sua filha Hilda. Enquanto Ettore Bosio informa que *Sita* foi a primeira entidade a se materializar naquela noite, Mello Cezar anota que foi *Hilda* quem primeiro se manifestou. Isto, porém, não invalida nem diminui os testemunhos prestados. O engano de um ou de outro, ao registrar a sequência das materializações, pouca importância tem. O que fica claro é que os dois, Ettore Bosio e Mello Cezar, confirmam e testificam a ocorrência do fenômeno.

[131] Referida carta se encontra transcrita no apêndice desta obra – *Atas e outros escritos*.

quotidianamente com a comunicante, somente podemos nos curvar. Tais evidências não nos permitem outro posicionamento, sob pena de falsearmos gravemente qualquer raciocínio lógico.

Hilda, segundo as palavras de seu próprio pai, Doutor Mello Cezar, foi prontamente identificada, tanto pelos seus entes queridos, como, também, *por muitos outros assistentes, que a conheceram em vida*. Antes de se retirar, percebeu que sua mãe chorava. Para confortá-la, falou à sua irmã, Srta. Nair Mello: *Dize aos nossos pais que não chorem, eu sou muito feliz!* Estas palavras, fundadas no mais puro amor filial, representam, também, sublime lição de confiança e fé no futuro.

Bem-aventuradas são as criaturas que tiveram a dita inefável de rever seus entes queridos, graças ao fenômeno de materialização. É Deus, que, com sua infinita bondade, atende aos anseios da humanidade, reafirmando a continuidade da vida.

As aparições de *Sita* e *Hilda* constituíram até aqui o foco principal de nossas reflexões. Nada obstante, outros interessantes fatos, sobre os quais achamos importante tecer algumas considerações, sucederam naquele dia.

O episódio das *flores secas*[132], por exemplo, explicado adequadamente, revela curiosa ocorrência. Ao documentar esses fenômenos[133] Ettore Bosio registrou que essas flores haviam sido entregues ao *Espírito João* pelo Coronel Simplício Costa em 25 de janeiro de 1920 e que referidas

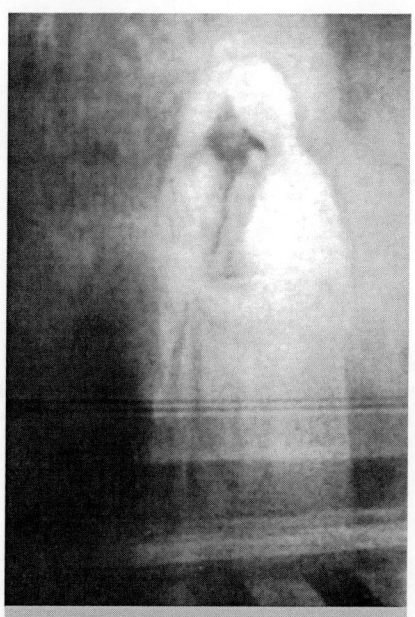

Fig. 44 – Fotografia do Espírito Evangelista. Tirada às 15h do dia 25 de março de 1921.

---

[132] Fazemos referência ao instante em que o *Espírito João* entregou umas *flores secas* a Eurípides Prado, solicitando que este as devolvesse ao Coronel Simplício Costa.
[133] Informação contida no livro de Ettore Bosio, *O que eu vi*.

flores foram reconhecidas pelo coronel e outras pessoas de sua família. Onde *João* as teria guardado, durante esse período de quase 14 meses?

A luminosidade, o porte sereno e a expressão de amor e bondade da entidade chamada *O Evangelista* – indício de sua considerável elevação espiritual – sugere que a direção daqueles trabalhos repousava sob almas já bastante evoluídas, ou que minimamente já contavam com sua aprovação, seu apoio; e o número de espíritos comunicantes numa única sessão – seis no total –, exigindo grandes quantidades de fluidos e diversas manipulações, comprova o grande poder mediúnico de Anna Prado.

Os fenômenos proporcionados pela sua mediunidade singular foram realmente admiráveis fenômenos.

Neusa e os Espíritos

Sabem todos os que residem em Belém do Pará dos surpreendentes fenômenos de materialização observados pelo Sr. Eurípedes Prado. Sua virtuosa esposa, D. Anna Prado, se encontrava em 1922 em pleno desenvolvimento de suas raríssimas faculdades mediúnicas, permitindo fatos cada vez mais assombrosos, no rol dos quais devemos inscrever mais um, interessante e comovente.

O Sr. João da Rocha Fernandes, antigo comerciante naquela cidade, sócio da extinta firma Rocha, Silva & Cia., e sua digna consorte mantêm relações de amizade íntima com a família Prado. Na noite de 14 para 15 de janeiro de 1920, a senhora Fernandes deu a luz uma filhinha, a interessante Neusa. Distinto e ilustre clínico foi o médico assistente, auxiliado pela parteira D. Manoela Moraes. Como se achasse presente, Mme. Anna Prado pediu proteção do Além para a parturiente. Dentro de alguns minutos, conversando com o Sr. João da Rocha Fernandes, D. Anna Prado comunicou-lhe achar-se presente o João, que tinha trazido consigo o espírito de um médico.Este pediu que por um momento apagassem a luz da alcova onde se achava a parturiente, afim de que esta fosse examinada por si, o que se deu. Feito esse exame, o espírito assegurou que tudo iria bem e que permaneceria ali até o final. Realmente o parto da senhora Fernandes foi felicíssimo, não sendo necessária a menor intervenção.

No dia seguinte,15, havendo uma sessão em casa do Sr. Eurípides, o espírito do João, dirigindo-se ao maestro Bosio, perguntou:

– Então, irmão Bosio, temos nova habitante da Terra? Quando rarearem as visitas à residência do irmão Fernandes, o médium me auxiliará a levar-lhe também os meus cumprimentos.

Isto valia pela promessa d'uma sessão, que deveria ser interessante. Circunstâncias diversas fizeram com que somente a realizassem no dia 23 de dezembro desse ano. Tivemos a ventura de assisti-la. Estavam presentes também: Manoel Pereira Tavares e esposa, vizinhos da família Prado; João da Rocha Fernandes e esposa, sendo que a pequena Neusa repousava adormecida nos braços da ama; o maestro Ettore Bosio e esposa. Da família Prado, além do médium, o Sr. Eurípedes e a senhorita Alice, sua filha.

Apagadas as luzes do aposento em que íamos trabalhar, este ficou iluminado apenas pela claridade que se coava pela porta do corredor, cerrada a meio, e pelas bandeiras das portas que separam a alcova daquele aposento.

O médium já estava no gabinete sendo perfeitamente visível o seu vulto. Eram 8 horas da noite. A pedido do nosso confrade Fernandes, um dos assistentes disse uma prece, aliás *rápida, finda a qual já era franca a materialização de um espírito. Dentro em pouco assomava a porta do gabinete mediúnico, verificando-se tratar-se de um tipo másculo, de compleição forte, alto, barbado e vestido de branco.*

Sobre a fronte fulgia-lhe uma luz, lembrando a de um vagalume muito grande. Às vezes essa luz desaparecia da fronte, vindo surgir sobre o coração. Tendo saído do gabinete, o espírito ajoelhou-se e orou, feito o que, levantando-se, encaminhou-se para a ama de Neusa que, como dissemos, já a tinha ao colo, adormecida. Tomou nos braços a venturosa pequenita, recuou alguns passos, ajoelhou-se de novo e de novo orou. Passados alguns instantes nessa atitude, encaminhou-se para dona Luiza Bosio, esposa do maestro Bosio, em cujos braços depositou cuidadosamente a criança.

Demorou ainda alguns minutos, retirando-se para o interior do gabinete.

Com um intervalo talvez de cinco minutos, apareceu outro espírito, que foi logo reconhecido: era João. Como o primeiro, ajoelhou-se e orou. Na fronte, fulgia-lhe luz idêntica àquela que já observamos no outro fantasma, embora menos intensa. Levantando-se, dirigiu-se para madame Bosio e, tomando Neusa nos braços, deixou-a nos do nosso amigo João da Rocha Fernandes, pai da mimosa criança.

Este nosso prezado confrade só a custo continha a profunda emoção que o empolgava, mesmo porque o espírito levantara as mãos para o alto, em atitude de quem implora, deixando depois cair a direita sobre a cabeça do pai e filha em gestos de quem abençoa. Assim permaneceu alguns minutos, regressando para o gabinete. As senhoras Bosio e Fernandes ofereceram-lhe, então, ramos de flores. Recebeu-os, pousando sobre pequena mesa colocada junto ao gabinete e depois os desfez, distribuindo as flores pelos assistentes. Chegando-se para D. Raymunda Tavares, pessoa íntima da família Prado, disse-lhe:

– Tu não as terás – mas logo em seguida atirou-lhe angélicas.

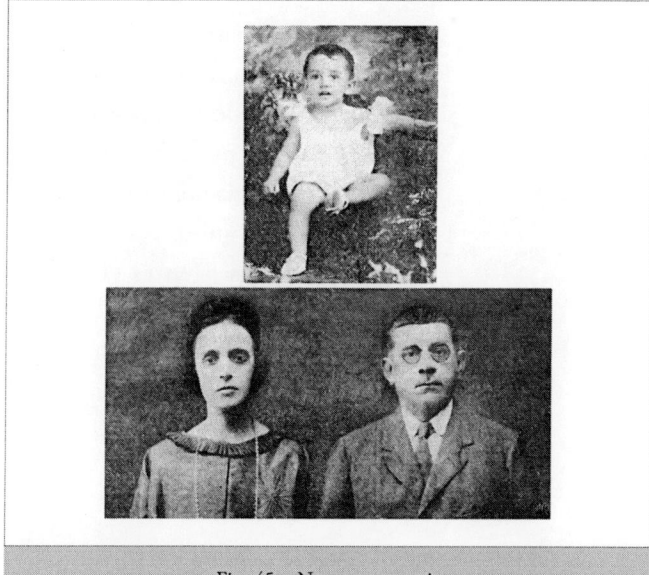

Fig. 45 – Neusa e seus pais

Nesse momento o médium teve uma frase lá no interior do gabinete, cujas palavras não conseguimos apanhar bem. Observamos, então, ao nosso amigo Ettore Bosio, que estava sentado ao nosso lado:

– Ouça: o médium está falando lá dentro e o espírito está aqui.

Logo este perguntou em voz distinta:

– Querem que o médium torne a falar?

Respondemos: Não há necessidade.

O espírito teve, então, um gesto como quem quer dizer: se quiserem...

Retirou a campainha que estava sobre a mesa, entregou-a a D. Raymunda Tavares e, colocando este móvel bem defronte à abertura das cortinas do gabinete, começou a estender sobre o mesmo uma espécie de lenço branco – feito de fluidos – após o que voltou ao interior do gabinete indo postar-se num dos ângulos do mesmo, onde ficou até que o lenço lentamente se desfizesse e desaparecesse de todo!

Durante as materializações, quer do primeiro quer do segundo espírito, eles próprios dirigiam os trabalhos, já por sinais tipológicos, já fazendo vibrar a campainha e também pela médium, embora raramente.

O fato que mais nos impressionou foi a luz brilhante a que nos referimos antes.

Todos os assistentes ficaram profundamente emocionados.

Segundo informações prestadas pelo João à senhora Anna Prado, o espírito que se materializou em primeiro lugar foi o do médico que assistiu ao nascimento de Neusa, conforme ficou narrado no começo.

Selecionamos este caso, dentre tantos outros, pela evidenciada relação entre a pequena Neusa e os Espíritos. Todos nós sabemos da expressiva influência que os desencarnados exercem em nossas vidas, para que nos surpreendamos com o fato aqui narrado[134]. Nossa intenção examinando-o, agora, reside especialmente na possibilidade de salientarmos *essa relação*, aproveitando os acontecimentos passados em torno desses personagens.

Poderíamos atribuir ao acaso a visita realizada pelos Espíritos nos momentos que antecederam o nascimento da Neusa? Teriam eles realizado alguma *operação*, que não foi noticiada aos encarnados, para que tudo realmente corresse bem? Ou será que foi mera *visita* de rotina? Tudo é possível, visto que o *acaso* não preside os acontecimentos da vida. O que fica claro, isto não se pode negar, é o inter-relacionamento entre o mundo espiritual e o mundo físico.

Os laços de afinidade existentes entre a recém-nada e os desencarnados ficaram patentes outra vez quando, no dia 15 de janeiro de 1920, um dia após ela ter vindo à luz, *João* falou se dirigindo a Ettore Bosio: *Então, irmão Bosio, temos nova habitante da Terra? Quando rarearem as visitas à residência do irmão Fernandes, o médium me auxiliará a levar-lhe também os meus cumprimentos.*

Isto ocorreria na reunião de 23 de dezembro de 1920.

---

[134] Consulte-se KARDEC, Allan. *O livro do espíritos*, cap. 9 – Da intervenção dos Espíritos no mundo corporal.

Como exposto no texto sob apreciação, Neusa, com quase um ano de existência física e pesando oito quilos, foi conduzida nos braços pelo médico desencarnado que a visitou no dia do seu nascimento e pelo *Espírito de João*, ambos materializados, graças aos *fluidos ectoplásmicos* de Anna Prado.

Fenômeno realmente palpitante. Mais poderemos aprender, certamente, com um minucioso estudo do que nos traz. Fica o convite para todos. As benesses do conhecimento são imensuráveis.

Cantora e Bailarina

Passando à sala de visitas, onde eu tinha improvisado uma câmara escura, sentamo-nos em meio círculo próximo a ela; e o médium, depois de pequeno trabalho preparatório, sentou-se em uma cadeira, que coloquei dentro dessa câmara. Vinte minutos após, surgiu ante nós um fantasma. Era o João, que, ajoelhando-se, elevou as mãos aos céus, como se fizesse uma prece; ergueu-se em seguida e foi ao encontro do maestro Bosio, que lhe ofereceu um ramo de flores naturais, que ele se apressou em distribuir entre as pessoas presentes, dando-me uma rosa e um aperto de mão. Depois o fantasma voltou para o interior da câmara escura, de onde regressou em seguida.

Nesse instante ouvimos a médium dizer que o João pedia música.

O maestro Bosio sentou-se ao piano, da melhor vontade, e, ao som de melodiosos acordes improvisados pelo distinto pianista, nós, cheios de pasmo e assombro, ouvimos a voz fraca mas sonora do João cantando em completa harmonia com os sons que se evolavam do piano!!!.

Em seguida o João pegou em uma mesa, que se achava à nossa frente, elevou-a no ar à altura da cabeça, ao tempo em que a médium nos cientificava, de dentro da câmara, onde se achava, que ele assim procedia no intuito de nos mostrar que dispunha de bastante força! Mas não ficou só nisto as surpresas que nos esperavam nessa noite inesquecível: o João penetrou na câmara, no mesmo instante que surgia em frente a nós a figura vaporosa de Anita, vestida de branco e de cabelos soltos. O João pediu que retirassem a mesa de nosso meio e ordenou que ela passeasse, e ao som do piano vimos e ouvimos o que eu nunca supus: um ente fantástico que acabava de surgir entre nós, a dançar e a cantar com voz afinada, e doce como uma, melodia do Empíreo!...

Que mais precisava eu para despir essa túnica de Nesso que me estava preste a envenenar a alma?!

Vibrando de emoção, senti que as minhas crenças, de tantos anos, se desfaziam em pó, e, sem deixar de ser um livre pensador, transpus os limites traçados pelo monismo e dirigi o meu Espírito para o Transcendental, sem me preocupar com o sambenito, que é o castigo reservado a todo aquele que renega o credo dessa igreja onde pontifica Buckner.

Não importa. Sei que busco um ideal mais nobre.

O texto acima transcrito compõe um artigo publicado pelo Dr. Matta Bacellar[135], contendo o relato da segunda parte de uma das célebres sessões de Anna Prado. Realizada na residência do citado médico, sito à vila Santa Isabel, localizada nos arredores de Belém do Pará, esta sessão, além dos fenômenos de escrita direta, materializações e outros, proporcionou inusitada cena.

O *Espírito de Annita*, como vimos no relato, bailou graciosamente e cantou com voz doce e afinada, qual anjo entoando celestial melodia.

Doutor Matta Bacellar, homem de ciência e livre pensador, sem nenhum credo definido, até então – contava ele então mais de sessenta anos de idade – encantado com o que via, exclamou: *Que mais precisava eu para despir essa túnica de Nesso que me estava preste a envenenar a alma?!*

---

[135] Artigo publicado no jornal paraense *Folha do Norte*, sob o título *Sem Ambages*. Com data de 14 de dezembro, o mencionado artigo não traz o ano em que foi editado.

Ele viu e aceitou a Verdade. Mas quantos há que mesmo vendo não creem? Para esses a descrença será mesmo como a túnica de *Nesso*[136]. Aniquilará suas forças e envenenará suas esperanças.

Após acompanharmos e meditarmos essas narrativas, ficamos deslumbrados diante de tão espantosos feitos. Outros excepcionais fenômenos, nada obstante, foram proporcionados pela magnífica mediunidade de Anna Prado. Vejamos nos capítulos seguintes, alguns desses fenômenos.

Fig. 46 – Fotografia do espírito de Annita. A Florista do Além, como era chamada, ajoelhada e vestida de branco, parece rezar. Ao seu lado vê-se no chão uma planta fluídica. Fotografia tirada em 11 de fevereiro de 1921

---

[136] Personagem da mitologia grega – *um centauro* – filho de *Ixion* e *Nefele*. Foi morto ao tentar violentar *Djanira*, a terceira mulher de *Héracles*, que o alvejou com uma flecha envenenada com o sangue de *Hidra de Lerna*. Antes de morrer, para vingar-se, *Nesso* entregou a *Djanira* sua túnica suja de sangue, dizendo que era um talismã capaz de trazer de volta os maridos infiéis. Depois, enciumada por *Héracles* ter se apaixonado por Íole, *Djanira* ofereceu-lhe a túnica de *Nesso*, causando-lhe dores terríveis, que o levaram a tirar a própria vida. *Djanira*, arrependida e desesperada, igualmente se matou (nota do autor).

6

Extraordinárias materializações de Rachel Figner

Deixamos para um capítulo à parte as materializações de Rachel Figner. Presenciadas por seus familiares mais próximos, conforme as narrativas transcritas a seguir, suas aparições patenteiam sobeja prova em favor da sobrevivência da alma, realçando a feição consoladora do Espiritismo. Conquanto carregados de emotividade, esses verdadeiros encontros espirituais entre a terra e o céu não se divorciaram da razão mais pura, atenta zeladora da realidade.

Acompanhados por inúmeras testemunhas alheias à parentela encarnada dos espíritos comunicantes, esses encontros permitiram a produção de numerosos artefatos em parafina[137], os quais se constituem indeléveis certificados da materialidade desses fenômenos.

Não se pode assim atribuí-los à fraude ou à alucinação como muitos pretenderam no passado e outros mais ainda pretendem no

---

[137] Trata-se de fenômeno em que o espírito materializado coloca alternadamente a mão em parafina líquida aquecida e depois em um recipiente com água, formando moldes de seus membros ou outros artefatos, como flores.

hoje. A existência desses objetos, preservados há quase um século, até o momento, desafia a incredulidade de todos os tempos, conquanto se mostre impotente diante da má-fé deliberada.

Permanecendo materializada durante quase duas horas na última sessão em que se apresentou à seleta assistência, ocasião em que fez um molde da sua mão esquerda, em parafina[138], Rachel Figner se despediu de seus familiares dizendo: *Graças a Deus. Sinto-me contente por ter vencido a dor de mamãe. Vou subir muito alto!!!.*

Os acontecimentos daqueles dias formam um majestoso hino à esperança, à vida e à imortalidade. Alcançando os corações magoados e confrangidos pela ausência das afeições que se foram, afirmam que a existência prossegue além-túmulo, dilatando infinitamente as possibilidades do ser humano. Não pode haver consolação mais alta: *nossos entes queridos continuam vivos e trabalhando, anelando pela felicidade sem mácula.*

Raymundo Nogueira de Faria nos informa que, integrando esse extenso cortejo de corações aflitos, Frederico e Esther Figner, acompanhados de suas filhas Leontina, Lélia e Helena, chegaram à capital paraense naquele mês de abril, esperançosos de reencontrarem, por meio das famosas sessões da médium Anna Prado, a sua adorada Rachel[139]. Não seriam decepcionados! Mercê da bondade divina, veriam a materialização do ser muito querido, apaziguando os seus corações.

Fig. 47 – Família Figner – Frederico, Rachel, Helena, Leontina e Esther com Lélia no colo. Foto cedida pelas senhoras Rachel Sisson e Marta Prochnik.

---

[138] O referido molde – perfeitamente preservado – se acha em poder da Sra. Rachel Esther Figner Sisson. Neta de Frederico e Esther Figner, foi-nos apresentada pela sua filha Marta Prochnik, permitindo que pudéssemos fotografá-lo, quando a visitamos em sua residência no Rio de Janeiro, em 4 de abril de 2009.

[139] Filha mais velha do casal Frederico e Esther Figner, desencarnada em 30 de março de 1920.

Curioso notar que o grande pioneiro da indústria fonográfica brasileira e seareiro espírita das primeiras horas aportara em nosso país exatamente naquelas paragens, trinta anos atrás.

O Testemunho de Esther Figner

É Rachel!... – Exclama Esther Figner ao ver a filha materializada, revelando a suprema emoção daquele radioso instante.

Toda a sua narrativa está recamada de viva alegria e profunda gratidão a Deus. Quanto júbilo não devem ter experimentado! Percorrendo as páginas em que a nobre senhora particulariza o *ressurgimento* da filha adorada, surpreendemos expressões nitidamente familiares e cheias de tocante carinho, de onde sobressaem não só a saudade que martirizava aqueles corações, mas o avultado amor que os ligava. Doce afeto permeia todos os seus diálogos.

Enquanto a Sra. Esther, mostrando que o amor maternal não se fina e que os filhos são sempre filhos, trata Rachel como tenra criança que ainda lhe requisitasse todos os cuidados, esta, com carinhosa firmeza e acendrado amor, instrui a Sra. Esther sobre diversas questões espirituais, falando-nos dos seus elevados sentimentos filiais.

O Testemunho de Esther Figner, por isso mesmo, escrito de próprio punho e por sua inteira vontade, reponta, também pela convicção que exprime, como valioso documento acerca dos fenômenos de materialização. Por enaltecer a vida e bendizer a misericórdia divina, constitui-se em verdadeiro repositório de esperança e fé. Que o leitor amigo tire as suas próprias conclusões.

No dia 28 de abril de 1921, chegou a Belém o Sr. Eurípides Prado, com sua senhora (a médium) D. Anna Prado. Por nos obsequiar e por amor à Doutrina, fizeram o sacrifício de deixar seus filhinhos em Parintins e de empreender, num vapor incômodo, uma desagradável viagem.

Na noite de 30 de abril de 1921, achando-nos a conversar em casa do maestro Bosio, onde o Sr. Prado e sua senhora se haviam hospedado, essa última que, sentada numa cadeira de balanço, tomava parte na conversação, em dado momento deixou de falar, notando-se que adormecera. Supusemos fosse de fadiga, por haver dormido mal as noites anteriores, acompanhando o marido que, doente, quase não dormia.

Ao cabo, porém, de algum tempo, começou, sem despertar, a mover os dedos da mão esquerda que descansava sobre o braço da cadeira. Ficamos atentos. Daí a pouco, dirigindo-se a mim, disse:

— Não gosto de ver mamãe de preto. Não assaltei a médium. Sentia-me bem, perto da mamãe, e, como a médium se desprendesse, aproveitei para falar.

Passado algum tempo, a médium estremeceu e, tapando os olhos com o lenço, se encaminhou maquinalmente para o quarto, assistida por duas amigas que, lá chegando, a deitaram na cama.

Uma vez deitada, tornou a falar, dizendo:

— Mamãe, não gosto de te ver de preto. O luto não está na roupa, está no teu coração, na dor que está no teu coração.

Perguntando-se-lhe se era Rachel quem falava, nada respondeu. Penso, entretanto, que foi ela, ou um dos meus filhinhos desencarnados antes dela.

O maestro Bosio perguntou então qual o irmão que estava presente. Logo, falando pela médium, o Espírito respondeu:

Não tenham receio; ela está sob a minha guarda.

O maestro inquiriu se era João. A resposta, dada imediatamente, foi:

Sim, sou eu. Nossa irmã foi a Parintins ver os filhinhos.

Continuando a falar, João disse mais:

Vamos todos trabalhar para que amanhã o irmão Eurípides esteja de pé e eu possa conduzir o meu trabalho.

Respondeu o maestro Bosio:

Sim, vamos trabalhar: orar.

Ao que João respondeu:

Vocês, não; nós daqui.

Durante todo esse tempo o Espírito da médium esteve em Parintins, visitando os filhos que lá deixara, conforme nos declarara João. Disse este, por fim:

Saiam todos, pois que ela deve despertar cercada apenas das pessoas que para aqui a trouxeram.

Em seguida, disse que no dia imediato teríamos sessão, porquanto ele precisava provar ao Espírito perturbador que não conseguiria impedir o fenômeno.

Fig. 48 – Anna Prado

Todo esse tempo, o Sr. Eurípides se conservou deitado, no quarto ao lado, em palestra com alguns amigos.

Despertando, a médium narrou o que vira durante o desprendimento do seu Espírito. Disse que, desprendido este, vira o seu corpo sentado na cadeira. Todos os que se achavam de frente para a porta da rua observaram que, em certo momento, essa porta se abrira e fechara por si só. Frederico imediatamente correra à porta e, tendo-a aberto, verificara que nas proximidades da casa não se encontrava pessoa alguma.

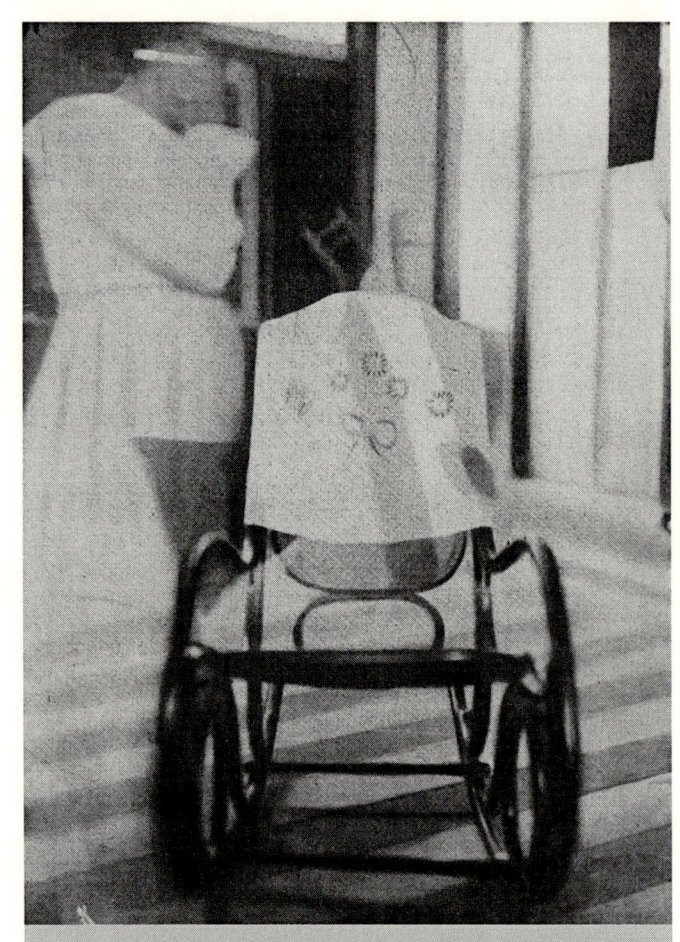

Fig. 49 – Foto do duplo de Anna Prado. Durante o momento da fotografia a médium esteve sentada na cadeira, desmaterializando-se completamente, ante a câmera.

Primeira sessão
1 de maio de 1921

No dia 1º de maio estávamos todos ansiosos, mas confiantes na promessa de João.

O Sr. Eurípides passara regularmente a noite. Pela manhã, no entanto, foi de novo um pouco atuado pelo Espírito, que Frederico conseguiu afastar por meio de passes.

Às 11 da manhã, ele se levantou da cama, sendo essa a primeira vez que o fazia, desde que chegara. A partir desse momento, cessou todo o mal-estar que vinha experimentando. À noite, sentia-se completamente restabelecido, conforme João prometera.

Tivemos uma sessão admirável. Falando ao ouvido da médium, determinou João que só as pessoas íntimas fossem admitidas, pois, dizia ele, era apenas uma sessão preliminar.

Impossível me é descrever as sensações que experimentei. Nenhum pavor tive. Antes, senti-me possuída de um respeito profundo diante do fenômeno a que assistia. Sentia-me elevada, como que purificada. Parecia-me que o céu baixara à Terra.

A essa sessão de 1º de maio estivemos presentes: o Sr. Prado e Senhora (a médium), o maestro Bosio e Senhora, o Sr. Manoel Tavares e Senhora, Dr. Matta Bacellar, Sr. Viana e Senhora, Sr. Batista, Fred Figner, eu e nossa filha Leontina.

Frederico e eu pedimos insistentemente à médium que dispensasse as grades dentro das quais costumava ficar. Estávamos certos da realidade do fenômeno e, portanto, não podíamos consentir que ela se metesse naquela gaiola, que tão mal a impressionava, assim como ao bom irmão João. Ela, à vista da nossa insistência, se sentou numa cadeira de balanço, dentro da câmara escura.

Abaixaram-se as luzes, não tanto, porém, que não víssemos uns aos outros distintamente. A escuridão só era quase completa na câmara onde estava a médium. Mas, ainda assim, perfeitamente se via a gola branca do seu vestido e o lenço com que ela tapava os olhos, evitando a luz.

Enquanto esperávamos o Dr. Matta Bacellar, que foi o último a chegar, Frederico fez uma prece. Todos depois nos sentamos e começamos a conversar, porém sempre atentos para a câmara onde se encontrava a médium, de sorte que todos a víamos na sua cadeira de balanço.

Decorridos uns cinco minutos, principiamos a ver formar-se uma mancha de grande alvura e que mudava de posição, mas conservando-se sempre à volta da médium. Essa mancha foi aumentando e, à medida que crescia, mais se agitava. Dir-se-ia que primeiro formava a roupagem com que o Espírito se apresenta. Tendo chegado a um certo tamanho, foi crescendo aos poucos. Em certos momentos, desaparecia para logo reaparecer, até que se tornou a figura perfeita de um homem. Passou para fora da cortina e flutuou como uma nuvem para o lado esquerdo da câmara. Era João.

Uma vez completamente materializado, fechou a cortina, para evitar que a claridade banhasse a médium, aproximou-se lentamente de um banco onde havia um tímpano e com este deu o sinal convencionado para aumentar a luz, o que foi feito. O Espírito João tornou-se nitidamente visível.

Caminhou com os braços estendidos para o Sr. Eurípides e lhe fez alguns passes. Ajoelhou-se, ergueu as mãos ao céu e, levantando-se, foi à câmara ver a médium. Em seguida se dirigiu para mim e se pôs de pé na minha frente.

Falei-lhe. Expus-lhe toda a minha dor. Disse-lhe o motivo da minha ida ao Pará. João ouviu-me atentamente. Depois, estendeu os braços num gesto de me abençoar e os levantou para o céu. Tudo isso fez defronte de mim e a uma distância que, se estendêssemos horizontalmente os braços, nossas mãos se tocariam.

Ao terminar a narrativa que fiz de todas as minhas mágoas, ofereci-lhe as flores que lhe levara e apresentei a carta de Dona Elizabeth. Ele recebeu tudo com a mão di-

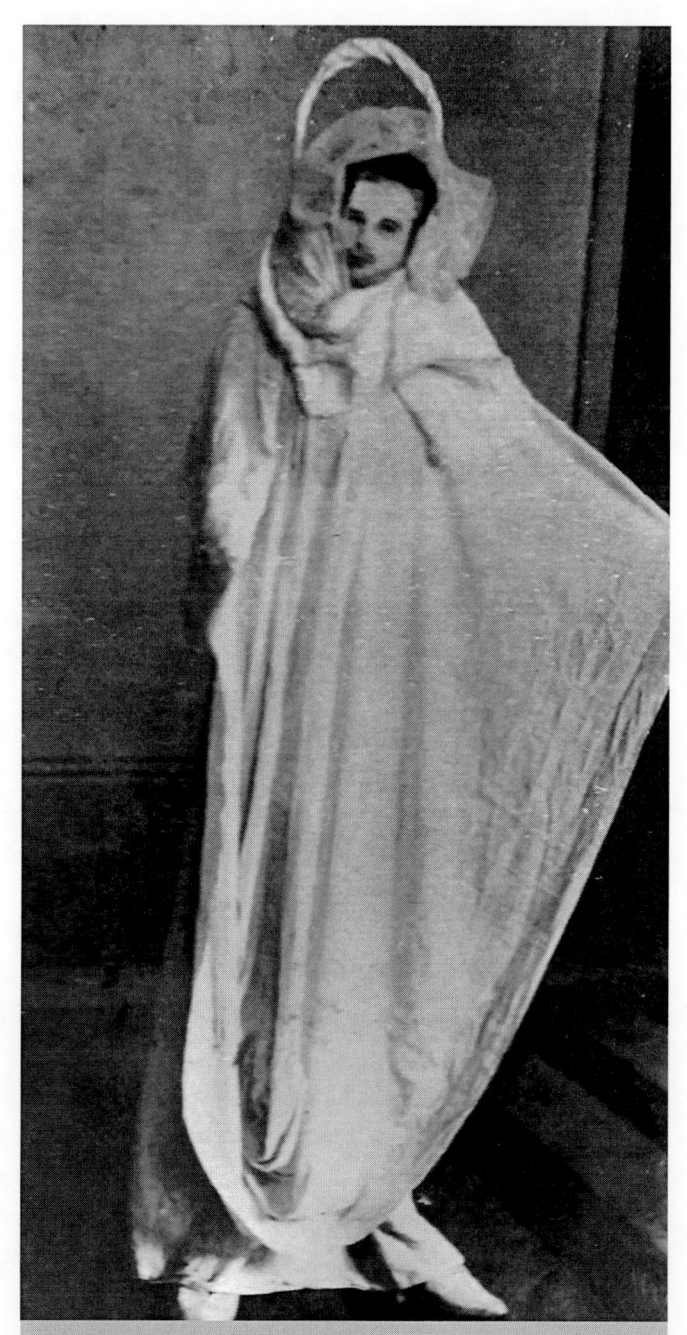

Fig.50 – Fotografia do Espírito de João, obtida em presença de Anna Prado. Na parte superior da cabeça vemos um arco fluídico e uns panos, também de natureza fluídica, envolvendo-a. Fotografia de 5 de fevereiro de 1921

reita, passando em seguida para a esquerda e, estendendo aquela, passou-a suavemente sobre a que eu lhe estendera.

O contato da sua mão me deu a impressão exata de uma mão humana e senti que tinha a temperatura normal destas. Ele tem uma bela compleição. É muito mais alto do que a médium, que é de estatura muito baixa. Não nos foi, todavia, possível apreciar bem o rosto. Via-se que havia rosto, mas não se lhe distinguiam claramente os traços. Suas vestes são de extrema alvura; assemelham-se às de um frade, com um capuz, que traz sobre a cabeça.

De vez em quando, João vai à câmara, para ver se a médium está bem e volta, permanecendo sempre visível, pois que, para fazer a sua observação, apenas introduz a cabeça na câmara.

Depois do João, apareceu-nos um outro Espírito, dentro da câmara, com a cortina entreaberta, de maneira que observamos a sua formação e seus movimentos. Esse, porém, não saiu da câmara e se transformou em seguida numa moça, cujo rosto vi muito regularmente, assim como os cabelos a lhe caírem sobre os ombros.

A seguir, apareceu, na abertura da câmara, um Espírito completamente materializado, trazendo à cabeça uma espécie de chapéu mole de linho e, passado por baixo do queixo e amarrado por cima do chapéu, um pano escuro, como usam algumas pessoas quando têm dor de dentes. A vestimenta era igual a de João. Note-se que na abertura da direita da câmara, por onde João entrara e saíra, víamos bem nítida a sua túnica, como que a flutuar acima da câmara.

Quando o outro Espírito se apresentou na abertura da esquerda, aí parou. Logo se ouviu a voz da médium, que vinha de dentro da câmara e pedia que parassem o ventilador para que o irmão pudesse caminhar. Parado o ventilador, o Espírito, atravessando toda a sala, foi até junto do Sr. Eurípides, deu-lhe passes, levantou as mãos para o alto e terminou por fazer um gesto como que abençoando aquele senhor. Voltou para perto da abertura onde se achava a roupagem de João, pegou-a e puxou-a um pouco para nos mostrar que era real, que era matéria. Aí se demorou alguns minutos, andando de um lado para outro, deixando-se observar e movendo os braços de maneira que reconhecêssemos ser exatamente uma criatura humana. Suas mãos, seus pés, todo o seu corpo, enfim, eram claramente visíveis. Apenas do rosto não se lhe podiam distinguir bem os traços.

Cumpre notar que os Espíritos que se materializaram eram muito mais altos que a médium. Seus pés assentavam completamente no chão, porquanto nos sapatos não traziam saltos.

Em suma, foi uma verdadeira maravilha o que eu tive a graça de ver.

Depois desse segundo Espírito, voltou João, trazendo nos braços alguma coisa que parecia uma criança recém-nascida. Dissemos todos: É uma criança, e ele com um aceno de cabeça confirmou. Levou-a em seguida para dentro da câmara. Reapareceu e ficou algum tempo a nos olhar.

Das flores que lhe tinham sido ofertadas, deu uma ao Sr. Eurípides, atirou uma ao Sr. Viana e distribuiu as restantes com os outros assistentes.

Voltando à câmara, introduziu aí a cabeça, como que para falar à médium, e, por intermédio desta, mandou que fizéssemos uma prece para ser encerrada a sessão. Frederico começou a fazer a prece em voz alta e João se ajoelhou, tomando a atitude de quem ora. Antes que a prece terminasse, entrou na câmara e saiu logo, trazendo na mão um pano grande, muito alvo, semelhante a um lenço, com o qual se pôs a acenar como quem se despede. E foi pouco a pouco se desmaterializando às nossas vistas. Levantou a cortina e vimos, como no princípio da sessão, a mesma nuvem branca flutuando em torno da médium. Percebia-se bem que João lhe dava passes. Ouvimos depois algumas pancadas, como se alguém lhe estivesse dando tapinhas no rosto. Explicou-nos o maestro Bosio que era João a despertar a médium, dando-lhe palmadinhas nas faces.

Já então distinguíamos de novo o lenço branco da médium e a gola do seu vestido. Acompanhando os volteios da mancha branca, percebíamos estar ali verdadeiramente um ser inteligente, pelos esforços que fazia por despertar a médium, a quem João dedica grande afeto.

Cheia de indizível comoção, em estado de profundo reconhecimento a Deus pela sua misericórdia, via escoar-se assim um dos instantes mais felizes da minha vida. Tinha a impressão de que o Céu se unira a nós, míseras criaturas.

Espero, com toda a impaciência, o momento ditoso de começar a próxima sessão.

Segunda sessão
2 de maio de 1921

Pessoas presentes: o Sr. Prado e Senhora (a médium), maestro Bosio e Senhora, Sr. Manoel Tavares e Senhora, Sr. Antônio Bastos, Senhora e filha, Sr. João da Rocha Fernandes e Senhora, Dr. Matta Bacellar, Dr. Remígio Fernandez, Dr. Pereira de Barros, Sr. Barbosa e Senhora, Dr. Nogueira de Faria e Senhora, Sra. Albuquerque e filho, Coronel Santiago e Senhora, Frederico Figner, Senhora e filhas. Entre essas pessoas, algumas havia inteiramente incrédulas.

Depois de tudo bem examinado e de estar a *médium (aliás, contra a nossa vontade) fechada dentro das grades, apagaram-se as luzes. Daí a uns dez ou quinze minutos, começaram a aparecer* as manchas brancas de que já falei anteriormente. João, ainda não de todo materializado, pediu o tímpano que haviam esquecido de colocar junto à câmara.

Passados alguns instantes, indicando com o tímpano as letras do alfabeto, ele pergunta se não querem ir observar a médium em transe, dentro da grade. Acendeu-se uma vela a cuja chama servia de anteparo um chapéu, a fim de que a luz não batesse em cheio na médium, e alguns senhores foram até perto da câmara, verificando que esta se achava adormecida e tudo intacto.

Segue-se um pequeno intervalo, após o qual começamos a ver de novo as manchas brancas a se condensarem até tomarem a forma de uma pessoa. Essa forma se apresentou primeiro de tamanho reduzido. Em seguida, porém tomou as dimensões de um homem bem proporcionado. É João, o nosso bom amigo.

Saiu da câmara e caminhou por diante de todos os que estavam na primeira fila de cadeiras: recebeu as flores que alguns dos assistentes lhe ofereceram, inclusive eu, Frederico e minhas filhinhas Lélia de sete anos, Helena e Leontina; e, feito isso, começou a distribuí-las com alguns dos presentes, jogando-as muitas vezes para o ar. Todos os seus movimentos são absolutamente humanos. Não se pode ter a menor dúvida de que seja um homem quem está em nossa presença. De vez em quando vai à câmara escura observara médium, mas sem nunca deixar de ser visível a todos.

De uma das vezes fica dentro da câmara, enquanto pela outra porta sai um vulto, que dizem parecer o marinheirinho. Este se demorou um instante fora da câmara e tornou a entrar. Aparece de novo João. Afinal, eles se materializam sucessivamente às nossas vistas.

Materializou-se um rapaz, que nenhum dos assistentes conhecia. Perguntando-se-lhe se entre os presentes havia algum parente seu, acenou com um lenço negativamente e levantou a mão direita para o alto, como a indicar qualquer coisa. Perguntaram-lhe se com isso queria significar que seus parentes estavam no Espaço. Respondeu, por acenos, que sim.

Surgiu em seguida, junto à cortina, uma moça, com todas as aparências e gestos de minha filha, a tal ponto que dissemos: É Rachel! Então, quando se ajoelhou, era perfeitamente ela. Os gestos eram todos absolutamente os de minha filha Rachel, e mesmo o corpo, a forma, o vestidinho acima do tornozelo, de mangas curtas e um pouco decotado. Apresentou-se-nos assim muito parecida, porém ficou distante de nós, bem junto à câmara onde se achava a médium.

Entrou depois na câmara e de novo saiu, trazendo sobre a cabeça um capuz branco, que lhe encobria os cabelos e os ombros. Caminhou em direção a mim, dizendo, com uma voz fraquinha e como que chorosa: *Mamãe, mamãe*. À medida que de nós se aproximava, ia, por assim dizer, diminuindo, tornando-se menos semelhante, de corpo, à minha filha. Veio até bem perto de mim e aí parou. Não tinha então as formas tão perfeitas. Reconheci-lhe, porém, a fronte, as sobrancelhas; verifiquei, em suma, que era minha filha.

É possível que, por ser a primeira vez, não houvesse podido materializar-se bem. Penso, todavia, que foi devido à assistência, porquanto, voltando certa vez à câmara, fez a médium dizer: Afastem-se os que estão atrás de mamãe, pois que há ali uma corrente contrária, que me impede de aproximar-me. Imediatamente todos se afastaram e ela pôde com facilidade vir até muito perto de mim e falar. Ouvi e vi perfeitamente que a voz partia da boca de minha filha, pois me achava de joelhos diante dela, a contemplá-la e ouvi-la.

Disse-me em voz baixa, porém que todos ouviram: *Para que essa roupa preta? Sou muito feliz, muito feliz.* E moveu os braços para cima numa expressão de contentamento. Frederico, Leontina e Helena choraram muito. Eu experimentei grande emoção, mas não pude chorar.

Depois de proferir aquelas palavras, pegou de minha mão e beijou-a, coisa que não fazia aqui na Terra, por isso que eu e Frederico não gostamos que os nossos filhos nos beijem as mãos. Entretanto, isso foi uma prova. É que durante toda a sua enfermidade, ela, o meu anjo adorado, me

Fig. 51 – Rachel Figner em fotografia oferecida ao seu tio Chico, em 14 de junho de 1902. Foto cedida pelas senhoras Rachel Sisson e Marta Prochnik.

beijava a mão e me cobria de carícias. Vivíamos acariciando-nos, as duas, como se estivéssemos a despedir-nos para uma grande viagem.

Também o referir-se ela à roupa preta foi uma misericórdia e uma prova, pois que eu dizia sempre que só tiraria o preto se minha filha viesse em pessoa falar-me a esse respeito. E, como tenho a certeza de que foi ela quem me falou, fiz-lhe a vontade: desde aquele instante tirei o vestido preto e nunca mais em minha vida, morra quem morrer, o usarei. Sei hoje, com toda a segurança, que isso desagrada aos nossos entes queridos que partem para o Além.

Leontina lhe entregou uma rosa. Ela acariciou a mão da irmã, passando-lhe por cima a rosa, e retirou-se para a câmara escura, onde fez que a médium dissesse: *Vou levar a rosa que me deste para o espaço*. Enfim, uma maravilha, a maior das misericórdias que uma criatura pode receber.

Materializaram-se em seguida os Espíritos de Maria Alva e o de uma moça que parecia ser o que costumava apresentar-se numa sessão que o maestro Bosio freqüentava e que se mostra sempre com um diadema na cabeça, diadema que ela trazia esta noite, mas que não estava muito visível. Como não a reconhecessem, disse pela médium: *Olhem para o emblema que trago na cabeça e me reconhecerão*. Como o emblema não estivesse bem visível, conformes notamos acima, ela entrou na câmara e, ao voltar, sem ter demorado, trazia-o muito mais nítido, belamente iluminado.

Antes, como já disse, aparecera Maria Alva, muito desembaraçada. É uma moça gorda, de braços roliços e cadeiras redondas. Veio com os cabelos soltos e com um pano de cor escuro a tiracolo, lembrando um vestuário grego. Tendo sido, em outra encarnação, filha do maestro Bosio, dirigiu-se a ele, pegou-lhe fortemente as mãos, beijou-as e deixou que lhe beijasse as suas. Depois foi ter com a Sra. Bosio e, brincando com ela, lhe deu, na palma da mão, forte palmada, cujo estalido todos ouviram.

É preciso dizer que, quando o Espírito está materializado, João baixa a cortina da câmara e toca o tímpano para que seja aumentada a luz, ficando assim os Espíritos completamente visíveis. Em seguida, ele pede música.

Maria Alva ofereceu-me uma Angélica, e outras flores a outros assistentes.

A moça do diadema, a quem chamaram Diana, esteve bastante tempo entre nós, deixando-nos ver bem o seu diadema iluminado, assim como toda a beleza de suas formas e de seu rosto.

Desde que essas boas irmãzinhas se retiraram, voltou João e conosco ficou ainda algum tempo, mostrando-se e brincando com os presentes. Chegou-se ao ouvido de uma das senhoras e disse o nome dos assistentes que concorriam para prejudicar o trabalho. Logo no início da sessão, ele dissera pela médium: *Está alguém na sala que prejudica os trabalhos*. Só no fim da sessão, entretanto, declinou o nome desse alguém. Era, de fato, um incrédulo, mas que, apesar disso, chorou, quando viu toda aquela magnificência.

Por fim, tomando de um lenço, que ele decerto materializara como havia feito com a sua roupa, João acenou por longo tempo em sinal de despedida. Vimos, como sempre, a desmaterialização operar-se dentro da câmara, pois que, quando isso se vai dar, ele suspende a cortina, para que a médium fique visível.

Ouvia-se-lhe a voz chamando a médium para que despertasse e ouvia-se igualmente o ruído das tapinhas que lhe dá com o mesmo intuito. Ele se conserva em derredor da médium até que esta desperte. Vimos as manchas brancas que sempre vemos no começo e no fim das sessões. Dessa vez, a médium sofreu um certo abalo, porque alguém, imprudentemente, aumentou a intensidade da luz.

É assombroso tudo quanto tenho visto. Estou em suspenso à espera de outras horas felizes, como as que passei junto desses bons irmãos do Espaço, aos quais só Deus pode recompensar o imenso lenitivo que trouxeram ao meu coração dilacerado pela dor da separação de minha amada filha Rachel.

Terceira sessão
4 de maio de 1921

Pessoas presentes: Sr. Eurípides Prado e Senhora (a médium), maestro Bosio e Senhora, Dr. Matta Bacellar, Senhor e Senhora Manoel Tavares, Frederico Figner, Senhora e filha Leontina.

Feito o círculo para a produção dos fenômenos de efeitos físicos, apagaram-se as luzes. Frederico e eu colocamos sobre as pernas seis lenços, dos quais quatro estavam comigo. Começaram os fenômenos tocando o Espírito João no Dr. Matta Bacellar e depois no maestro Bosio. Senti, em seguida, que me tocavam no colo. Passados alguns momentos, senti que me colocavam qualquer coisa no colo. Nisto diz a *médium que João mandava que acendessem as luzes, feito o que, verificou-se que eu tinha no colo um lenço amarrado em forma de flor.*

Apagadas de novo as luzes, João continuou a fazer o mesmo trabalho com os lenços, mas amarrando cada um de uma forma diversa. Fez isso com um dos de Frederico, sem tocar no outro.

Da primeira vez que tirou os lenços do meu colo, levou dois e restituiu um amarrado. Tirou depois os outros dois que haviam ficado e logo mos restituiu amarrados também. Um dos dois primeiros, porém, ele conservou consigo e só mo deu no fim da sessão, trabalhado igualmente, como os demais.

De repente Leontina soltou um grito e disse que alguém lhe havia tocado na perna. Quase ao mesmo tempo, senti e disse alto que alguém colocava a mão sobre o meu ombro esquerdo. Julgamos fosse João. Logo, entretanto, D. Nicota (a médium) disse: *João está dizendo que não foi ele e sim a irmã de Leontina que a tocou, assim como em D. Esther.* Vindo a saber desse modo que minha filha se achava presente, se bem que invisível, dirigi-me a ela. Imediatamente Rachel se fez sentir atrás de mim, tocou-me o rosto e passou a mão sobre a minha cabeça, acariciando-me. Eu lhe dizia:

– Vem, minha filha, beija-me, abraça-me; vem junto de mim, bem sabes que não tenho receio. Vem minha adorada Rachel, vem bem junto da tua mãezinha.

À medida que lhe falava, mais Rachelzinha se fazia sentir. Beijou-me muito, fortemente, dando-me beijos estalados que a assistência ouvia. Apertava meu rosto contra seus lábios, tal como se aqui estivesse. Beijei-lhe as mãozinhas, toquei-lhe as unhas, verificando que estavam como as usava, pontudas e polidas. Quando ela assim me abraçava, perguntei-lhe: *minha filhinha, és feliz?* Ela me enlaçou então de tal forma com seus braços que não mais senti o espaldar da cadeira em que estava sentada. Sentia unicamente o contato muito vivo de seu corpinho, seu calor, sua respiração, seu hálito. Era perfeitamente minha filha a me dizer ao ouvido: *Sim.* Perguntei-lhe ainda: *Estás contente com tua mãe? Vim de blusa branca.* Minha Rachel pegou das duas abas da blusa e as sacudiu num gesto de contentamento, demonstrando que bem estava vendo.

Avaliem os que lerem estas linhas sinceras a minha alegria, a minha felicidade, o meu reconhecimento a Deus, por me haver permitido, ainda uma vez, sentir, ouvir, tocar a minha filha muito amada!! Ela me tomou de novo o rosto e, puxando-o para o lado, como era seu costume, beijou-me seguidamente muitas vezes, com grande amor.

Sempre a conversar com o meu anjo querido, disse-lhe: *Minha filhinha, vai beijar, vai acariciar teu paizinho.* No mesmo instante ela se fez sentir atrás do pai e se pôs a beijá-lo e a acariciá-lo da mesma forma que fizera comigo. Por fim, deu-lhe um beijo estalado no ouvido.

É uma maravilha, que não se pode descrever. Ante tanto poder, a criatura de carne desaparece.

Nessa altura dos trabalhos, disse João: *Terminem esta sessão, pois que a médium está perdendo muitos fluidos, o que pode vir a prejudicar a sessão de materialização.* Antes, porém, que a sessão fosse encerrada, disse ele ainda: *Tirem o tímpano que está no chão, entre Figner e Leontina, e coloquem-no entre os pés de Figner. Leontina que tire os pés do caminho, pois posso esbarrar nela.* Isto disse por brincar com Leontina, que estava com medo.

Cumpridas as ordens de João, todos lhe sentimos a presença. Tirou o tímpano que estava no chão, entre os pés

Fig. 52 – Rachel e Leontina Figner. No verso da foto foi anotada a data de 15 de fevereiro de 1916. Foto cedida pelas senhoras Rachel Sisson e Marta Prochnik.

de Frederico, andou, fazendo-o ressoar no espaço, por cima das nossas cabeças e tocando com ele em todos, especialmente em mim. Tudo isso era feito, apertando João sempre o botão do tímpano, de sorte que pelo som sabíamos a todo momento onde ele estava. Às vezes o som vinha do teto. Pedi-lhe repetidamente que colocasse o tímpano na minha mão. Afinal, mandou que eu estendesse a mão e nela depositou o tímpano. Ordenou que acendessem as luzes, o que feito, todos viram que aquele objeto estava na minha mão.

Terminada essa sessão, preparamo-nos para a de materialização.

Acenderam-se as luzes, arrumaram-se as cadeiras diante da câmara escura, a médium se sentou numa cadeira de balanço dentro da câmara, sempre na mesma posição, tapando os olhos com o lenço. Uma vez tudo disposto, apagaram-se as luzes mais fortes, ficando a sala mergulhada na semi-obscuridade em que ficam os cinemas quando a fita está sendo passada.

Começaram a condensar-se os fluidos e daí a pouco aparecia um vulto no qual, à medida que se formava, íamos eu, meu marido e minha filha, reconhecendo a nossa querida Rachel. E, de fato, o era. Rachel nos apareceu em toda a perfeição de suas formas, tal qual fora, absolutamente reconhecível. Ali estava viva e palpitante.

Antes que houvessem apagado as luzes, João mandou que uma cadeira fosse colocada entre a assistência e a câmara. Quando minha filha saiu, perfeitíssima, da câmara, ajoelhou-se e levantou as mãozinhas para o céu. Ajoelhei-me também e todos os que estavam presentes a acompanhamos na prece que dirigia ao Senhor. Depois, levantou-se e foi sentar-se na cadeira vazia, tomando exatamente a posição em que está numa fotografia, da qual pouco antes eu falara, dizendo que nesse retrato se lhe viam bem os braços e as mãos.

Tomou com a maior exatidão a pose em que se vê na aludida fotografia. Fez, portanto, uma coisa que só ela podia fazer. Todos os da sua família, que ali nos achávamos, exclamamos ao mesmo tempo: *Olhem a nossa Rachel perfeitinha, igualzinha ao retrato.* E ela viva, perfeita, deixava que a víssemos bem e a reconhecêssemos. Não havia dúvida, nem podia haver, era a nossa Rachel.

Eu lhe falava e ela me prestava toda a atenção. Em seguida, levantou-se, veio até junto de mim, colocou-se bem à minha frente, recebeu das minhas mãos umas flores que levara e que suas irmãzinhas Lélia e Helena lhe manda-

Fig. 53 – Na sessão de 4 de maio de 1921, Rachel, materializada, reproduziu exatamente a pose da fotografia acima.

vam. Disse-lhe Leontina: *O Sr. Amábile também mandou lembranças e um abraço*. Ao que ela respondeu levantando as mãozinhas para o céu, como que oferecendo a Deus. Recebeu flores também das mãos de seu pai e de sua irmã Leontina. Enfim, Rachel estava diante de mim tão perfeita e tão viva que se não podia ter a mínima dúvida. Eram os mesmos braços alvos, as mesmas lindas mãos que tinha aqui na Terra. Em tudo, nas maneiras, nas formas, no rosto, era a minha adorada filha.

Voltando ela à câmara escura, disse a médium: *Rachel pede que sua mãe se sente na cadeira em que ela esteve.* Sentei-me imediatamente nessa cadeira, porém de frente para a câmara. Logo disse Rachel pela médium: *Mamãe deve voltar as costas para a câmara e ficar muito quieta.* Assim fiz e disse: *Pronto, minha filha. Estou impassível. Podes vir sem receio.* Logo ouvi uns passos e senti minha filha a meu lado, abraçando-me muito apertadamente e dando-me beijos tão estalados que toda a assistência escutava. Encostava seu rosto ao meu com extremo carinho. Depois de muito me acariciar, de me dar todas as provas de amor e de que era bem a minha Rachel, disse-me distintamente, com voz forte, que todos ouviram: *Não quero que ande mais de preto, ouviu? Quero que venha toda de branco, assim como eu estou.* Respondi-lhe: *Sim, minha filha, far-te-ei a vontade, farei tudo que quiseres. Já o fazia quando estavas na Terra: Hoje, que não farei para te ser agradável? Sim, meu anjo, não usarei mais roupa preta.*

De novo me beijou muito e, com os braços passados por trás do meu pescoço tirou, das flores que lhe havíamos dado, uma rosa vermelha e a enfiou no decote da minha blusa branca. Vi nitidamente suas mãozinhas, seus dedos. Era positivamente sua aquela maneira de fazer as coisas, eram indubitavelmente seus aqueles gestos. Estávamos todos vendo a nossa Rachel exatamente como era.

Foi novamente à câmara escura, isto é, ficou de pé à porta desta e voltada para dentro como se falasse com alguém. Como eu continuasse na cadeira, a médium falou assim: *Diga a mamãe que saia da cadeira. É papai que deve sentar-se agora.* Imediatamente me levantei e Fred sentou-se na mesma posição em que eu estivera. Rachel chegou-se a ele, abraçou-o, beijou-o, acariciou-o muito, do mesmo modo que fizera comigo. Passou o braço esquerdo sobre o ombro esquerdo do pai, de forma que se lhe via a mão caída sobre o peito deste, aquela mãozinha lindíssima que eu tão bem conhecia e que não podia deixar de reconhecer ali ser inteiramente a mesma da minha Rachel. Estendeu o braço direito tomando uma posição muito graciosa, formando com o seu querido pai, presa da mais viva emoção, um grupo admirável. Não cessávamos de soltar exclamações e de agradecer a Deus tanta misericórdia. Dizíamos: *Filhinha adorada, Deus te abençoe. Deus te pague.*

É impossível descrever tudo, pois são inúmeras as minúcias. Separando-se de seu pai, depois de muito o acariciar, Rachel tomou de um galho de angélicas e, pelas costas dele, o colocou na lapela de seu paletó. Fez isso com a mais absoluta naturalidade, notando-se-lhe o esforço a que se viu obrigada para passar o talo um pouco grosso da flor na casa meio fechada. Nos gestos, que então fez, como em todos os outros, era a Rachel que conhecíamos.

Reproduziu por duas vezes a posição da fotografia, puxando, antes de se sentar, a cadeira, para pô-la como desejava. Repetidas vezes veio até junto de nós, distribuiu com os assistentes o ramo de flores que lhe havíamos oferecido, ouvindo-se distintamente o ruído que faziam as folhas quando ela separava as flores. Deu-me com muito carinho o ramo de jasmins do Cabo. Quando assim, diante de nós, virava-se de um lado para outro, a fim de que bem a reconhecêssemos e nenhuma dúvida nos ficasse nos espíritos. Frederico e Leontina choravam, soluçando convulsamente. Ela, então, parando defronte de nós, disse, com voz firme, que notoriamente partia de sua boca: *Não chorem.* Todos caímos de joelhos diante da nossa querida Rachel. Em dado momento, Leontina perguntou-lhe se seus irmãozinhos Aluísio e Gabriel estavam presentes e ela respondeu clara e distintamente: *Não.* Esteve algum tempo a andar de um lado para o outro, mostrando-se bem.

Como trouxesse os cabelos suspensos, eu disse: *Minha Rachel, ainda não vi os teus cabelos. Mostra-nos a tua linda cabeleira.* Ela foi à câmara e logo voltou, trazendo os cabelos a lhe caírem soltos sobre os ombros, lindos quais eram na Terra. Punha-se de frente e de costas para nós, a fim de que bem a pudéssemos apreciar.

Depois, foi à câmara escura e de lá veio trazendo um pano branco, com o qual se pôs a acenar em sinal de adeus. Que emoção! Todos exclamavam: *Adeus, Rachelzinha! Adeus, meu amor! Deus te abençoe!* Enfim, de nossos lábios saíam todas as exclamações de carinho que se podem dirigir a uma criatura adorada e saudosa quanto o é a nossa inesquecível Rachel!! *Não há na vida coisa mais sublime. A misericórdia de Deus é tão grande que não há palavras nem sentimentos com que se lhe agradeça. De puro amor se nos enche o coração.*

Depois de Rachel, veio o nosso bom irmão João, que ainda não aparecera naquela noite. Não apareceu, disse-o ele, por ter querido deixar todos os fluidos para Rachel, a fim de que ela pudesse materializar-se bem, como de fato aconteceu.

A música, no andar de cima, tocava sempre, desde o início da sessão; João aproximou-se de nós e disse que ia fazer, materializando e em nossa presença, o que não fizera anteriormente, isto é, trabalhar um dos lenços de Frederico, aquele que na sessão anterior ficara sem ter sido atado. E assim fez. Fê-lo da maneira mais linda que se possa imaginar. Todos o víamos perfeitamente bem, em pé defronte de Frederico, a trabalhar o lenço e cantando ao mesmo tempo. Prestei muita atenção, para ver se aprendia a atar o lenço daquele modo; porém, ele o fez tão depressa que não me foi possível perceber. Concluído o trabalho e sempre a cantar, entregou o lenço a Frederico, tal qual o faria um homem.

Pela médium disse qualquer coisa sobre a música que estavam tocando. Como não houvéssemos ouvido bem, perguntou-se-lhe se queria que tocassem outra música. Ao que ele respondeu com voz máscula: *Não*. Interessante é que canta às vezes no perfeito falsete e doutras vezes em tom grave.

Depois de estar João aí algum tempo conosco, vimos um vulto pequeno que encostava à cadeira colocada no meio da sala e falava com voz muito fraquinha. Eu e as demais pessoas presentes procuramos ouvir o que dizia e escutamos distintamente: *Mamãe, mamãe*. Perguntei: *Será um de meus filhinhos?* Respondeu-me: *Sim*. Vi perfeitamente que era uma criança, que tinha cabelos louros e que repousava um dos bracinhos sobre a barriga. Também os nossos filhinhos não nos haviam esquecido. Não pude saber ao certo se era Aluísio ou Gabriel. Suponho fosse Gabriel, que era louro, ao passo que Aluísio tinha os cabelos castanhos escuros.

Voltou João, que se despediu de nós. Quando estava despertando a médium, fez que esta dissesse: *Causa-me tristeza ver a minha médium ir embora*. Ele queria que ela ficasse em Belém.

Numa das sessões, disse João: Ah! Se vocês tivessem isto lá no Rio!

Quarta sessão
6 de maio de 1921

Na noite de 5 para 6, Dona Nicota, a *médium, sonhou que João lhe dizia que, no dia seguinte, haveria sessão de materialização e que Rachel faria sua mão em parafina líquida, à vista de todos; imergiria duas vezes a mão na parafina e em seguida iria tocar em seus pais para lhes mostrar e fazer sentir o calor da parafina.*

Ao amanhecer, Dona Nicota informou ao Sr. Eurípides o que sonhara. Depois, dirigindo-se a João, pediu-lhe que confirmasse o sonho. Imediatamente um álbum, através do qual ele dá sinal da sua presença, se moveu saindo da posição em que estava. Colocaram-no no lugar de onde saíra e Dona Nicota disse: *Move-o outra vez para termos confirmação*. Logo o álbum se moveu à vista dos presentes. Estava, portanto, confirmada a veracidade do sonho.

À noite houve a sessão de que João falara à sua médium. Foi, porém, muito íntima, pois João desejava que os fenômenos se produzissem com perfeição e, na sua opinião, a presença de incrédulos na assistência poderia prejudicá-los.

Marcou a sessão para as 8 horas da noite, mas, como algumas pessoas só poderiam chegar depois das 8 horas, o Sr. Eurípides procurou convencê-lo de que o melhor seria começar um pouco mais tarde. João respondeu: *Não. Deve ser às 8 horas em ponto. Depois verás justificada a minha insistência por principiar a essa hora.* E tinha razão, pois que a reunião só terminou quase à meia-noite.

Às 8 horas em ponto, portanto, foi ela aberta, estando presentes, além da médium, o Sr. Eurípides e senhora (a médium), Dr. Matta Bacellar, senhor e senhora Manoel Tavares, maestro Ettore Bosio e senhora, Figner, senhora e filhas Leontina e Helena.

Satisfazendo aos desejos manifestados por minha filha na sessão anterior, apresentei-me toda de branco.

Apagaram-se as luzes e instantes depois observamos que a materialização tinha início. Logo que tomou forma, reconhecemos a nossa adorada Rachel. Assim que saiu da câmara, o seu primeiro gesto foi, como sempre, o de se ajoelhar e orar, no que a acompanhamos. Apenas viu que eu me achava de branco, manifestou grande satisfação. Falava, batia palmas e pulava de alegria, como costumava fazer na Terra, quando experimentava um vivo contentamento. Dizia: *Que bom! Estou muito contente! Mamãe está toda de branco! Está tão bonitinha!!.*

Dizer da minha felicidade, por poder uma vez mais ver minha filha, perfeita como era e dando mostras de alegria, tal qual fazia aqui na Terra, é coisa impossível. À criatura, faltam palavras para definir o que sente nesses momentos de suprema ventura. Prossigamos.

Depois dessa demonstração de alegria, a minha Rachel começou o trabalho da moldagem da sua mãozinha em parafina líquida e quente. Cumpre notar que João me mandara dizer, pela médium, o seguinte: *Diga-lhe que quando a filha puser a mão na parafina, não deve exclamar – Coitadinha! – pois que Rachel não sente dor alguma.*

Conforme ele havia anunciado, Rachel começou o trabalho imergindo duas vezes a mão na parafina e em água fria. Em seguida veio a mim e colocou a sua mãozinha enluvada de parafina dentro da minha. Depois, retirando-a, colocou a outra, que estava com luva de parafina, a fim de que eu sentisse e notasse a diferença de temperatura. O mesmo fez com o pai.

Ao colocar a sua na minha mão, ela estava bem defronte a mim e muito perto, de sorte que não só eu lhe sentia e via a mão como via perfeitamente o rosto. Era a minha Rachel, tal qual eu tivera na Terra. O rosto, o pescoço, o colo eram os seus. Não havia para mim possibilidade de ter a menor dúvida de que fosse a minha muito querida filha. Aproveitei assim as duas sensações ao mesmo tempo: via e sentia a minha filha. Só Deus me poderia dar tamanha felicidade, treze meses após a desencarnação dela.

Depois de se mostrar bem a todos, Rachel voltou aos baldes de parafina e água fria e quente, continuando o trabalho durante uma duas horas. Víamos minuciosamente esse trabalho, porquanto a luz era bastante forte e nos permitia distinguir tudo. Metia a mão na parafina fervendo, depois na água fria, examinava o molde e de quando em quando ia à câmara consultar o João que se conservava dentro desta e que, ao que suponho, lhe dava instruções. Durou tanto tempo esse trabalho que a água e a parafina esfriaram. Verificando isso, Rachel entrou na câmara e João, pela médium, deu ordem para que novamente aquecessem a água e a parafina. Como demorassem em apanhar as vasilhas, disse ele pela médium: *Deixem, vou materializar-me para entregar as vasilhas.* Em seguida saiu da câmara, tomou a panela d'água e a colocou defronte dos assistentes. Pegou depois do balde de parafina, que é bastante pesado e, suspendendo com o braço estendido e firme, o foi colocar junto da panela. Provou assim a sua completa materialização, exibindo a força da sua musculatura perfeitamente humana. Enquanto aquecia a água e a parafina, pôs-se ele a brincar conosco.

Fig. 54 – Luva em parafina da mão de Rachel. Artefato pertencente ao acervo particular da família Figner.

Em dado momento, esbarrou na tampa da panela, que ficara no chão. A Sra. Tavares disse: *O João não viu a tampa, coitado!*. Ele imediatamente se abaixou, apanhou a tampa e a entregou àquela senhora, como que a lhe dizer: *Vejo muito bem*.

Os espíritos se materializam tão perfeitamente, ficam tão humanizados que, como acontece a nós, esbarram nos objetos que se acham em seu caminho. Não se tem a menor impressão de um fantasma.

De outra vez, ele esbarrou numa garrafa de aguarrás que também estava no chão e fê-la cair. Ato contínuo abaixou-se, apanhou a garrafa e foi colocá-la num lugar afastado de seu caminho. É simplesmente assombroso! Não há palavras que o descrevam.

Enquanto esperávamos as vasilhas, João pediu lápis e papel. Frederico foi buscar o que ele pedia e entregou à Sra. Tavares para que lhe passasse uma folha de papel e dois lápis, um deles numa lapiseira de metal. João experimentou no papel qual dos dois lhe convinha mais e preferiu o da lapiseira. Disse então alguém: *Vamos ver que surpresa João nos vai fazer*. Ao que ele respondeu pela médium: *Não é agora. Só depois de concluído o trabalho da parafina*.

A Sra. Tavares, pilheriando, disse: *Ganhei do João um presente* – referindo-se à tampa da panela que ele lhe dera para segurar. João, a gracejar, respondeu pela médium: *Isto não é sério*. Depois, ainda pela médium, pediu que trouxessem as vasilhas que estavam demorando muito. Daí a pouco desceram as vasilhas que foram colocadas sobre os bancos que lhes eram destinados. Ele, a conversar conosco enquanto as arrumava, disse com seus próprios lábios: *Agora virei cozinheiro*.

Em seguida, entrou na câmara e logo surgiu a nossa querida Rachel, que ainda por muito tempo continuou o trabalho que começara. Ouvia-se o mergulhar da sua mãozinha na parafina e na água fria. De vez em quando derramava água e parafina no chão. Isso acontecia sempre que retirava bruscamente a mão de dentro da vasilha. De espaço a espaço pegava uma ponta do vestido e passava no molde, como que para secar ou alisar. Por mais de uma vez no curso do trabalho, João, pela médium, pedia que tivéssemos paciência, por isso que aqueles trabalhos são demorados.

Era ela, sempre ela, que ali estava diante dos nossos olhos. Já durava tanto a sua materialização que tive a ilusão de se achar minha filha aqui na Terra sem haver desencarnado. Depois de muito trabalho, a minha Rachel deixou o molde dentro do balde de água fria e entrou na câmara.

Disse então, João, pela médium, que a nossa irmã Anita viria fazer umas flores de parafina em nossa presença. Vindo Anita, tirou a vasilha de água quente, que estava em cima do banco, colocou-a no chão, e, puxando o banco, sentou-se junto à vasilha e começou o seu rápido trabalho. Esteve uns dez ou quinze minutos a fazer a flor. Uma vez pronta, imergiu-a no balde de água onde estava o molde e João disse, pela médium, que Anita havia feito a flor, para que a irmã Rachel a entregasse juntamente com o molde.

Fig. 55 – Formosa cataleia em parafina produzida pelo espírito de Annita. Sessão de 24 de junho de 1920.

Efetivamente, logo apareceu Rachel e tirou com muito cuidado o molde e a flor de dentro d'água. Trouxe o primeiro e o depositou em minha mão. Recebi-o com todo o respeito e cheia da mais viva satisfação. Entregou a flor a Frederico. Agradecemos emocionadíssimos, pedindo-lhe nos desse suas *mãozinhas para beijar. Deu-me a mão, que beijei com muito amor e carinho. Helena pediu que também lhe deixasse beijar a mão e ela deixou. Frederico fez o mesmo pedido. Ela lhe estendeu a mão, mas não consentiu que ele beijasse, até que, em certo momento, rapidamente se ajoelhou e, puxando fortemente a mão do pai, deu-lhe um beijo estalado que toda a assistência ouviu.*

Leontina igualmente lhe pediu que a deixasse beijar-lhe a mão, ao que ela não acedeu. Mas, voltando-se para mim, como se tivesse a intenção de provar a irmã que não se esquecia dela, disse-lhe pelos seus próprios lábios: *Mamãe, leva minha irmã às festas e ao teatro, como fazias comigo. Leontina tão bonitinha!* Leontina, chorando, muito comovida, agradecia.

Rachel conservava-se bem em frente a nós, mostrando-nos completamente o semblante, de acordo com o que já havíamos dito anteriormente numa sessão de tiptologia, antes de partirmos para o Pará. A todas as pessoas presentes, mostrou nitidamente o seu rosto, seu colo, seus braços. Mostrou-se, enfim, perfeitamente materializada, como se estivesse viva na Terra.

Certa vez em que ela estava diante de mim, perguntei-lhe: *Minha filha, foi o Aluízio ou o Gabriel que aqui veio na última sessão?* Ela respondeu-me de seus próprios lábios: *Bilé*. Prova magnífica foi essa da sua identidade, pois ali só ela e nós conhecíamos o apelido do nosso Gabriel. Rachel disse isso numa ocasião em que desfolhava rosas sobre as nossas cabeças.

Tendo tirado o lenço que trazia no decote do vestido e depois de se ter mostrado muito claramente, sob o máximo de luz que os aparelhos preparados podiam dar, ela se retirou para a câmara e, saindo outra vez, com aquele mesmo lenço, começa os acenos de despedida, quando lhe pedi: Minha filha, espera um pouco. Temos aqui umas flores que trouxemos para te dar (as flores não tinham sido entregue antes, por haver recomendado João, que só o fizéssemos depois do trabalho de parafina).

Rachel voltou-se para o interior da câmara, como que a pedir instruções, ou a transmitir o pedido a João. Logo, porém, voltou e recebeu de nossas mãos as flores, distribuindo-as conosco e com os demais assistentes. Conforme costumava fazer aqui na Terra, nos dias de meu aniversário e do pai, desfolhou algumas rosas e espargiu sobre as nossas cabeças e sobre as das irmãs, dando-nos uma impressão da sua personalidade terrena. Foi uma cena emocionante. Todos choravam!!! Depois, erguendo as mãos para o céu, disse, de sua própria boca: *Graças a Deus. Sinto-me contente por ter vencido a dor de mamãe. Vou subir muito alto!!!.* Tomou de novo o lenço e acenou com ele durante muito tempo, a despedir-se.

Comovidíssimos, nós lhe dizíamos: *Adeus, Adeus, filha adorada. Deus te abençoe, Deus te pague.* Eu não podia me conformar com a idéia de que a minha filha partisse de junto de mim, pois que a sua presença não foi uma simples materialização; foi uma perfeita ressurreição. Todos os que hão assistido aos fenômenos, inclusive o Sr. Prado, marido da médium, ficaram maravilhados, dizendo nunca terem visto tanta perfeição. Os espíritas do Pará sentem-se felizes por essa grande graça de Deus. Tornamo-nos todos membros de uma só família.

Deus de Bondade, Deus de Misericórdia, perdoa os momentos de desespero que tive e dá que eu possa praticar atos dignos da grande esmola que do teu infinito amor recebi.

Após a despedida de Rachel, veio João, como sempre perfeitamente materializado, e, puxando um dos bancos em que estiveram os baldes, pôs-se a escrever, dando-nos, portanto, a surpresa que nos prometera para depois do trabalho de parafina.

Quando começou a escrever, debruçado sobre o banquinho, a ponta do lápis quebrou. Então, ele se levantou e pediu um outro *lápis, dizendo que o primeiro havia quebrado. Frederico passou-lhe* um outro, como faria a uma criatura da Terra. João o tomou e virando o papel do outro lado escreveu, à nossa frente, o seguinte:

Saudades. Vou assistir a fotografia no girar[140].

Depois, acenando com o lenço em sinal de despedida, entrou no gabinete e se desmaterializou, como o fizera das outras vezes.

---

[140] Provavelmente o espírito se referia ao *atelier* Girard, onde Ettore Bosio costumava revelar seus filmes (nota do autor).

As Impressões de Frederico Figner

As materializações de Rachel Figner provocaram os mais diversos comentários na capital paraense. Interessado em esclarecer a população belenense sobre o que de fato ocorrera, a redação do jornal *O Estado do Pará* procurou Frederico Figner, solicitando que falasse ele mesmo, sobre o que havia presenciado nas sessões de Dona Anna Prado.

Aquiescendo à solicitação do conceituado noticioso nortista, com grande lucidez e firme convicção, ele relatou a grandiosidade daqueles momentos, exclamando ao se aproximar do final de sua narrativa: – *Rachel vive!...*

Coincidindo em tudo com *O Testemunho de Esther Figner*, embora descrevendo os fatos de maneira mais resumida, *As Impressões de Frederico Figner* vêm juntar-se ao relato da esposa, num atestado da inquestionável veracidade daqueles eventos. Que vejam aqueles que têm olhos de ver e que ouçam aqueles que têm ouvidos de ouvir.

> [...]
> Deseja o senhor que lhe relate os fenômenos por mim presenciados e produzidos com a privilegiada mediunidade da Senhora Eurípides Prado? Pois não, senhor redator, com muito prazer. Vou dar-lhe alguns pormenores que presenciamos, eu e minha família, em três sessões riquíssimas de fenômenos.
> Começarei por lhe dizer que aqui vim, não por curiosidade minha, visto que sabia ser a materialização um fato comprovado por Crookes, em primeiro lugar, em Londres, desde o ano de 1871, quando começou a hoje célebre materialização de Katie King, servindo de médium Miss Florence Kook, e seguidamente por experiências idênticas relatadas por tantas outras sumidades científicas.
> Vim como o fito único de minorar a tristeza e a dor que acabrunhavam minha esposa, por haver desencarnado uma filha nossa muito ainda amada.

Aqui chegando, tive a decepção de não encontrar a família Prado.

Recebido pelos meus confrades, prontificaram-se eles a telegrafar ao Sr. Prado, participando-lhe a minha chegada com a família e pedindo, se fosse possível, viesse até aqui. A despeito de adoentada sua esposa, resolveu ele aceder ao apelo, aqui chegando no *Paes de Carvalho*, a 28 de abril, depois de uma penosa viagem de 7 dias.

No dia 1º de maio, fez-se uma sessão preliminar, a que estiveram presentes, além da família Prado, a família Manoel Tavares, a família Bosio e o Dr. Matta Bacellar.

Materializaram-se João e um espírito denominado Evangelista. Havia bastante luz e distinguiam-se os espíritos perfeitamente, como se fossem homens com vestes brancas que andassem de um lado para outro. Demorou-se João bastante tempo conosco, de forma que bem o pudéssemos ver e sentir. Minha esposa, dirigindo-se a João, contou-lhe seu sofrimento, o que atento ele ouvia. Recebeu de minha senhora umas flores que ela levava, as quais aquele espírito passou para a mão esquerda. Em seguida estendeu a mão direita a minha senhora, fazendo ela o mesmo; passou a mão sobre a dela, fazendo-lhe sentir que estava perfeitamente materializado.

Por fim, João, sacudindo um lenço em sinal de despedida, entrou na câmara, começou a desmaterializar-se às nossas vistas, como o fizera quando se materializou. Daí a pouco, ouvimos umas pequenas pancadas que ele dava no rosto da médium para a despertar.

Esta primeira sessão me deixou completamente frio, visto que eu vira tão somente o que esperava.

Tudo aquilo era coisa muito natural para mim, quanto à sua realidade.

Minha esposa, porém, apesar de também conhecer por leitura os fenômenos, ficou muito satisfeita, começando a nutrir esperanças de ver nossa filha, moça de 21 anos, desencarnada a 30 de Março de 1920.

A segunda sessão, realizada a 2 de maio, foi, realmente, muito mais importante.

Havia nesta ocasião pessoas que não conheciam os fenômenos, bem como a doutrina espírita, entre elas o Dr. Remígio Fernandez, o Sr. Barboza e a Sra. Pernambuco.

Materializaram-se muitos espíritos de diversas estaturas, entre eles a nossa filha Rachel.

Mas, devido ao excessivo numero de materializações, que absorveram muitos fluidos, e entre os espíritos materializados um de nome Diana que, creio, se apresentou com um brilhante diadema na cabeça, a materialização da nossa Rachel não era tão perfeita como esperávamos, no entanto, era bastante para ser conhecida por todos nós. Nessa sessão ela perguntou a sua mãe, *porque aquele vestuário preto, uma vez que ela se sentia muito feliz?*

No dia 4 de maio fizemos outra sessão e nesta a materialização da nossa filha foi a mais perfeita possível. Rachel apresentou-se com tanta perfeição, com tanta graça e tão ela mesma com os mesmo gestos e modos, que não pudemos conter a nossa emoção, e todos, chorando de joelhos, rendemos graças a Deus, por tamanha esmola.

Era Rachel, viva, pronta para ir a uma festa. A sua cabeça erguida, os seus braços redondos, o seu sorriso habitual, as suas bonitas mãos e até a posição destas, toda sua, exatamente como era na terra. Falou a mãe, pedindo-lhe que na próxima sessão viesse toda de branco como desejava e ali estava materializada.

Rachel tocou em todos nós com sua mão; sentimos todos o seu calor natural e à observação: *Rachelzinha, tu tinhas o cabelo tão bonito, mostra-nos os teus cabelos*, ela entrou no gabinete e, voltando instantes depois, virou-se duas vezes mostrando-nos os seus cabelos compridos e ondulados. Aceitando as flores que lhe oferecemos, fez sua mãe sentar-se em uma cadeira junto ao gabinete e de costas para este. Abraçou-a e beijou-a muito carinhosamente e depois colocou-lhe uma rosa na blusa branca, que minha esposa vestira para ser agradável à filha, que na véspera não gostara de vê-la de preto. Na ocasião em que lhe colocou a rosa, falou-lhe com seus próprios lábios, dizendo-lhe: *Não quero que ande de preto, ouviste? Quero que venha toda de branco, assim como eu estou.*

Toda essa frase minha filha pronunciou tão clara e distintamente que todos, além de minha esposa, a ouvimos.

Depois, sentando-me eu na mesma cadeira por ordem sua, acariciou-me, como fizera à sua mãe, colocou uma angélica na lapela de meu paletó, apoiando-se com todo o peso do seu corpo sobre meus ombros. Por fim, sacudindo um lenço em sinal de despedida, entrou no gabinete e desapareceu.

Puxei o relógio, Rachel tinha estado aí 40 minutos.

Depois saiu o João e cantou, muito satisfeito com a materialização de sua discípula.

A 6 de maio fizemos a última sessão.

O resultado foi mesmo da anterior, com o acréscimo de Rachel fazer diante de nós uma luva em parafina, de sua mão esquerda, consultando muitas vezes a João, que se achava no gabinete, porém, á nossa vista, durante o tempo que ela trabalha com a parafina. Logo ao materializar-se, Rachel, saltando e batendo palmas, demonstrou sua satisfação por ver sua mãe toda de branco;e, ao despedir-se, pediu-lhe que levasse sua irmã Leontina às festas e ao teatro, como fazia com ela. Rachel esteve conosco, nessa sessão, durante 2 horas.

Por fim, pedi a Rachel que me permitisse beijar-lhe a mão. O mesmo pedido foi por minha esposa e mais duas filhas presentes, além de umas 10 pessoas. Ela deu a mão a beijar à sua mãe e à menor de suas irmãs; e, aproximando-se de mim, num gesto rápido, todo seu, pegou de minha mão com bastante força e beijou-a. E, sacudindo um lenço em sinal de despedida, entrou no gabinete. Não sentimos sua partida, pois estamos certos de que não será esta última vez que a veremos. Rachel vive! Disto estava certo antes de vir aqui e continuo na mesma certeza.

Tenho, entretanto de confessar que estas duas horas e 40 minutos foram para todos nós o tempo mais feliz da nossa existência.

E permita-me que, por seu intermédio, uma vez mais agradeça ao Sr. e à Sra. Prado o sacrifício que fizeram de vir aqui, e ao maestro Bosio e senhora as gentilezas de que nos cumularam, assim como a todos os confrades e amigos o acolhimento que nos fizeram. Agradeço também à Folha do Norte pela cessão de suas colunas. Que Deus lhes pague!

Fig. 56 – Frederico Figner – (1866 - 1947). Foto cedida pelas senhoras Rachel Sisson e Marta Prochnik.

Fig. 57 – Esther Figner em fotografia oferecida ao seu irmão Chico. Foto cedida pelas senhoras Rachel Sisson e Marta Prochnik.

7
Um raro fenômeno

Devemos à Anna Prado alguns dos mais raros fenômenos espíritas já observados. Sua incomum mediunidade encantou aqueles que lhe testemunharam os feitos.

Partícipe do seleto grupo de médiuns que serviram positivamente à fase de experimentação científica espírita, seu nome e seus trabalhos, lamentavelmente ignorados ou esquecidos por muitos na atualidade, coabitam a mesma faixa de importância dos nomes e trabalhos de Eusápia Paladino, Florence Cook, Mme. d'Espérance e Linda Gazzera.

Os casos que compõem este capítulo, somados aos demais fatos e acontecimentos apresentados nesta obra, comprovam tal assertiva. Anna Prado foi uma das maiores médiuns da história do Espiritismo.

Germinação

No dia 30 de maio de 1922, às vinte e uma horas, assistimos em casa do Sr. Eurípedes Prado, a uma sessão de materiali-

Fig. 58 – Anna Prado – Fotografia de 18 de janeiro de 1921.

zação, produzida pelo médium Mme. Anna Prado. Achavam-se presentes, além de toda a família Prado, o Sr. Frederico Figner, sua esposa, d. Esther Figner e filhas Leontina, Helena e Lélia; o Sr. Manoel Tavares e sua consorte; minha esposa e eu[141].

O fenômeno observado foi o seguinte: depois de regulada a luz, tornando-se o ambiente quase escuro, sentou-se o médium numa cadeira de balanço, no fundo da sala, de frente para nós, que estávamos sentados em círculo, a uns 5 metros de distância, aproximadamente.

---

[141] Maestro Ettore Bosio (nota do autor).

Foram em seguida colocados sobre uma mesa próxima do médium, os seguintes objetos: um pacote de sementes de eucalipto, vindo do Rio[142] para este fim e que foi aberto na ocasião pelo Sr. Prado; um prato com terra colhida no quintal da casa, um recipiente com água e finalmente um pires contendo uma colher de café.

Caído em transe o médium, observamos, pouco depois, que uns fluidos alvos se formavam em volta da mesa, cobrindo-a, em contínuo movimento, aumentando e diminuindo de intensidade. Apareceram em seguida dois vultos que percorreram parte da sala, da esquerda para a direita dos assistentes e se modificavam de tamanho e de opacidade, ora de um branco de neve, ora de um cinzento claro, desaparecendo em seguida.

Depois, nova aparição de três vultos, sendo dois de tamanho extranatural e altura superior, duas vezes, a do médium, oscilantes como os primeiros, e um outro de tamanho natural, colocado entre eles, melhor materializado e que foi reconhecido ser o de um espírito familiar.

Eles acompanhavam com a voz a melodia da vitrola que durante a sessão funcionava, executando diversas músicas.

Desta vez os Espíritos se dirigiram também a nós, aproximando-se de d. Esther o tanto necessário para reconhecê-los. Desapareceram, sucedendo-se uma quantidade extraordinária de fluidos que envolveram completamente a mesa na qual se achavam os objetos descritos acima, começando o fenômeno da germinação das sementes.

Passados uns trinta minutos, mais ou menos, o guia do médium, conhecido por João, diz pela incorporação que o fenômeno se tinha produzido e que prudentemente aumentassem a luz, o que foi feito.

Verificou-se, então, que a terra tinha sido molhada e semeada e que as sementes de eucalipto tinham germinado!

---

[142] Cidade do Rio de Janeiro, RJ (nota do autor).

Magnífico fenômeno! Extraordinário!

Por que meios os espíritos o teriam provocado? Como fizeram brotar as sementes em tão pouco tempo? Manipulado-as magneticamente? O eucalipto, como sabemos, dependendo da espécie cultivada, leva naturalmente de sete a quinze dias para germinar. É certo que a ciência agronômica de hoje, após anos de pesquisa e vasta conquista tecnológica, tem conseguido reduzir o tempo necessário a esse processo, manejando fatores como luz, umidade e calor. Mesmo assim, nada nesse patamar. O fato é realmente assombroso!

Quem se atreveria a explicá-lo? Os *sábios*? Que o façam. Quanto a nós, aguardemos o porvir, para a sua inteira compreensão[143].

Psicografia Cutânea

Em dias da primeira quinzena de dezembro de 1921, fomos procurados em nossa residência por uma senhora para nós então desconhecida. Disse chamar-se Francisca Jatahy, e vinha para contar-nos este estranho fato: subitamente, era presa de uma espécie de crise nervosa, aliás, rápida, durante a qual sentia como que alguém escrevendo sobre a própria epiderme. Ainda na véspera, tal fato se dera. A mão invisível grafara-lhe na espádua certos caracteres perfeitamente legíveis.

Neste ponto da palestra em que d. Francisca narrava tão interessantes fenômenos, a crise se produziu e, então, diante dos nossos olhos atônitos, surgiu a palavra veja, cujas letras foram sucessivamente aparecendo como se alguém as escrevesse, lentamente.

---

[143] Pensamos que o fenômeno de germinação de sementes seja único na história do Espiritismo. Nada obstante, Alexander Aksakof traz em sua obra *Animismo e Espiritismo* alguns relatos de produção de plantas, obtidas nas sessões realizadas com a médium Mme. d'Espérance. Nesse fenômeno, a planta era desenvolvida completamente, algumas vezes, aparentemente, a partir de uma outra já existente, conforme um dos relatos apresentados.

Várias vezes depois, em dias diversos, verificamos a reprodução desse fato. Por isso, considerando-o digno de figurar entre outros inúmeros registrados pela fenomenologia espírita, convidamos d. Francisca a consentir fosse ele observado pelos confrades que constituem o grupo espírita FILHOS PRÓDIGOS, que funciona em nossa residência.

Assim combinado, após a sessão, pedi a um dos assistentes que dissesse um nome a fim de ser escrito pelo espírito. O Dr. Pinheiro Filho, proprietário e gerente da Fábrica de Chapéus de Palha, nesta cidade, deu a palavra Amor. O médium colocou o braço meio desnudo sobre a mesa. Dentro em pouco, um estremecimento nervoso anunciava que a manifestação mediúnica se operava, o que o médium confirmava, dizendo: Já estão escrevendo...

Daí a segundos, tempo da duração do fenômeno, lia-se a palavra Amor, ao começo com alguma dificuldade. Depois os riscos que a constituíam tomaram um aspecto de relevo, distinguindo-se, então, perfeitamente as letras.

Assistiram a essa sessão os nossos confrades Frederico Figner, Dr. Pinheiro Filho e esposa, Sylvio Nascimento, General Cearense Cylleno e esposa, Samuel Cohen, Aurélio Valente, José Corrêa da Gama e Silva, Eudoxia Santos, Gertrudes Vilhena, Amanda Santos e minha esposa.

Posteriormente foi feita nova experiência, em casa do maestro Ettore Bosio, em presença dos Srs. João da Rocha Fernandes, Eurípedes Prado, Frederico Figner e esposa, maestro Bosio e esposa. Foram ditadas as palavras Deus e João, sendo ambas as escritas.

Dias depois, tendo tido notícia desse novo aspecto de fenomenologia espírita, dona Anna Prado, o famoso médium já nosso conhecido pediu ao espírito de João que tentasse consigo experiência idêntica. João não se fez esperar: escreveu-lhe nos braços aquelas mesmas palavras – Deus e João, como se poderá verificar da seguinte fotografia cujo cliché foi reproduzido pelo Reformador, o velho e conceituado órgão da Federação Espírita Brasileira.

Comentando a produção desse fenômeno, escreve o Reformador[144]: Que trabalho, se o quiserem explicar, vão ter os cientistas para lhe atribuírem a autoria ao subconsciente! Porém, não, que eles tiveram ao criar essa entidade, o cuidado de dar-lhe a onipotência e a onisciência!

E tem razão o confrade...

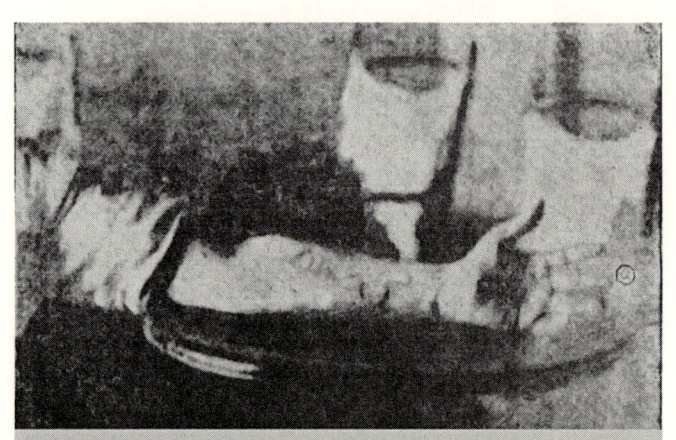

Fig. 59 – Psicografia Cutânea – A qualidade da foto, provavelmente pelo tempo decorrido, quase não nos permite divisar algo do que foi escrito no braço da médium: Deus e João.

O fato acima exposto é indiscutivelmente admirável. Lembra-nos os *estigmas* recebidos por alguns místicos do cristianismo, conquanto suas causas sejam provavelmente distintas.

Ao nominá-lo como *psicografia cutânea*, Nogueira de Faria informa que o relatório da Sociedade Dialética de Londres faz referência a essa mediunidade, indicando que o fenômeno já ocorrera com outros sensitivos, não sendo, portanto, desconhecido pelos pesquisadores europeus[145].

Verificado tanto com a Sra. Francisca Jatahy como com a notável Anna Prado, imaginamos que outros médiuns sejam capazes de manifestá-lo, consoante o desejo dos espíritos comunicantes.

---

[144] Reformador nº. 21, de 1º de novembro de 1921.
[145] Informação contida no livro *Renascença da alma*.

E quanto à sua classificação? Será que poderíamos enquadrá-lo como um caso de *escrita direta*? Pensamos que sim. Só que *estranhamente* grafada na epiderme do próprio médium. Daí a sua semelhança com os fenômenos psíquicos de estigmatização, considerados pelo Dr. Gustave Geley[146] como pertencentes à mesma ordem dos fenômenos de materialização.

Diante de tão inusitado acontecimento, indagamos que outras surpresas nos reserva a mediunidade. Difícil saber. Parece-nos que ainda são inimagináveis. Isso significa dizer que os contraditores do fenômeno espírita terão ainda muito trabalho, para tentar tudo explicar e que não bastará simplesmente lançarem mão da sugestão mental, da alucinação ou da prestidigitação com esse fim. Isto não será suficiente. Será preciso bem mais.

Cirurgias do Além

Os mistérios do ocultismo vão exercendo a sua influência no seio dos moradores de Parintins. É o que se depreende de uma longa missiva que nos foi enviada daquela cidade, por pessoa fidedigna, relatando os acontecimentos fenomenais que, *à* guisa de curiosidade, passamos a noticiar.

No dia dezessete deste mês, O Sr. Eurípides Prado realizou em sua casa uma sessão espírita, com o fim de demonstrar às pessoas em evidência na sociedade parintinense que é um fato a revelação dos Espíritos e proficiência destes na cura de certas moléstias que afetam a vida da Humanidade.

O caso, como é natural, despertou a curiosidade pública, comparecendo à residência do Sr. Prado muitas pessoas de destaque, inclusive o Dr. Alexandre de Carvalho Leal, que manifestou o desejo de ser medicado pelos Espíritos, alegando que vinha sofrendo de um incômodo na garganta.

A sessão teve lugar na sala principal do edifício, às 20 horas, vendo-se ali, ao centro, uma pequena mesa

---

[146] GELEY, Gustave (1865 – 1924). *Do inconsciente ao consciente*, [S.l.: s.n.], p. 63.

com flores, pastas de algodão, pires, tímpanos e outros petrechos. Em torno desse móvel, dispostas em forma de semicírculo, corriam duas filas de cadeiras ocupadas pelos assistentes e, num dos cantos do recinto, erguia-se uma cortina de linho escuro e transparente, tendo por trás uma cadeira de embalo, na qual tomara assento a *médium, D.* Nicota Prado[147], que também ia ser operada de um abscesso na boca.

Foi sob a impressão desse aspecto estranho e esquisito que se deu o início ao processo do ocultismo. Apagadas as luzes da sala e conservadas apenas as dos quartos contíguos, os assistentes lobrigaram, desde logo, a visão de uma nuvem diáfana que se formava junto à cadeira da médium. O fenômeno durou apenas quinze minutos, tempo em que, através da sombra, se materializou a figura do primeiro Espírito, mas de modo tão perceptível que os presentes o viam dar passes na médium.

Evaporada a nuvem, o espectro levantou a cortina e assomou em pleno recinto, aos olhos dos circunstantes, tendo as mãos levantadas para o céu, como que a pedir graças a Deus.

A perplexão foi geral, não se ouvindo, nesse ínterim, o menor sussurro. Em meio desse silêncio, de olhos cerrados como uma pessoa em estado de letargia, a médium fez um gesto com a mão para o Dr. Leal, que, ato contínuo, tomou assento numa cadeira isolada, a três passos da mesa. Nesse momento o Espírito, que se dizia de um médico, tirou uma pasta do Dr. Leal e o medicou por espaço de alguns minutos, dando repetidas fricções no pescoço.

Em seguida entregou o algodão à esposa do medicado e encaminhou-se lentamente para o canto da sala. Aí descerrou a cortina e fez ressaltar aos olhos da assistência o vulto da médium, que permanecia ainda na cadeira, em completo estado de imobilidade.

---

[147] Apelido familiar de Anna Prado (nota do autor).

A esse tempo ocorria outra coisa impressionante. Nova silhueta diáfana se projetou no canto, fazendo surgir a visão de outro Espírito materializado, que se dizia chamar João.

A assistência ficou estupefata. Mas a sua admiração foi tanto maior quando viu os dois Espíritos arrastarem lentamente a cadeira da médium até o centro do recinto.

Nessa ocasião, uma voz estranha e isolada murmurou na sala. Era a médium que pedia ao Dr. Leal entregasse um lenço ao Espírito do médico.

A visão aproximou-se do Dr. Leal, tomou o lenço e voltou ao lugar onde estava o outro Espírito velando a doente. Aí, no decurso de quarenta e cinco minutos, praticou a operação, ouvindo-se nesse intervalo um como rumor de pinças a tocar nos dentes da operada. De vez em quando, Dona Nicota Prado soltava gemidos abafados, mas sempre imóvel e hirta como uma pessoa atacada de catalepsia.

Terminado o ato operatório, a médium moveu-se e, atuada pelo Espírito do médico, deu uma breve explicação sobre o caso cirúrgico.

Seguidamente, o Espírito de João lançou mãos das flores que repousavam sobre a mesa e atirou-as aos assistentes, demonstrando o desejo de ouvir um pouco de música.

Os Srs. Tude Menezes e Clóvis Prado tocaram uma valsa, que foi acompanhada a coro vocal, por todos os assistentes.

Findo esse ato, João pegou um tímpano e o fez soar em torno de sua cabeça, em repetidos gestos de exultação. Depois tirou da cabeça o seu capuz branco e, acompanhado do Espírito do médico, em acenos de cortesia, desapareceu misteriosamente do recinto. Assim terminou a sessão.

Diz ainda a missiva que, em virtude da intervenção médico-cirúrgica do Espírito, o Dr. Alexandre Leal e Dona Nicota Prado melhoraram sensivelmente.

Entre as pessoas que assistiram à sessão, contam-se o Coronel Tomás Antônio Meirelles, chefe político em Parintins; Major Raimundo Gonçalves Nina e uma filha; Capitão João Meirelles, Delegado de Polícia; Clóvis Prado e família; Jonas Paes Barreto, Tude Henrique de Menezes, Dona Maria José Carvalho Leal e Srta. Lourença Amália Leal.

O Sr. Eurípides Prado é comerciante na praça de Belém do Pará e acha-se a passeio em Parintins, acompanhado de sua família.

Imaginamos quanto espanto causou o relato cima... Quantos ares de descrença ou ironia provocou... Quantos sentimentos *inquisitoriais* despertou... Quantos comentários desairosos gerou... Quantos...

Publicado originalmente no *Jornal do Comércio*, com o título *Intervenção cirúrgica feita pelos Espíritos*[148], esse relato, segundo nossas pesquisas, retrata um acontecimento até então inédito na fenomenologia espírita e muito frequente nas sessões de Anna Prado.

Fatos como esse – em que os espíritos materializados realizam cirurgias em pacientes encarnados – continuam muito raros até os dias que correm. Nossos estudos apontam que apenas os médiuns Francisco Antunes Bello e Francisco Peixoto Lins[149] propiciaram, algumas décadas após o episódio sob comento, a observação de casos semelhantes.

Urbano Pereira registrou os fenômenos ocorridos com Francisco Antunes Bello[150]. Rafael Américo Ranieri, Lamartine Palhano Júnior e Humberto Vasconcelos[151] retrataram com detalhes os feitos mediúnicos de Francisco Peixoto Lins[152].

As cirurgias de Anna Prado e Francisco Bello obedecem ao mesmo padrão. Os espíritos materializados efetuam incisões nos corpos dos

---

[148] Jornal do Comércio, 22 de maio de 1921, Manaus (AM).

[149] Conhecido no meio espírita como Peixotinho.

[150] Ver o livro *Operações espirituais*, de Urbano Pereira (publicado pelo Instituto de Difusão Espírita, Araras, São Paulo).

[151] Humberto Vasconcelos é genro de Peixotinho. Reside atualmente na cidade do Recife (PE).

[152] Ver os livros *Materializações Luminosas* de R. A. Ranieri, *Dossiê Peixotinho* de L. P. Júnior e *Materialização do Amor* de Humberto Vasconcelos.

pacientes, como o fazem os médicos terrenos. As cirurgias de Peixotinho, diferentemente, não lançam mão deste expediente. Os espíritos se valem de métodos totalmente distintos. Conduzindo sofisticados aparelhos, oriundos do mundo espiritual, deles se utilizam para o exame clínico dos enfermos, a fim de extraírem tumores, curar feridas e realizarem outros procedimentos operatórios, fazendo, para tanto, uso dos processos de materialização, desmaterialização e radiação, conforme os fiéis testemunhos daqueles que assistiram a esses maravilhosos fenômenos.

Anna Prado, propiciando esses admiráveis feitos, confirma a sua condição de grande missionária da mediunidade, contribuindo significativamente para o fortalecimento da crença na sobrevivência e comunicabilidade da alma.

Fig. 60 – Médium Peixotinho (1905 – 1966)

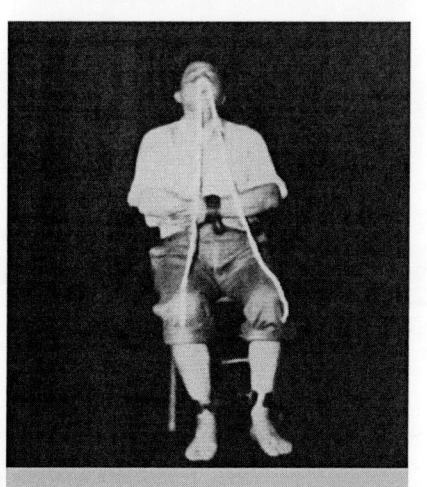

Fig. 61 – Médium Francisco Bello (1907 – 1973)

Desmaterialização de Anna Prado

No dia 13 de setembro de 1921, às 9 horas na sala de *João*, presentes: Madame Anna Prado, médium, Madame Raimunda Tavares, Sr. Eurípedes Prado e eu[153], procedeu-se a expe-

---
[153] Maestro Ettore Bosio (nota do autor).

riência fotográfica sugerida pelo espírito apelidado *João*, familiar e diretor dos trabalhos de materialização do citado médium.

O fim proposital da entidade era documentar pela imagem a desmaterialização do médium durante a formação fluídica – visível à vista comum do espírito, fato este constatado com feliz resultado por Armstrong e Reimers, com o auxílio de balanças de precisão e registradores automáticos[154].

Foquei a máquina em direção à cadeira na qual Madame Prado deveria sentar-se, abri o chassi, liguei o aparelho elétrico do magnésio, ficando este a cargo do Sr. Eurípedes Prado – para a sua oportuna explosão, finalmente posicionei-me ao lado direito da máquina esperando que se apagasse totalmente a luz, para abrir a objetiva.

Madame Prado sentou-se, fez-se escuridão, tirei a tampa da máquina e esperamos o sinal convencionado para acender o magnésio. João, a entidade invisível, pela audição, tinha dito ao médium que, durante a experiência, indicasse as sensações psíquicas que ia sentir, procurando não cair em transe sonambúlico, a fim de serem estas registradas pelos assistentes.

Pouco depois se ouviu o médium dizer:

Sinto a perna esquerda tornar-se pesada e insensível.

Experimento a mesma sensação no braço, na mão do mesmo lado.

Não posso mais levantar, nem a perna, nem o braço; estão completamente amortecidos.

Custa-me falar, a língua está presa e mal posso movê-la.

O sinal de João, por pancada no chão, estalou e em seguida o magnésio explodiu, dando, ao revelar a chapa, o seguinte resultado:

Depois de poucos minutos de espera, foi feita gradualmente a luz. O médium pôde reaver a ação completa dos membros que pouco antes sentia insensíveis, voltando tudo ao seu estado normal.

---

[154] AKSAKOF, Alexander. *Animismo e espiritismo*, p. 253 (nota de Ettore Bosio).

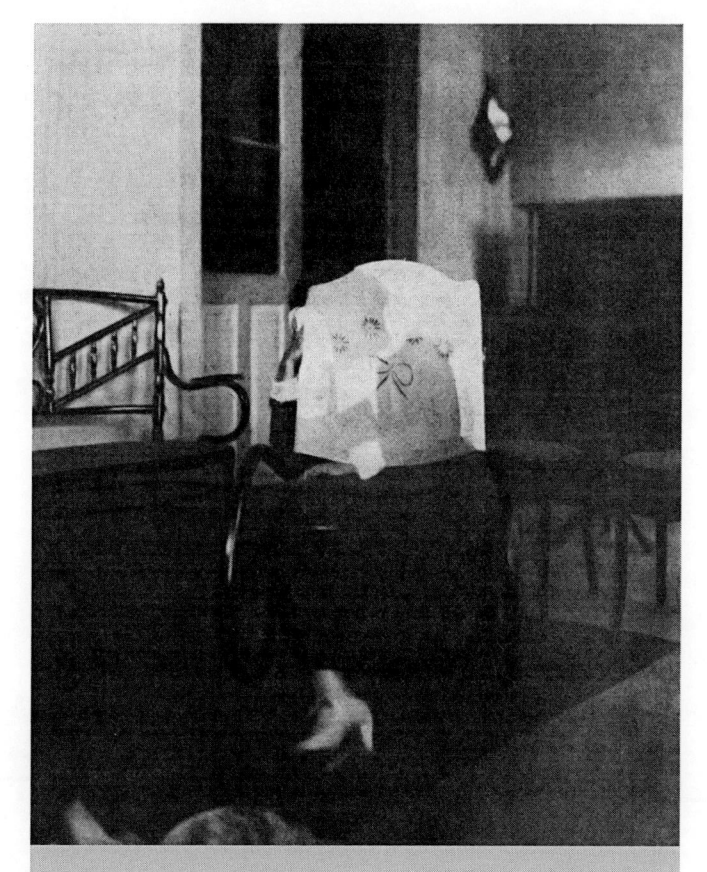

Fig. 62 – Anna Prado – Vê-se, através de seu corpo quase todo desmaterializado, a palinha e o encosto da cadeira. Fotografia de 16 de janeiro de 1921.

Durante o maravilhoso fenômeno, na escuridão absoluta, notamos, Eurípedes e eu, um vulto de roupão branco, próximo de nós, como se fosse uma nuvem alvíssima e fosforescente.

Madame Prado disse que *João* lhe tinha dito o resultado da experiência, (pela audição) afirmando-lhe categoricamente que a chapa estava impressionada, descrevendo em seguida, sem toda exatidão, o fenômeno que se nota na fotografia supra. Isto é, a perna esquerda completamente descarnada, vendo-se o osso, o tornozelo visivelmente descoberto e o pé atrofiado, encolhido dentro do sapato, caído de lado. A mão esquerda está sem as primeiras e segundas falanges, aparecendo apenas um resto deste membro quase sumido na manga do casaco. Parece também que o mesmo braço foi desmaterializado, notando-se a transparência do vestido e o ombro bastante caído.

Mais uma vitória científica e mais um grande passo em benefício da verdade espírita. Louvado seja Deus!

Fig. 63 – Anna Prado – Processo de desmaterialização. Nota-se ao lado direito uma formação fluídica de um fantasma.

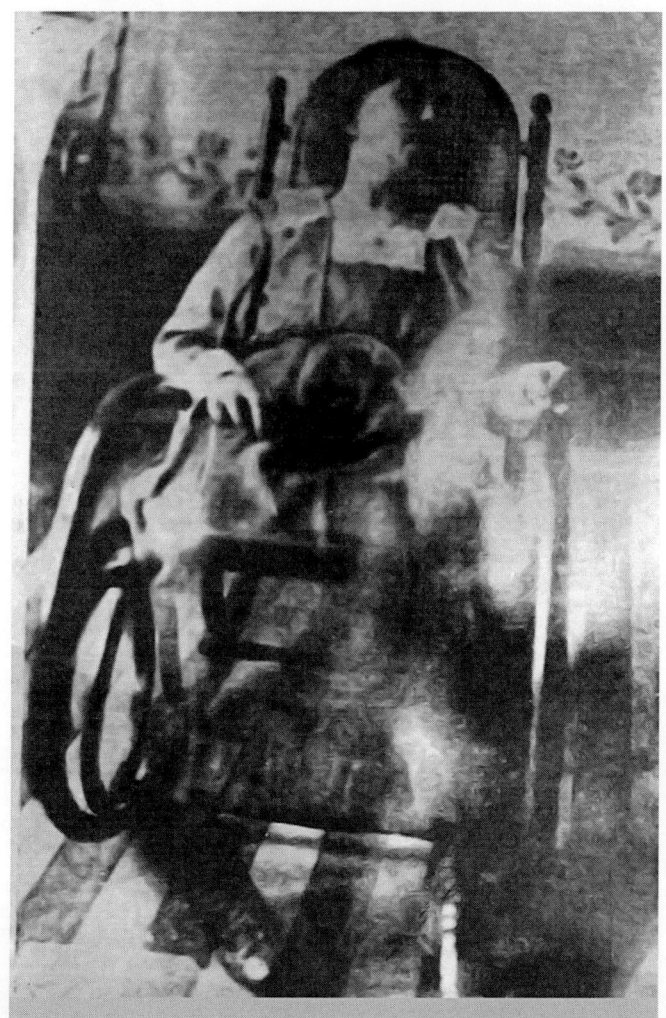

Fig. 64 – Anna Prado – Desmaterialização parcial. Através dos seus joelhos e vestido, vemos partes da cadeira. Seu braço esquerdo, transparente, mostra a armação do encosto.

Sem dúvida este é um dos fenômenos espíritas mais intrigantes. Complexos e surpreendentes, esses fatos exigem aprofundado estudo, para que se possa compreender-lhes as causas e os mecanismos. Talvez que noutra ocasião, com mais especificidade e vagar, nos debrucemos sobre esses estudos. Por agora, encerramos os nossos comentários acerca do assunto, uma vez que o presente trabalho não comporta tal cometimento.

Fig. 65 – Alexander Aksakof (1832 – 1903)

Fig. 66 – Madame d'Esperance (1855 – 1918)

8
Valiosos depoimentos

Apresentamos neste capítulo algo do que falou o clero sobre os fenômenos espíritas tratados nesta obra, com inúmeros depoimentos vertidos em seu favor e algumas provas que julgamos capazes de resistir ao tempo.

Quanto ao posicionamento clerical, tencionamos, unicamente, mostrar parte do quinhão de lutas que enfrentou a inolvidável Anna Prado.

Quanto aos depoimentos aqui apresentados, desejamos mostrar o amparo celestial ao desempenho de nossos labores.

Quantos às provas *materiais* adiante reunidas, queremos mostrar que os fenômenos espíritas possuem-nas em grande número.

O clero em cena

As extraordinárias experiências mediúnicas de Anna Prado tinham se tornado o tema preferencial nas rodas de conversa da sociedade paraense. Delas se ocupava largamente a imprensa, estampando-as, amiúde, nas primeiras páginas de seus noticiosos. Formara-se intenso movimento em torno desses fenômenos, com numerosas conversões ao Espiritismo. Adeptos de todas as classes sociais, inclusive do segmento mais culto, empunhavam firmemente a bandeira espírita, desgostando muitos outros membros da comuna local.

Logicamente, o clero compunha a grande fileira dos desgostosos.

Urgia combater sem tréguas tamanha heresia, proclamava-se aos quatro ventos. Para tanto, todos os meios serviriam, pois estariam plenamente justificados pelos fins; e não tardaria para que o sectarismo católico investisse ferozmente contra essas experiências e contra aqueles que delas participavam.

Florêncio Dubois, padre de origem francesa, mas que dominava e manejava a língua portuguesa, com rara mestria, foi encarregado dessa triste empreitada. Seus ataques eram sempre vigorosos, cheios de peçonha e desrespeito, conquanto moldados na mais tersa e elegante linguagem. Costumava dizer, quando nessas polêmicas, que não admitia o simples olho por olho, dente por dente. Seu lema, afirmava, seria sempre *dois olhos por um olho, dois dentes por um dente*. E acrescentava, sarcástico: *quem não gostar da minha tática, poderá ir consolar-se com o perispírito da sua bisavó*.

Ironizou as fotografias publicadas nos jornais, pelo maestro Ettore Bosio. Acusou Eurípides Prado de trapaceiro, falsário, embusteiro e velhaco. Apontou Anna Prado como alguém cheia de virtuose, no sentido pejorativo da palavra. Anarquizou com todos aqueles que direta ou indiretamente participaram daquelas sessões.

Sem qualquer conhecimento das leis que regem fenômenos como os que ali se passavam, desejava impor certas condições à sua realização, algumas das quais inteiramente contrárias à produção desses eventos e exigia, desarrazoado, que lhe fosse dada *a mais ampla liberdade de ação, para pegar a médium com a boca na botija*, conforme escreveu em artigo de sua autoria[155], numa atitude de total menosprezo àquelas pessoas e suas crenças.

Contrariado por Eurípides Prado, que não lhe acatou a insensatez, acusou-o de fugir de *galho em galho, de subterfúgio em subterfúgio, de escapatória em escapatória*. Zombeteiro e dissimulado, acrescentou, ainda:

---

[155] Publicado no jornal paraense Folha do Norte, em 29 de julho de 1920.

Porquê?.... Insultei-o?

Olhe, Senhor Eurípedes, V. S. perde uma bela ocasião de ficar calado. Não mande à imprensa as desculpas que outrem redige, e a quem dá o senhor o seu nome.

Insultei? Porventura, atingi sua probidade comercial, sua honra conjugal, a fama dos seus filhos, as virtudes de sua esposa? Não, meu amigo! Respeito o seu lar, a sua casa, tanto que, devendo desmascarar as fraudes, não o quis fazer na sua residência, onde me agrilhoariam as leis da hospitalidade.

Combato, isto sim, e sem piedade, as mistificações de que foi teatro o seu domicílio, consciente ou inconsciente o dono. Grosseiro e de má-fé me diz o senhor, ou quem lhe rabiscou a carta. O público, que está rindo à socapa, já decidiu a contenda.

Começarei, breve, uma série de artigos sobre o Espiritismo. Pode o senhor se consolar com os confortos que lhe traz a gente sensata e culta, independente e acima de toda suspeição. Chore na cama que é lugar quente. Espero as suas futuras experiências. As atas guiarão minha crítica.

Por enquanto, não mais me ocuparei do senhor, o que seria contra a caridade.

Quanto ao *João*, que ficou enterradinho, desejo que, até o dia em que o fizerem ressuscitar, a terra lhe seja leve... com o *Pão de Açúcar* em cima...

À espera de suas próximas experiências, sou do senhor um amigo desconfiado[156].

Uma simples leitura do texto acima, basta para pôr à mostra as verdadeiras intenções de Florêncio Dubois. Continuar denegrindo a imagem da família Prado, tentar ridicularizar o Espiritismo, semear a descrença nos fenômenos mediúnicos entre a população de Belém.

Como já o dissemos, trouxemos à baila a imprópria postura do clero romano, para que tenhamos uma ligeira noção dos muitos embates sofridos pelos protagonistas de *O Trabalho dos Mortos*, em que nem

---
[156] Publicado no jornal paraense Folha do Norte, em 3 de julho de 1920.

mesmo os desencarnados, como no caso do Espírito João, escaparam às ferinas e injuriosas palavras de quem se dizia legítimo representante da igreja de Cristo. Mas não nos alonguemos no tema. Afinal, nosso trabalho não se destina a reviver os equívocos de quem quer que seja, mas, sim, homenagear a memória da digníssima e veneranda Anna Rebello Prado.

Depoimentos

Se injuriosa foi a campanha movida pelo clero romano, causando imensos dissabores aos espiritistas paraenses, muitas foram as vozes que se levantaram em seu favor.

Homens de reconhecida capacidade intelectual, detentores de elevado lastro moral e dotados de apurado senso investigativo, empenharam seu prestígio na ampla defesa das experiências mediúnicas de Anna Prado.

Luminosa expressão da verdade, seus depoimentos[157], recolhidos pelo cuidado e devotamento de Ettore Bosio e Nogueira de Faria, constituem importante fonte documental, sobre os sucessos havidos naqueles dias.

Deixemos que eles, por si sós, manifestem o que trazem.

Primeiro depoimento

Belém, Pará, 28 de outubro de 1922.

Sr. Maestro Ettore Bosio.

Acedendo ao desejo que me manifestastes, de vos dar por escrito as impressões colhidas na observação que puder fazer, em duas sessões consecutivas, dos interessantes fenômenos obtidos por intermédio da senhora Prado, aqui

---

[157] Conforme anotou Raymundo Nogueira de Faria, todos esses documentos foram devidamente reconhecidos em cartório.

as deixo muito gostosamente, demais como um dever de lealdade e de probidade científica.

Pondo de parte a idoneidade moral dessa senhora e de sua família, o que só por si seria suficiente para afastar qualquer suspeita de fraude, devo dizer no entanto que o rigoroso controle por mim exercido e por outras pessoas que, como eu, assistiam pela primeira vez ao desenvolver de tão extraordinários fenômenos, não deixa a menor dúvida sobre a realidade dos mesmos. Os fenômenos são de tal ordem – psicos, materiais, palpáveis, que resistem a toda crítica rigorosa, mas honesta e justa.

Os fantasmas produzidos pela mediunidade da senhora Prado são seres reais cuja inteligência, nas ações desenvolvidas, se revela por várias modalidades.

Tais são as conclusões a que cheguei; e se deixo de fazer um relato minucioso dos fenômenos observados e das condições materiais em que se produzem, é porque são sobejamente conhecidos de todos aqueles que, como vós, têm tido a fortuna de presenciá-los.

Sem mais, aproveito o ensejo para apresentar-vos os meus protestos de estima e consideração.

Dr. Othon de Moura
Médico

Segundo depoimento

Amigo e Sr. Maestro Ettore Bosio.

Atendendo ao pedido verbal que me fez, venho dar-lhe minha opinião a respeito dos fenômenos de materialização que assisti em casa do casal Prado.

Tive a ventura de o assistir desde as sessões iniciais, quando havia apenas a materialização da mão, depois do braço, da metade do corpo, até a materialização do corpo inteiro.

Sabe o meu amigo que eu creio firmemente no Espiritismo. E, no meu entendimento, o fenômeno é absolutamente real. Não tenho a menor dúvida. Não o interpreto, entretanto, como o resultado de forças desconhecidas, existentes, em alto grau, na excelente médium, que é a senhora Prado.

Tenho, para mim, que se trata do fenômeno da materialização espírita, isto é, que o espírito liberto tira da médium a mateira para se corporizar, para se apresentar, com nitidez, com um corpo vivo, que se movimenta.

As sessões a que assisti, em que se apresentaram pessoas muito do meu afeto, já desencarnadas, mais me trouxeram, pela perfeição do fenômeno, forças para continuar a crer, com toda a fé, no Espiritismo.

Creia-me sempre seu.

Dr. Gaston Vieira
Médico

Avenida S. Jeronymo, n. 75, Belém – Pará. 1922. Outubro

Terceiro depoimento

Exmo. Sr. Maestro Ettore Bosio.

Saudações,
Diante do que vi e o observei na residência de v. exc. por ocasião de uma reunião espírita efetuada em a noite de 19 do corrente, apresso-me, com prazer,

em escrever-lhe para afirmar a verdade absoluta que revestiu os fenômenos transcendentes desenvolvidos aos meus olhos.

O meu controle não foi além do rigor necessário à observação criteriosa dos fatos; escudei-me em precauções indispensáveis ao julgamento consciencioso dos trabalhos.

Os fenômenos de escrita direta, levitação e ectoplasma foram executados com perfeição no decorrer da sessão, sem que para isso concorressem os meios fraudulentos.

A imobilidade forçada da médium, a austeridade da reduzida assistência sempre vigilante, obrigam-me a aceitar os fenômenos observados como a manifestação inteligente de uma força incógnita e cuja explicação julgo, por ora, não estar ao alcance da compreensão humana.

Pode v. exc. fazer desta o uso que lhe convier.

Com muita consideração, subscrevo-me am°., att°.

Dr. Xavier Frade
Médico

Consultório – Rua 13 de maio, n. 8. Belém – Pará.
21-10-1922.

Quarto depoimento

Ex.mo. Sr. Maestro Ettore Bosio

Declaro que, assistindo às sessões de espiritismo realizadas em casa do exm. Sr. Eurípedes Prado, fui testemunha de casos de materialização ou ectoplasma, que me convenceram da existência do fenômeno; parecendo-me, outrossim, por qualquer lado que se encare o fato, que nestas revelações não houve lugar para fraude nem embuste.

Poderá v. exc. fazer desta declaração o uso que lhe aprouver.

Dr. Pontes de Carvalho
Médico

Rua dos 48. Belém – Pará. 28-X-22.

Quinto depoimento

Belém do Pará, 25 de outubro de 1922.

Ex.mo. Sr. Maestro Ettore Bosio.

Respeitosas saudações.
Desejando v. exc. saber qual o juízo que eu formo sobre os fatos que constituem as sessões espíritas realizadas em casa do ll.mo. Sr. Eurípedes Prado e nas quais figura o médium senhora Prado, tenho a dizer o seguinte:

A instâncias minhas consegui assistir em casa do Il.mo. Sr. Eurípedes Prado a três sessões espíritas, nas quais deu-se sempre o fenômeno de materialização pelo médium senhora Prado. Esse fenômeno foi nítido, do princípio ao fim, especialmente na última sessão, assistida só por espíritas.

O espírito materializado, então denominado João, oferecia aos assistentes muitas flores naturais, que na sala apareciam pelo transporte mediúnico; dava palmas, abraçava os assistentes; batia nas mãos deles; ajoelhava-se, balouçava-se no ar como que uma barra de ferro, deixava as plantas dos pés bem impressas em uma tábua coberta de talco e por mim polvilhada uma vez; acenava com um lenço e com as mãos; despertava o médium por meio de pancadinhas no rosto e, por fim, despedia-se, desaparecendo como uma sombra, que diminui e some-se na meia-luz da sala.

Esses fatos, que eu observei com alma e ânimo prevenido, passaram-se numa sala por mim examinada antes das sessões, não possuindo coisa alguma que pudesse comunicar com o exterior durante a reunião espírita e sendo a luz coada pelas vidraças das portas, que estavam bem fechadas. A luz da sala era como a de um cinema em função.

A médium, vestida de fazenda verde-escuro, achava-se livre e assentada em uma cadeira a dois metros de distância, em transe, à vista de todos.

O espírito materializado vestia túnica branca e trazia turbante da mesma cor.

A médium despertava sempre fatigada.

De tudo quanto observei nessas sessões espíritas, durante as quais nenhuma truc [truque] descobri, tenho a convicção de ter assistido a fatos reais e de grande alcance psychico.

Sob minha palavra de honra afirmo ser verdade o que acabo de escrever.

Queira aceitar, exm. Sr. Ettore Bosio, a expressão de meus melhores sentimentos.

Dr. Luciano Castro
Médico

Praça Justo Chermont, 21. Belém – Pará

Sexto depoimento

Il.mo. Sr. Dr. Nogueira de Faria
Cumprimentos.
Recebi sua carta, na qual faz as seguintes perguntas, que eu respondo:

P – Qual o número, embora aproximadamente, de sessões assistidas por mim, em casa do Sr. Eurípedes Prado, nesta capital, nas quais houve aparições de espíritos?
R – *Não guardei na memória o número de sessões, mas calculo aproximadamente em mais de seis e uma em casa do maestro Bosio.*
P – Se eu notei em alguma delas o menor indício de fraude?
R – *Não.*
P – Qual o estado moral e físico da médium por ocasião das experiências dirigidas pelos Drs. Ferreira de Lemos e Renato Chaves, na noite de 20 de agosto de 1920?
R – *O seu estado moral era impressionador pelo estado de irritabilidade nervosa; quanto ao físico não posso afirmar muita coisa por não tê-la examinado minuciosamente.*
P – Se eu aconselhei ou não ao Sr. Eurípedes Prado o adiamento dessa experiência, tendo notado, como médico que sou, o estado, a comoção nervosa de que se achava possuída madame Prado?
R – *Sim, aconselhei o Sr. Eurípedes Prado e, ao iniciarem os trabalhos, tornei a insistir, porque madame Prado – a médium, chorava e soluçava. Quis até retirar-me e não o fiz receoso de, com a minha saída, perturbar os trabalhos.*
P – Qual o juízo que faço da idoneidade moral dos esposos Prados?
R – *O melhor possível.*
P – Quais as espécies de fenômenos observados por mim e a que causa eu atribuo os mesmos?
R – *Como não tenho leitura profunda e conhecimentos amplos das ciências ocultas, não posso esclarecer bem, nesta carta, o que vi e observei. Afirmo, contudo, que são fenômenos extraordinários e fora da vida normal. Aos que duvidarem, como eu duvidava, peço que vão assisti-los e que, depois, expliquem melhor o que eu não sei explicar. Os que foram lá, levados pela prevenção do fanatismo religioso, vieram com o espírito abalado. Houve até um grande vulto da nossa polí-*

tica que assistia sessões reservadas e que voltou como eu, sem saber explicar o que viu.

Eis o que posso responder, fazendo eu questão que publique na íntegra esta carta.

Virgílio de Mendonça
Médico

Travessa Dr. Moraes, n. 52. Belém – Pará.

Sétimo depoimento

Meu caro Maestro Ettore Bosio.

Se não fosse o vosso feitio moral, que atrai e merece o meu respeito, eu teria ficado na penumbra dos que viram e nada disseram sobre a produção dos surpreendentes fenômenos que em três sessões tive a fortuna de ver desenrolados na vossa residência à Trav. S. Matheus. Guardava silêncio, porque ali comparecendo como espectador e simples observador dos fatos, sem autoridade moral, nem autorização adquirida para qualquer gênero de pesquisa, oriunda do critério profissional, achava que as minhas palavras de agora nada adiantariam à ciência que cultivo, nem à vossa fé de crente, senão pela sinceridade com que aqui as deixo traçadas. É, pois, tão somente em obediência à vossa gentil solicitação que deixo o silêncio que eu me havia imposto para dizer-vos que muito admiro o labor no robustecimento da fé que vos enaltece e dignifica.

Formular, porém, uma hipótese sem a liberdade experimental estatuída em casos tais e permitida pela médium, sobre as causas determinantes do fenômeno, é uma tarefa de futuro, sob fria observação e sem o entusiasmo do – Eureca! – que às vezes tudo deturpa e nada deixa concluir.

Dizer que eu não vi o que realmente eu vi e me deslumbrou é uma indignidade que em mim não tem guarida.

Pensar, sequer, que eu, como os demais que viram, fomos *vítimas de uma alucinação ou de uma sugestão em conjunto seria a negação da confiança que tenho inteira em meus sentidos, incluído o da visão, que, há mais de 36 anos, exercito e educo na observação dos fatos clínicos e no critério e calma que a esta devem presidir.*

Admitir que, no recesso do vosso lar, pessoas amigas, de idoneidade moral e respeitabilidade comprovadas possam usar a fraude para ludibriar-vos e aos assistentes, vossos amigos, seria o requinte de inconcebível perversidade, senão a mais revoltante injustiça que repelimos com toda a força da nossa consciência.

Do que aí fica, infere-se:

1º Que vi os fenômenos chamados de materialização em três sessões na vossa residência, servindo de médium a esposa do Sr. Prado.

2º Que por deficiência de meios experimentais autorizados pela médium as causas do fenômeno não poderão ser investigadas senão de futuro, para entrar na boa via que conduz ou se aproxima da verdade.

3º Que é meu ardente desejo rever as manifestações.

4º Que estas não são efeito de alucinação ou de sugestão em conjunto.

5º Que não houve fraude ou embuste.

6º Que, como cientista, muito me interessam estes fatos, dignos de paciente pesquisa.

7º Que atirá-lo à indiferença e combatê-los sem os estudos convenientes por trazerem a idéia de seita não é leal, é antes retrógrado, desrespeitoso, condenável e iníquo. Os ápodos são comuns nas grandes descobertas, mas aí estão Archimedes e Gallileu fazendo emudecer a vozeria. Há trinta e poucos anos Júlio Cezar e o Dr. Antiocho Faure eram apontados como doidos quando queriam fazer voar os seus balões Victória e Santa Maria de Belém. Hoje em aplauso unânime os hidroaviões são festejados em todo o mundo.

A inconsciência e a ignorância são os maiores fatores do atraso deste mundo de incógnitas.

Queira receber com os meus sentimentos de consideração os meus aplausos pelo vosso devotamento ao bem e à Ciência.

Dr. Pereira de Barros
Médico

Avenida Nazareth, 70 Casa de Saúde Pereira de Barros.
Belém – Pará. 19-09-1922.

Oitavo depoimento

Belém, 15 de dezembro de 1922.

Il.mo Sr. Maestro Ettore Bosio.

Respeitosos cumprimentos.

Em resposta ao vosso pedido solicitando a minha opinião sobre os fenômenos aos quais assisti nas sessões de materializações de espíritos e trabalhos em parafina executados em pelos mesmos, realizados na vossa residência e na do Sr. Eurípedes Prado, estou convicto ser verdadeira a manifestação dos ditos fenômenos e absolutamente sincera a maneira de proceder da família Prado nestas sessões, afastando por completo qualquer idéia de fraude ou truc [truque].

Nada posso esclarecer sobre a origem dos fenômenos extraordinários que assisti, e que merecem ser apreciados e estudados por pessoas competentes e criteriosas.

Podeis fazer desta o uso que vos convier.

Continuando ao vosso dispor, sou com toda a estima e consideração.

José Girard
Professor

Rua Treze de Maio, Fotografia Girard. Belém – Pará.

Nono depoimento

Belém, 25 de outubro de 1922.

Il.mo Sr. Maestro Ettore Bosio

Saudações,

É-me grato satisfazer o seu desejo relativamente à minha opinião sobre os fenômenos espíritas por mim assistidos em diversas sessões realizadas na residência do Sr. Eurípedes Prado, nos quais servia como médium a esposa do referido senhor.

De fato, assisti e observei, nas citadas, fenômenos de materializações, de levitações, de moldagens em parafina e transportes de objetos, e não vacilo em afirmar a veracidade dos mesmos.

Quanto à causa que os produz, não me repugna aceitar a intervenção dos espíritos desencarnados, dada a minha crença na existência de Deus, na imortalidade da alma e conseqüente possibilidade de sua comunicação com os encarnados; crença esta que manterei até o momento em que a ciência do homem possa, por outra causa, explicar satisfatoriamente os fatos descritos.

Terminando autorizo a v. s. a fazer desta o uso que convier à elucidação da verdade.

Manoel Cardoso da Cunha Coimbra.
Farmacêutico
Diretor da Escola de Farmácia do Pará.

Pará – Belém, 25 de outubro de 1922.

Décimo depoimento

Il.mo Sr. Dr. Nogueira de Faria.

Cumprimentos

Em resposta à vossa carta de ontem datada, cumpre-me afirmar-vos, sob minha palavra de honra, ser inteiramente exato o fato descrito neste livro, sobre os fenômenos de materialização em que, conjuntamente com os espíritos fomos protagonistas, eu, minha esposa e minha filhinha Neuza. Além dessa, outras sessões assisti e posso assegurar que, quaisquer que sejam as causas de tais fenômenos, espíritas para mim, é inadmissível a possibilidade sequer de fraude – pelo rigor da fiscalização que os cerca, fiscalização essa exigida, aliás, pelo próprio Sr. Eurípedes Prado, sendo que a idoneidade moral desse cavalheiro paira acima da mais leve dúvida.

De V.S. att.° am.°

João da Rocha Fernandes.
Comerciante

Em 25/01/1923. Residência: Travessa S. Matheus, 100-C.

Poderíamos encerrar esse tópico com o depoimento do Sr. João da Rocha Fernandes. Todavia, as vibrantes declarações do Dr. Matta Bacellar contidas em sua exposição escrita, *Porque creio no Espiritismo*, exigem um lugar de relevo neste contexto.

Desta forma, num preito de reconhecimento pelo seu grande contributo em favor dos labores espíritas, enfeixamos, aqui, suas sinceras palavras, viva expressão do seu ideal libertador, pontilhando os passos que deu no rumo dessa descoberta.

>Não me parece fora de propósito expor aqui, em ligeiros traços, a evolução das minhas idéias filosóficas e religiosas.
>
>Filho de pais católicos praticantes, segui até os treze anos de idade passivamente as crenças dos meus maiores.
>
>Por esse tempo li um pequeno folheto de propaganda protestante, cujo título era – *No Que Crêem Os Protestantes* – e da consulta que fiz à Vulgata Latina, para certificar-me da veracidade das citações com que o autor do livrinho justificava as divergências que separam os dois credos – Católico e Protestante – verifiquei a verdade dessas razões e comecei desde então a interessar-me pela leitura de livros que tratavam de assuntos religiosos e a afastar-me do catolicismo, tornando-me, já aos 15 anos, um livre pensador.
>
>Com os estudos de ciências positivas a que me entreguei, como acadêmico de medicina, foi se acentuando em mim o pendor para o monismo, que abracei definitivamente aos 30 anos de idade; e nessa orientação permaneci até os 68 anos.
>
>A sede de saber e a ânsia de penetrar esse mistério, que é a lei da substância, não me permitiam repouso ao meu espírito trabalhando pelo lema de Juvenal – *vitam impendere vero*.
>
>No ano de 1920, o caso da mediunidade da Sra. Anna Prado, espalhando-se rapidamente dentro e fora desta cidade de Belém, provocou a minha curiosidade investigado-

ra e não perdi a primeira oportunidade que se apresentou para observar *de visu* os fenômenos inexplicáveis assistidos por muitas pessoas idôneas, inclusive diversos médicos.

A impressão que senti foi de assombro, e compreendi que estava diante de um mundo enigmático, digno de ser estudado. Voltei uma segunda vez e mais se afirmou o meu conceito; retirei-me disposto a continuar nos meus estudos, já como médico, já como homem intrigado com esses fatos que estavam completamente em contraposição a tudo que até então era a minha convicção em matéria de ciência. Intrigado? Digo bem: pois como assistir de espírito calmo o desenrolar de um fato como o que passo a expor?

Depois de ter eu tomado parte no encerramento do médium em uma gaiola de ferro, que ajudei a fechar com cadeado e verificar tudo que pudesse explicar naturalmente o fenômeno, que se ia dar, vi surgir, como em um conto das mil e uma noites, o espectro de uma forma humana, vestido de uma túnica alva como jaspe, o qual de mim se aproxima e estende-me a mão, que eu aperto cheio de curiosidade. Depois, caminha em direção a uma mesa onde se acham 2 baldes contendo um água fria e outro parafina a ferver, e prepara à minha vista e de uma dezena de pessoas, tendo por molde a própria mão que acabo de apertar, uma luva dessa parafina, mergulhando a mão alternativamente no balde de parafina e no de água fria, indo em seguida oferecê-la a um dos presentes!

Na terceira vez que fui observar esses fatos estupendos, mal sabia a surpresa que me esperava! O espectro-fantasma, ao qual batizaram com o nome de João, ao surgir, abeirou-se do balde de parafina quente, talvez na temperatura de 70 a 80 graus, mergulhou a mão nessa substância e, encaminhando-se para onde eu estava, que distava apenas 2 metros, estendendo-me a mão para apertar. Eu, incauto, apressei-me em corresponder à gentileza do João e ...ao contato da parafina quente, retirei a minha mão impregnada dessa substância que me queimava os dedos, obrigando-me a soprar sobre eles a plenos pulmões...

Não sei o que resolveriam no meu caso os homens de convicções arraigadas. Quanto a mim, confesso: desde esse dia acreditei no transcendental e voltei as minhas vistas de intelectual para o Além. Ler tudo que me pudesse orientar sobre o assunto e dobrar de interesse e de cuidado meticuloso nas observações, foi a minha preocupação constante de cerca de um ano: levando o meu interesse pela investigação da verdade dos fatos a ponto de pedir e conseguir que se repetissem essas experiências em minha própria casa, na Vila Santa Izabel, onde com minha família e a presença do Dr. Lauro Sodré, então governador deste Estado, e de diversos amigos seus, sendo um médico, um engenheiro e um bacharel em ciências jurídicas, de uma feita, e de outra na presença do Dr. João Coelho, ex-governador do mesmo Estado, pude ter a convicção plena da seriedade que presidia a esses trabalhos surpreendentes, que a ciência ainda não pode explicar, mas que tem o dever de investigar com máximo interesse.

Em conclusão: da observação atenciosa com que assisti a cerca de 30 sessões de materialização sendo o médium D. Anna Prado, e que se acham relatadas no livro – O TRABALHO DOS MORTOS, do Dr. Nogueira de Faria, posso garantir com a minha responsabilidade de homem verdadeiro e de médico, que nada vi que devesse provocar a menor suspeita de dolo ou truc, sim o estímulo ao exame criterioso e à meditação dos estudiosos.

Dr. José Teixeira da Matta Bacellar
Médico

20 de outubro de 1922.
Farmácia Bacellar – Rua Santo Antônio, n. 38 – Belém – Pará.

Provas que desafiam o tempo

A teoria da alucinação – individual ou coletiva – tem sido evocada, por muitos, para negar a realidade dos fenômenos espíritas.

Esquecem aqueles que assim procedem que, contra esta vulgar e geral acepção, inumeráveis foram as provas ajuntadas pelo Espiritismo. São elas as opiniões dos sábios, as palavras dos simples, os testemunhos dos homens de ciência, as fotografias dos fantasmas e das materializações, as moldagens ocas em parafina. E se as declarações de todos os que assistiram a esses fenômenos forem julgadas insuficientes para atestá-los definitivamente, não se pode fazer o mesmo com as provas materiais obtidas e apresentadas por tantos experimentadores, como as mencionadas fotografias e moldagens.

Sobre as fotografias, como as justificarão? Estariam as máquinas sujeitas ao império da *alucinação*? Ante tal impossibilidade – pois isto seria rematada loucura – certamente não faltará quem as considere mero produto de fraude. A estes nós lembramos, contudo, que na época em que a maioria dessas fotos foi produzida, não havia tecnologia suficiente para tanto. Ademais, que ganhariam esses homens e mulheres, conhecidos pela sua honradez e probidade, com tal embuste? É preciso crê-los *razoavelmente idiotas*, para admitirmos que se entregassem a tal mister. E isto não se faz possível quando nos referimos a pessoas de reconhecida capacidade intelectual, mormente, quando figuram entre elas cientistas do quilate de Charles Richet, William Crookes e Camille Flammarion.

Quanto às moldagens em parafina, difícil se torna refutá-las, como um produto do logro ou do ardil.

Quem as confeccionaria tão perfeitas? Quem seria capaz de manipular a parafina aquecida, para moldar partes de seu próprio corpo, como sejam, mãos, pés e rosto? E mesmo que suportasse essas elevadas temperaturas, por um artifício ou motivo qualquer, como não danificar esses moldes ocos – onde aparecem os contornos dos punhos ou dos tornozelos – sem a precisa desmaterialização dos membros, que lhes serviram de matriz? Não vemos outra explicação plausível, para esse fato, que não aquela apresentada pelo Espiritismo. Os espíritos materializados os fabricam, usando seus próprios corpos como modelos. Com estes artefatos já prontos, desmaterializam a parte de seus perispíritos empregados na operação, concluindo assim o processo, sem causar qualquer dano às peças produzidas.

Nem mesmo os mais loucos seriam capazes de rejeitar tais provas. Os negadores impenitentes, todavia, continuarão a contestar a existência da luz, mesmo quando colocados sob a mais extraordinária e resplendente fonte.

Anna Prado, durante o desenvolvimento de sua tarefa mediúnica, ofereceu inúmeras provas dessa natureza. As moldagens em parafina, por exemplo, foram muito frequentes em suas sessões de materializações. Os espíritos de *Rachel Figner*, *João* e *Annita*, além de outros mais, realizaram várias dessas operações, algumas das quais se acham descritas nesta obra.

Annita, carinhosamente chamada de *a florista*, sempre que se materializava, costumava produzir belíssimas flores em parafina, oferecendo-as aos circunstantes.

João, que fora tio materno da médium, quando materializado, executou vários moldes de seus pés e mãos. Na noite de 31 de março de 1921, fabricou um modelo de sua mão, com os dedos fechados. Sendo oco o modelo produzido, conclui-se que ninguém, que não os espíritos, poderia tê-lo fabricado.

Rachel Figner, cujas materializações atingiram altíssima perfeição, igualmente realizou notáveis trabalhos em parafina. No curso de nossas pesquisas, para composição deste livro, tivemos ocasião de localizar um desses trabalhos, com descendentes de Frederico Figner[158]. Trata-se de um molde da mão esquerda de Rachel, ainda inteiramente preservado, noventa anos após a sua confecção.

São provas que realmente desafiam o tempo.

As fotográficas, da mesma forma, têm vida muito longa.

---

[158] O referido molde se acha em poder das senhoras Rachel Esther Figner Sisson e Marta Prochnik, neta e bisneta de Frederico Figner. No apêndice deste livro, o leitor poderá encontrar a entrevista que atenciosamente nos concedeu a Senhora Marta Prochnik, quando a visitamos no Rio de Janeiro (RJ).

Os trabalhos mediúnicos de Anna Prado, nesse quesito, foram extremamente pródigos. Ettore Bosio, fiel colaborador e grande amigo da médium e sua família, produziu e organizou vasta iconografia, registrando importantes momentos de suas atividades.

Obtidas com os espíritos materializados, condição que os torna perceptíveis aos nossos sentidos ordinários, ou em seu estado natural, quando são inapreciáveis à visão comum, essas fotografias, como muitas outras que abundam na literatura espírita, constituem um dos maiores e mais sólidos atestados da realidade *Além-Túmulo*.

Mesmo que atendamos aos mais cépticos e desprezemos as fotografias dos espíritos materializados – tidos por muitos como *bonecos preparados* ou pessoas do nosso meio – restam, inabaláveis, aquelas captadas pelas objetivas das máquinas, onde os olhos humanos nada viam. Contra essas imagens, não vemos qualquer objeção válida, que se lhes possa opor. Conhecidas no meio espírita como *fotografias do além* ou *fotografias transcendentais*, constituem instransponível barreira aos sofismas e zombarias de qualquer procedência.

Todo o extraordinário acervo fotográfico dos fenômenos mediúnicos de Anna Prado, como já mencionamos, resultou da feliz iniciativa do maestro Ettore Bosio.

Os seus muitos relatos acerca desse trabalho, revelando as contínuas surpresas que sempre lhe proporcionavam, formam precioso material de estudos para qualquer que se interesse pela fenomenologia espírita.

A título de exemplo e para que o leitor conheça algo dos métodos utilizados pelo nobre maestro em seu ofício de fotografar os espíritos, apresentamos o texto de sua autoria, onde nos fala como obteve uma dessas fotografias. O mais inusitado nesse caso, como veremos, consiste no seu verdadeiro fotógrafo. Um habitante do *Além*.

Fotografia luminosa

Desde a época do 2º aniversário da aparição do *João* materializado, diz-nos o maestro Bosio, que ele prometera, pela tiptologia, uma fotografia luminosa. Ainda a família Prado residia na Rua dos Tamoios, quando foi feita a primeira tentativa, de efeito negativo.

Colocada a máquina no corredor da casa, focada em um dos pontos indicados pelo Espírito e deixada a objetiva aberta toda a noite, apenas se conseguiu na chapa algumas manchas fluídicas de um branco-neve.

Perguntado ao *João* a razão do insucesso, disse-nos, por meio da mesinha mediúnica, que pretendera fazer posar um Espírito de velha, mas que não o lograra, visto esta não somente não querer fotografar-se, mas também não ficar diante da objetiva o tempo necessário para impressionar a chapa.

No mês de Julho, não recordo o dia, a família Prado e a minha foram convidados para passar o dia com a do

Fig. 67 – Trabalho fotográfico do espírito João, que acionou o mecanismo da câmera fotográfica, no qual vemos perfeitamente a silhueta de um fantasma.

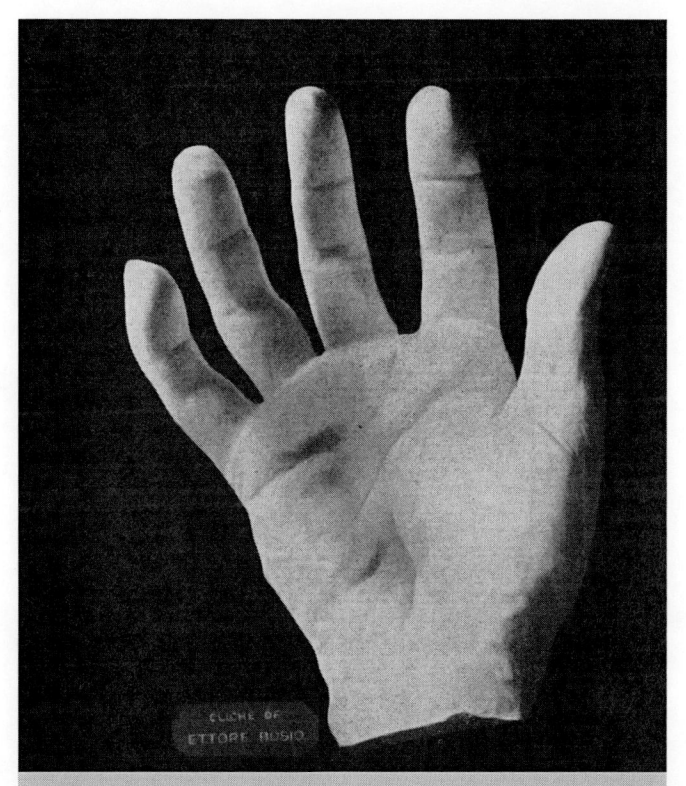

Fig. 68 – Modelo em gesso produzido a partir de molde em parafina, depois de exposto ao público durante alguns dias.

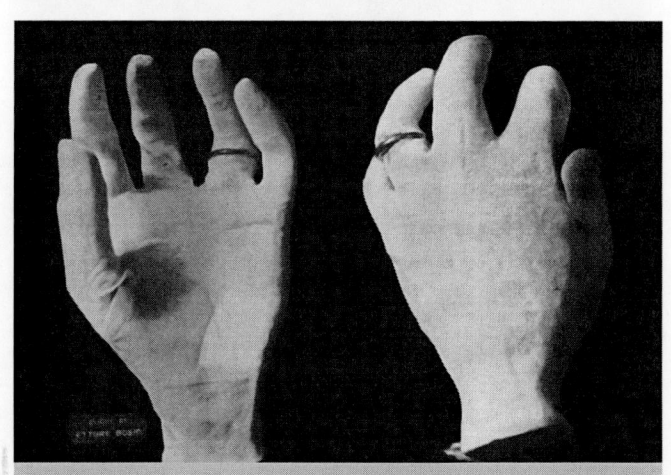

Fig. 69 – Modelo em gesso, palma e dorso, produzido a partir de molde em parafina, em 31 de janeiro de 1921. O anel que aparece fora colocado no balde de parafina por Ettore Bosio.

Senhor João da Rocha Fernandes, dedicado amigo nosso, voltando de lá perto da meia-noite.

Já no dia anterior a este, o *João* nos prometera outra tentativa na nova residência do Senhor Prado, travessa São Mateus, 142. Recebidas as instruções precisas, cumprimo-las escrupulosamente.

A máquina, àquela hora mesma, foi focada para o centro da pequena sala do 1° andar, ao lado de outro apo-

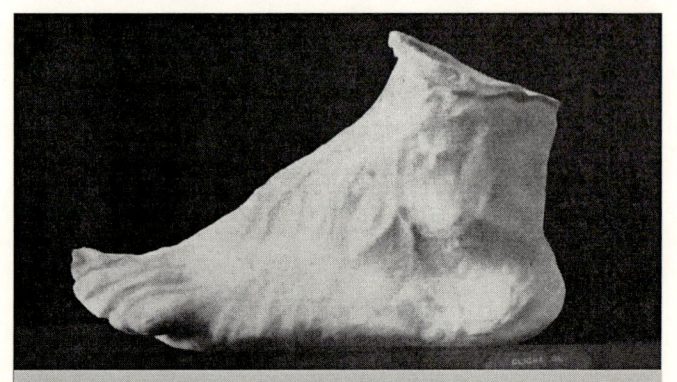

Fig. 70 – Modelo em gesso produzido a partir de molde em parafina fabricado pelo espírito João

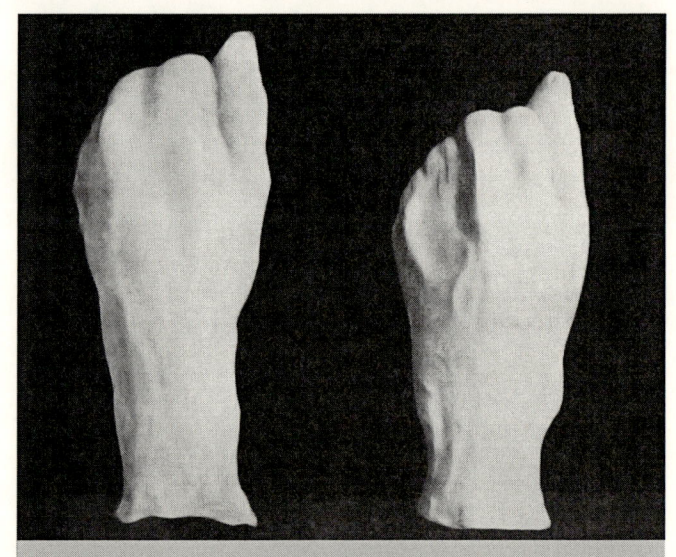

Fig. 71 – Molde em parafina fabricado pelo espírito João na sessão de 31 de março de 1921. Acima) Ao lado, molde em gesso.

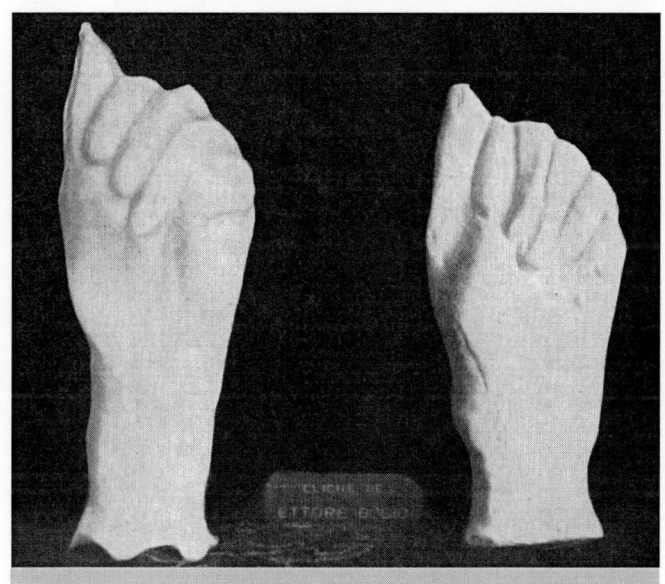

Fig. 72 – O mesmo modelo da figura anterior visto pelo dorso.

sento, com porta de comunicação, ficando esta aberta, e no qual a Senhora Prado e seu esposo dormiam. Abri o chassis e tapei cuidadosamente a objetiva, perguntando ao *João* se ele podia tirá-la, o tempo preciso para fazer a exposição, e recolocá-la. Respondeu-nos afirmativamente.

Fechou-se a porta que dava para o corredor, retirando-me em seguida. De manhã cedo, às 6 horas e meia, fui saber do resultado. A máquina estava aí com a objetiva tapada da mesma forma como a tinha deixado.

Teria o *João* aberto a *máquina e impressionado a chapa? Como sabê-lo? Perguntamos-lhe então, pela* tiptologia, e ele nos respondeu o seguinte: *Quero saber vossa opinião sobre o meu primeiro trabalho fotográfico!*

Seria possível? Malgrado as coisas espantosas a que já assistíramos, ansiávamos pela prova desta experiência.

Corri a revelar a chapa no atelier Girard.

Não poderei descrever a minha emoção ao descobrir, ainda no banho revelador, que a chapa fora impressionada! É a mais bela fotografia que obtivemos!

Eis o histórico breve e sincero da primeira e única fotografia que conseguimos, neste gênero.

Circunstâncias diversas concorreram para que até hoje não se repetisse mais essa experiência, entre elas a disposição de cômodos da nova moradia do Senhor Prado, muito clara para este fim.

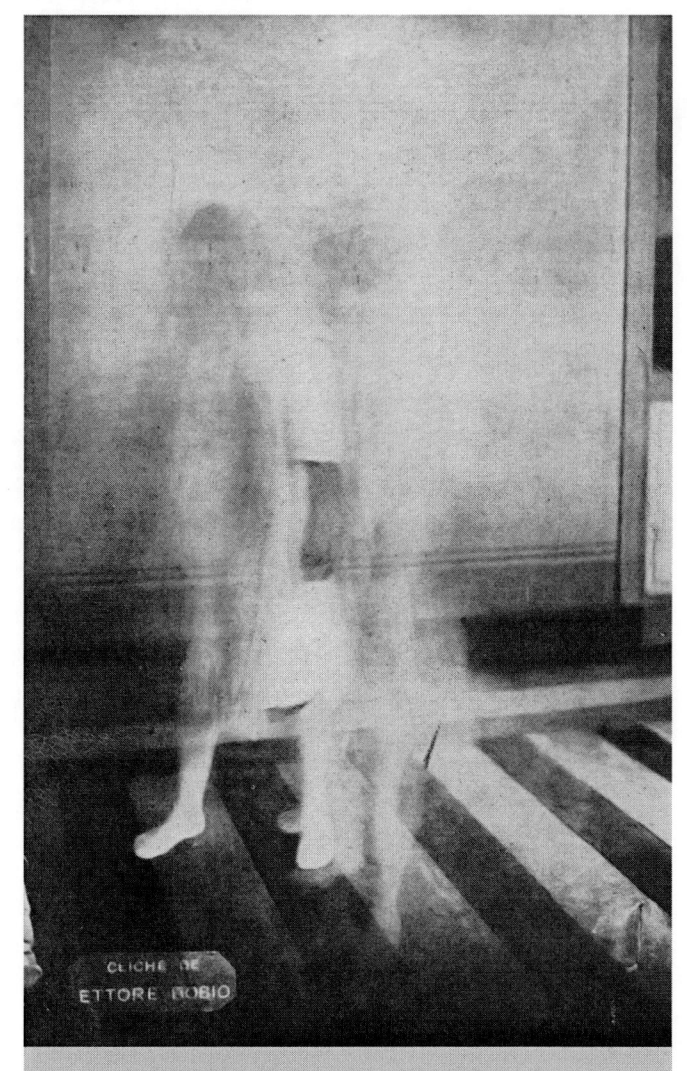

Fig. 73 – Grupo de espíritos fotografados em 10 de fevereiro de 1921. Segundo Ettore Bosio, Maria Alva é o espírito mais visível desta imagem.

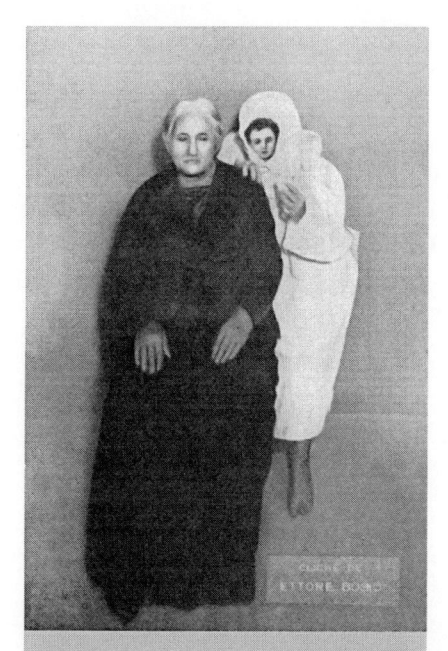

Fig. 74 – Ermelinda Rebello Corrêa, mãe de Anna Prado. Ao seu lado aparece um fantasma de adulto, segurando uma criança.

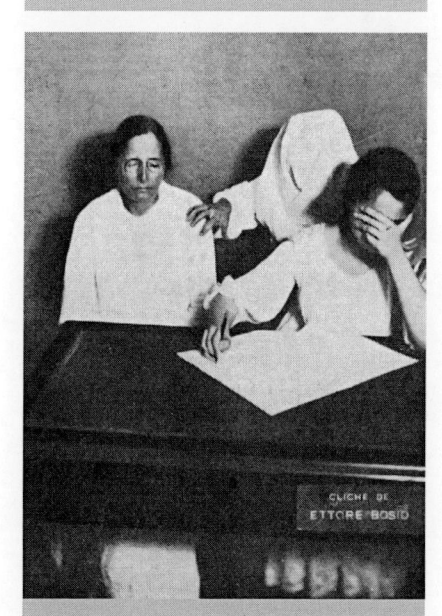

Fig. 75 – Antonina Prado. Enquanto psicigrafava surge um fantasma entre ela e a Sra. Leopoldina Fernandes.

9

Uma conferência de Quintão

Algumas das nossas mais ilustres figuras espíritas do início do século passado tiveram o ensejo e a ventura de apreciar *in loco* os espantosos fenômenos mediúnicos de Anna Prado.

Uma dessas figuras, Manuel Justiniano de Freitas Quintão[159], após assistir a vários desses fenômenos, proferiu acalorada conferência na sede da Federação Espírita Brasileira.

Perante atenta plateia de mais de mil ouvintes, com eloquência e aguda racionalidade, discorreu por quase três horas sobre os eventos observados. Durante sua exposição, para ressaltar a transparência e importância dos fenômenos verificados naqueles sítios, Manuel Quintão destacou a sua singular feição e louvou o caráter da médium e seus experimentadores.

A larga repercussão alcançada por sua explanação, resultou em especial comentário por parte do *Reformador*[160].

---

[159] Conhecido como Manuel Quintão, orador e festejado escritor espírita, exerceu vários cargos na Federação Espírita Brasileira, inclusive o de presidente.
[160] Reformador, 1º de maio de 1921, p. 203 e 204.

Proferida em 21 de abril de 1921 e publicada originalmente nas páginas dessa mesma revista, foi posteriormente enfeixada na obra *Fenômenos de Materialização*[161].

Testemunho vivo daqueles episódios e vazados à luz da verdade, entregamos ao leitor os textos acima mencionados, suprimida na conferência a parte onde o orador faz uma homenagem a Joaquim Silvério dos Reis, o Tiradentes.

Palavras do Reformador

Este nosso querido companheiro fez, na noite de 21 de abril findo, a conferência, que aqui anunciamos com muita antecedência, sobre os fenômenos de materialização que lhe foi dado presenciar e observar em a capital do Pará, na sua recente viagem ao Norte do país.

Por muito otimistas que tenham sido, no tocante ao êxito dessa conferência, os augúrios de quantos por ela ansiavam, já devido à natureza do assunto que ia ser tratado, já pelo elevado e justo conceito em que largamente é tido o nosso companheiro, como expositor da doutrina que conta nele um dos mais dedicados servidores, a realidade ultrapassou de muito, podemos afirmá-lo, as melhores expectativas.

Ascendeu a mais de mil o número dos que acorreram a ouvir a palavra fácil e fluente de Quintão explanando um tema que desperta cada dia maior interesse, dentro e fora das fileiras espíritas. Ainda não víramos, a não ser nas sessões comemorativas do sacrifício do Gólgota, na sexta-feira chamada santa, tão repleto o vastíssimo salão do segundo andar da sede da Federação. Mais de quinhentas pessoas se premiam ali de pé, em todos os lugares reservados para

---

[161] QUINTÃO, Manuel. *Fenômenos de Materialização*. Rio de Janeiro: FEB, 1942.

trânsito entre as seiscentas cadeiras que lá se alinham, todas nessa noite ocupadas.

Mas não é tudo. O que a isso sobreleva, como atestado de pleno êxito da conferência, é que tão incômoda posição em nada fez diminuir a atenção e o interesse com que aquelas muitas centenas de pessoas acompanharam, durante duas horas e meia, a argumentação cerrada, brilhante e lógica que o conferente desenvolveu, pulverizando as críticas inconsistentes dos negadores emperrados e dos sabedores que tudo ignoram da fenomenologia espírita, e, depois, a exposição fiel, a explicação clara e a análise feliz dos fatos que motivaram o seu excelente discurso.

Tendo tido a Diretoria da Federação o cuidado de providenciar para que fosse estenografada a conferência, a fim de ser publicada no Reformador, o que este começará a fazer no seu próximo número, limitando-nos, por hoje, a esta simples notícia em que, além do registro da impressão que nos deixou o acontecimento que foi a conferência de 21 de abril, apenas diremos quanto baste para que os nossos leitores fiquem de antemão informados do que lhes vai ser dado gozar, lendo-a.

Depois de aproveitar, no seu exórdio, o acontecimento histórico que naquela data se comemorava, para um breve estudo das diversas ordens de missões com que baixam à Terra muitos dos espíritos que aí encarnam, e de apreciar sob esse aspecto, do ponto de vista espírita, o feito que levou Tiradentes à forca e a figura desse inconfidente, relatou Quintão a sua conversão ao Espiritismo por efeito da cura mediúnica de que fora objeto, quando já desenganado por mais de uma sumidade médica. Deu assim o seu testemunho pessoal a favor dessa espécie de curas contra as quais tanto, entre nós, presentemente se indignam os representantes da Saúde Pública, pretendendo que só seja admitida como ciência o que eles decretam, ou conseguiram que os poderes públicos decretassem que o é.

Partindo da demonstração, largamente feita, do absurdo e do atentado à consciência que semelhante pretensão encerra, entrou a mostrar, com grande cópia de argumentos e apoiando-se em obras várias dos mais reputados autores e especialmente no recente volume publicado pelo Dr. Gustavo Geley, sob o título de – Do Inconsciente ao Consciente – que as pretensas teorias, inclusive a do subconsciente, hoje tão em moda, invocado por muitos cientistas para explicar a fenomenologia espírita, não passam de processos, esses sim, ilusionistas de que se socorrem todos aqueles cujo orgulho não lhes consente se curvem, reconhecendo a realidade da existência do espírito, da sua dupla condição de encarnado e desencarnado e de suas manifestações no plano, para nós, visível da criação universal. No correr dessa explanação, salientou o nosso companheiro, como não podia deixar de acontecer, a precariedade e a nocividade das doutrinas materialistas, cujos efeitos temos diante dos olhos na degradação moral em que se encontra chafurdada a humanidade, perdido que se tornou para ela o sentimento lidimamente religioso, uma vez que as religiões positivas também se engolfam na corrente do materialismo.

Estudando em seguida, estribado nas próprias revelações dos espíritos e em experiências praticadas por experimentadores sinceros e imparciais, a maneira porque se opera o fenômeno das materializações, abordou Quintão o ponto capital da sua conferência, que, daí por diante, se desenvolveu no relato minucioso e na apreciação circunstanciada dos fatos dessa ordem que pudera testemunhar no Pará, assim como o da escrita direta. Ilustrando a sua exposição, apresentou ao exame da assistência flores de parafina fabricadas à sua vista, moldes de mãos tiradas igualmente naquela substância e também às suas vistas de observador atento e lenços artisticamente atados.

Perorando, ao cabo de duas horas e meia de dissertação sempre atraente, o conferencista, sob manifesta inspiração do Alto, deu largas à expansão da sua alma de crente fervoroso, de estudante do Evangelho em espírito e verdade, de espírita-cristão, e desdobrou, numa síntese magnífica, diante da multidão de espíritos, encarnados e desencarnados, ali presentes, as belezas, as sublimidades, a empolgante lógica e a clareza extraterrena da doutrina dos espíritos, amplificação da do Mestre divino, para terminar compondo, em linguagem de vivo colorido, o quadro da terra habitada no porvir por uma humanidade que, unificadas pelo Espiritismo as suas crenças, regenerada pela prá-

Fig. 76 – Manoel Quintão (1874 – 1955)

tica das lições evangélicas desenvolvidas nos preceitos dessa doutrina, possuidora das virtudes que elas engendram, constituirá o rebanho de que falam os mesmos Evangelhos, tendo por único pastor – o Cristo, o manso Cordeiro de Deus, que então reinará em todos os corações.

Os moldes, as flores e os lenços a que acima aludimos e que o nosso dedicado irmão trouxe como atestado da veracidade dos fenômenos a que assistiu, encerrada a conferência, foram examinados por quase todos os assistentes e em breve poderão sê-lo, em uma vitrine, na sala anexa à Biblioteca da Federação, por todos os que os desejem ver.

Como nota final diremos que muitas pessoas deixaram de assistir à conferência por não terem podido penetrar no salão onde ela se realizou, assinalando uma data nos anais da nossa cara associação.

A Conferência

Meus irmãos em crença, irmãos meus em humanidade: como crentes por vos confortardes ou como curiosos sinceros por vos edificardes, a todos indistinta e fraternalmente eu saúdo e agradeço a comparecência a esta assembléia.

[...]

Posto fosse nosso companheiro de viagem, não tivemos, a bordo, o ensejo de nos aproximar do Sr. Eurípides Prado, o marido da médium. Ao aportar em Belém, ficamos surpreendido ao ler seu nome na lista dos passageiros. Houvemos, pois, de recorrer ao nosso distinto confrade Carlos Souza, digno presidente da União Espírita Paraense, para alcançar daquele uma sessão de materializações. Não o solicitávamos por nós, mas principalmente para podermos trazer ao Rio de Janeiro, qual o fazemos aqui, a prova testemunhal e documental daqueles fenômenos que tantas conversões haviam produzido, inclusive a do Dr. Matta Bacellar, médico reputadíssimo e ancião justamente estimado, quão venerado na sociedade paraense, o qual não teve a mínima dúvida em abrir mão dos preconceitos científicos, para declarar-se adepto do Espiritismo, atestando *coram populo* a veracidade dos fatos.

Acolhido com extremada gentileza o nosso desejo, no dia, ou antes na noite aprazada, possuído de natural curiosidade, dirigimo-nos à casa do maestro Bosio, no bairro de Batista Campos, onde se realizam habitualmente aquelas sessões. A companhia, a assistência que lá encontramos reunida, pode dizer-se, do ponto de vista mundano, era a mais seleta. Pessoas de nome, de ilustração, de conceito e reputação social. De escantilhão memorando: Drs. Matta Bacellar e Pereira de Barros, médicos; Dr. Nogueira de Faria, juiz; Dr. Pena e Costa, promotor público; Dr. A. Moris, advogado; Apolinário Moreira, diretor de Recebedoria do Estado; o maestro Bosio, A. Lucullo, inspetor federal de seguros, Carlos B. Souza, Adalberto de Macedo e outros. Entre as senhoras, além da Exma. Anna Prado – a médium – a família Lucullo e uma filha do Dr. Bacellar.

A primeira sessão realizou-se à plena luz. Nela obtivemos a escrita direta, o transporte de objetos, a manipulação de flores em parafina, esta com luz graduada.

Um cético já nos perguntou, quando relatávamos os fatos, se no assoalho não haveria algum alçapão... Fútil, a objeção. A sala é pavimentada a cimento. E as paredes? – lisas como a alma do interlocutor. Não podia haver alçapão... As sessões se realizam nos baixos da casa – o que chamamos aqui um porão habitável – mas suficientemente amplo. O maestro Bosio, que foi cético renitente, tem gosto pelos fenômenos e a nada se poupa a fim de lhes dar toda a nitidez, de modo a convencerem o maior número.

A sessão fez-se primeiro em torno de uma mesa grande e comum, de jantar. D. Anna Prado – a médium – é uma senhora austera, mãe exemplar e esposa dedicada. Católica por educação e tradição de família, hostil, de começo, aos preliminares do seu desenvolvimento mediúnico, só condescendeu em aceitá-los e auxiliá-los a instâncias do marido. Ciosa de sua reputação e precavida da maledicência ignara e fácil, não é sem escrúpulo que transige na demonstração das suas preciosas faculdades, fora do círculo das suas relações.

Em torno da mesa, assentamo-nos todos, mas reparai bem nos detalhes, disto fazemos questão.

Aqui está (mostrando) um desenho, um esboço do cenário, pelo qual os meus ouvintes mais exigentes poderão fazer idéia do local. A sala tem apenas três portas de comunicação, duas para frente e uma para os fundos da casa, e portas das quais o maestro Bosio nos oferecera as chaves. Precaução inútil, todavia, porque o ambiente estava iluminado bastante para que ali se pudesse insinuar alguém que não fosse imediatamente visto. Demais, que interesse teria aquela gente em enganar-nos e enganar-se a si mesma? Não nos lembramos que houvesse outros móveis além da mesa e cadeiras de que nos utilizávamos. Lembramo-nos, sim, que, ao fazer essa observação, mentalmente consideramos: retiram tudo para que se não diga que há qualquer artifício oculto...

À cabeceira da mesa o médium, nós à sua direita e à nossa frente o Dr. Pereira de Barros, que conosco rubricou o papel em que obtivemos a escrita direta.

A nossa direita, ficou o Dr. Bacellar. Pediram colocássemos o papel debaixo da mesa e perto o lápis. Fizemo-lo, junto, porém, dos nossos pés, de modo a poder, assim, controlar o fenômeno, pelo menos sentir se alguém – embora fechada a sala e perfeitamente unidas as nossas cadeiras – se insinuava debaixo da mesa.

Enquanto esperávamos, o médium, mãos visíveis, conversando – e todos conversavam sobre assuntos variados – apenas se interrompia dizendo: Ele está pedindo menos impaciência, que pensem noutra coisa, etc., até que deu o sinal – pronto.

Como atrás dissemos, a sala estava suficientemente iluminada, todos nos víamos, o médium não se achava em transe.

Mas, dizem os pirrônicos sistemáticos: porque embaixo e não em cima da mesa? Respondemos: embaixo, por mais escuro, e mais escuro porque a luz – dizem os Espíritos – tem ação dissolvente sobre os fluidos combinados, dos perispíritos. Que há nisso de extraordinário? São leis e leis que mal começamos a lobrigar. Aqui, na Terra, ninguém ilude as leis naturais: assim, por exemplo, ninguém revela à plena luz uma chapa fotográfica.

Mas (mostrando), aqui está o papel que eis de examinar. Na parte que ficou para cima, escreveram: Sofram com coragem as injúrias do padre. E no verso, isto é, na parte voltada por o chão: Coragem meus irmãos, mais sofreu Jesus.

O padre, ao qual já nos referimos, é o famigerado pitorra Florêncio Dubois, padre francês adstrito à Abadia, como lá dizem, de Nazaré.

Homem inteligente, mas sem escrúpulos, porque lhe franquearam a primeira coluna de um órgão da imprensa, dela fez pelourinho para denegrir pessoas e coisas espíritas, com grande gáudio da sua claque estulta e fanática. Esse padre recebeu-nos – natural que o fizesse – à ponta de faca. Deu-nos de mascate, intrujão, idiota para baixo, só porque, a pedido de distinto amigo, simpático à doutrina – o Dr. Pena e Costa, respondêramos a uma reportagem do Estado do Pará, evidenciando a vida e o programa desta casa[162]. Com isso, angariou ele uma polêmica lamentável, por só vazada em terreno pessoal, com o Dr. Pena e Costa, e polêmica que degenerou em processo por injúrias e calúnias, tais os mimos que se trocaram.

---

[162] A Federação Espírita Brasileira (nota de Manuel Quintão).

De nossa parte, sem procurar revidar ao padre, quisemos aproveitar o ensejo para doutrinar; e, quando mais acesa ia a contenda, ao lado de artigos rubros e escandalosos, tresandando a lodo e fel, inserimos o que escrevemos no Reformador intitulado Calma e Coerência, a respeito da Pastoral do Arcebispo contra espíritas e protestantes, e cujo fecho é o preceito do – Perdoai não sete vezes, mas setenta vezes sete vezes. Esta nossa atitude, não de passividade incondicional mas de coragem cristã, na vera acepção da humanidade, não foi, infelizmente, ao que parece, compreendida pela maioria de nossos confrades paraenses, e daí o sermos nessa mesma folha averbado de místicos, quando unicamente fomos racionalistas do Evangelho. Não, certo, desse Evangelho por aí pregado ao sabor de todos os esculcas de pequenas igrejas, mas do Evangelho em espírito e verdade, tal como o inculcam os Espíritos elevados, ou seja, os mensageiros de Jesus. Ao Estado do Pará poderia convir que escorchássemos o padre. Era o escândalo. Mas ao Estado do Pará não conviria que doutrinássemos Espiritismo, escandalizando a consciência dos seus leitores católicos...

Assim o compreendemos e deixamos a liça.

Mas, senhores, fechemos este longo parêntese. Como vos dizia, a entidade invisível escrevera e assinara – João. Para o fazer na face do papel assente no solo, teria de o virar. Isto não se deu; o caderno almaço estava no mesmo lugar e posição em que o colocáramos, mantendo sobre uma das bordas a sola do sapato. Desta, da sua pressão, podereis ver aqui os vestígios. Aqui temos, pois o fenômeno da escrita direta, porquanto o médium mantinha, à vista de todos, as *mãos sobre a mesa e nem ele, nem ninguém poderia praticar uma intervenção direta.*

Em seguida, João, pela voz do médium, pediu-nos – a mim e ao Dr. Pereira de Barros, assentado defronte de mim, que conservássemos na palma da mão um lenço e levássemos a mão para baixo da mesa. Assim praticando, não tardou sentíssemos um leve contato de mão, subindo do pé direito, puxando a calça, tamborilando no joelho e, por fim, arrecadando sutilmente o lenço.

«Foi-se-me o lenço», disse, olhando para o Dr. Pereira de Barros. O meu ainda aqui está, respondeu ele. É preciso esperar, obtemperou o médium. Decorridos minutos, o doutor acusa a retirada do seu lenço e quase simultaneamente acusamos a restituição do nosso. Antes de qualquer consideração, antes mesmo de retirarmos a mão de sob a mesa, o lenço do doutor cai à frente dele, projetado como do teto e do ângulo da sala, que ficava atrás de nós. Os lenços estavam (o nosso ides vê-lo) artisticamente enovelados, semelhando uma flor ou uma fruta, como queiram, mas, de qualquer forma, inteligentemente manipulados.

Se quisermos atribuir estes fenômenos de transporte e efeitos físicos, a forças desconhecidas, ao subliminal e quejandas hipóteses mais ou menos abstrusas e rebarbativas, teremos de infirmar as próprias leis da física, segundo as quais força alguma atua que não seja em linha reta. Ora, neste caso, forçoso é convir que essa força não atuou em linha reta, antes, no mecanismo do fenômeno, operou de modo complexo, descreveu muitas figuras geométricas. Apreendendo um lenço aqui, outro ali, depois de os amarrar inteligente, artisticamente, devolve-os quase de jato, um por debaixo da mesa, com requintes de delicadeza, outro por cima, bruscamente projetado!

Retirada, em seguida, a mesa, foram trazidos dois baldes comuns contendo: um cera de carnaúba quente e outro água fria. Em torno desses baldes fechamos um círculo, ou antes uma elipse de cadeiras. De propósito citamos a cera derretida, liquefeita, porque a sua temperatura, qual a tomamos, tateando o vasilhame, não a suportaria impunemente a nossa epiderme[163].

---

[163] Calculamos 70 ou 80 centígrados (nota de Manuel Quintão).

No Pará, contaram-nos que, para responder a uns tantos censores e conjeturistas do fenômeno, o maestro Bosio expôs um modelo de pé e reptou os incréus a produzirem coisa igual, mediante prêmio de 5:000$000. Sempre houve, ao que parece, uns três simplórios que o tentaram, queimando-se inutilmente e mais gravemente um deles, que sofria de eczema ou varizes, se bem nos lembramos do relato. Mas, ainda assim, admitida a possibilidade de moldagem, graças à aplicação de qualquer substância refratária ao calor, sobre a epiderme, nem por isso estaria removido o maior óbice – a retirada do pé ou da mão sem quebra do molde[164].

Ainda para esse trabalho não se extinguiu, apenas se graduou a luz da sala, cujas portas permaneciam fechadas. Dentro em pouco, sem vermos qualquer sombra ou fantasma, ouvimos o marulhar d'água, como se alguém a agitasse no balde. Depois, pediram-nos que estendêssemos a mão e recebemos, emocionado, esta flor delicadíssima, ainda quente, e em cujas pétalas poderei distinguir as impressões digitais do manipulador.

O fato de nos ser entregue ainda quente (e bem quente) é desmentido a quantos, mesmo no Pará, dizem que tais artefatos são adrede preparados artificiosamente conduzidos ao recinto das experiências. Entretanto, estávamos todos nos entrevendo e fiscalizando ali. Ninguém se moveu dos seus lugares. E como se aqueceria aquela prenda, tão frágil, antes que se não quebrasse as vicissitudes de um suposto esconderijo?

Da probidade, da idoneidade moral dos circunstantes não falaremos. Não falaremos da estultícia dessa presunção de que pessoas de critério reconhecido, sem interesse material qualquer e com sacrifício mesmo de tempo e comodidades se reúnam pelo só prazer de se mistificarem, mistificando os seus semelhantes. São valores de apreciação com

---

[164] E dizer-se que o inefável Dubois atribui tais fenômenos ao concurso de tubos fosforescentes! (nota de Manuel Quintão).

os quais não contamos nesta tese, tanto sabemos que, para certa classe de gente, a integridade alheia só pode coexistir com a sua forma de ver as coisas. Compreendemos, de sobejo, aquela zona lúcida de que nos fala o Dr. Gibier[165], fora da qual o indivíduo nada vê, nada sente, nada sabe.

Acusando-se fatigado o médium, levantamos a sessão.

Emprazado para a segunda prova, a de materialização propriamente dita, a ela comparecemos disposto, mais que nunca, à quanta observação quanto possível rigorosa. Assim, novo exame na sala, na mesma sala; minuciosa investigação da gaiola de ferro, da câmara escura, da disposição das cadeiras, da lâmpada elétrica, das portas, de tudo enfim.

A assistência variou de algumas pessoas, cresceu de número, mas lá estavam as de maior destaque, que haviam assistido à primeira sessão.

Pedem-nos que examinemos a gaiola na qual fica encerrado o médium. Essa gaiola é um quadrado de ferro, cujos varões tocamos um a um, experimentado-lhe a firmeza do conjunto e a integridade singular. As colunas angulares, sejam os quatro pés da gaiola, assentam sobre um estrado de madeira inteiriço, ao qual, por dispositivo especial, ficam solidamente parafusados, pelo sistema de rosca. Perguntaram-nos se queríamos lacrar as porcas... Dispensamos essa precaução inútil, uma vez que a sessão se faria com luz graduada e nós mesmo manejáramos a chave inglesa. Externamente, qualquer tentativa para desparafusar a gaiola seria de todos percebida. Internamente, o "médium" jamais poderia manejar a chave inglesa. E o que pudesse, para sair houvera de suspender a gaiola e o biombo dentro do qual ia ficar.

Não foi, confessamos, sem certa mágoa que vimos aquela senhora respeitável, de fisionomia austera quão benevolente, trajando um costume azul escuro, entrar para

---

[165] *Analyse des choses* (nota de Manuel Quintão).

aquela prisão, na qual havia uma cadeira, em que ela se assentou, meio de lado e debruçando-se no respaldo, tal como se vê nesta fotografia[166].

Sobre a gaiola, conduzida a um canto da sala[167], colocamos o biombo – uma barraca de pano escuro, tendo na parte frontal uma cortina. O "médium" ficou, destarte, duplamente enclausurado e, sala fechada, mal concebíamos como suportava aquela temperatura, só compensada por um ventilador fronteiro à câmara escura.

Preparado o gabinete, assentamo-nos em semicírculo e começou o fenômeno do transe mediúnico, tal como o descrevem Crookes, Gibier, Aksakof, Geley e tantos outros. O "médium" ora gemia em surdina, ora respirava alto, e todos ouvíamos esses haustos e gemidos, até que serenou.

Aqui, releva ponderar que a hipnose não é espontânea. Ela se opera por magnetização Espírito desencarnado que superintende os fenômenos – neste caso, "João", que foi tio carnal da "médium" nesta sua existência terrena. "João", portanto, o fantasma, adormeceu o médium, que caiu em transe, como em linguagem técnica se diz.

Entrementes, parecia haver-se estabelecido certa afinidade psíquica entre nós e o "médium", como que os nossos pensamentos e sentimentos mais recônditos eram por ele devassados. Assim, advertia: "é preciso ter menos impaciência"; "mais atenção da esquerda". "João diz que devem moderar a rotação do ventilador, etc.". Depois, a cortina do biombo foi suspensa. Houve, por conseguinte, ação mecânica.

Mas, é preciso dizê-lo, tudo isso se dá com luz atenuada, luz cujo dispositivo é este: ao fundo da sala, uma lâmpada elétrica pendente do teto, interceptada por um pano verde. Assim, velada a parte da sala em que transcorrem

---

[166] Esta e outras fotografias, bem como as luvas e flores de parafina, acham-se na sala da Federação, para os que quiserem examiná-las (nota de Manuel Quintão).

[167] Veja-se o desenho já citado (nota de Manuel Quintão). Desenho não reproduzido nesta obra.

os fenômenos, a luz da lâmpada se esbate do outro lado, na parede e, correndo por ela de alto-a-baixo, reflete-se no ambiente, tanto quanto necessário para que todos se divulguem. Dir-se-ia, para vos dar uma idéia, uma penumbra de cinema, suficiente para se divisarem fisionomias, objetos, movimentos quaisquer.

A ansiedade do auditório era grande, profundo o silêncio, quando alguém exclamou: - Ei-lo, o fantasma, a desenhar-se no canto da câmara escura, à direita. Não o vê? Não víamos... Olhe agora, ali, no outro canto, junto à parede.

De fato, no ponto indicado, à nossa frente, oscilava como que um lençol, esbranquiçada massa branca que se foi condensando e resvalando cosida à parede – não havia três metros de distância da câmara ao lugar em que me encontrava – chegando ao ponto em que estavam os dois baldes já de nós conhecidos e mais uma garrafa com *água-raz*, destinada a temperar a cena para a manipulação dos moldes e flores.

O fantasma, sempre mais nítido, insinua-se bem perto, estaca defronte do balde. Fixamo-lo à vontade: era um homem moreno, orçado pelos seus 40 anos, trazendo à cabeça um capacete branco. Pelas mangas largas do amplo roupão, também branco, saíram-lhe as mãos trigueiras e grandes. Os pés não lhos divisamos[168].

Chegou, cortejou, palpou os baldes, ergueu com a mão direita o que continha a cera quente e com a esquerda, elevando a garrafa de *água-raz* à altura do rosto, como que dosou o ingrediente. Depois, arriando o balde, como para confirmar o seu feito, arrastou-o no chão, produzindo o ruído característico, natural. Os seus gestos e movimentos eram perfeitos, naturais, humaníssimos, como se ali estivesse criatura humana. Isso posto, afastou-se e conservou-se a um canto da câmara escura, enquanto do outro canto surgia uma menina de seus treze anos, que dá o nome de Anita.

---

[168] Clichê do fantasma (Gravura 2) (nota de Manuel Quintão). Figura 50, nesta obra.

Assim, tivemos uma dupla manifestação. Visíveis ao mesmo tempo, "João" – um homem e "Anita" – uma quase criança, enquanto ouvíamos intervaladamente o médium suspirar na câmara escura! E note-se, na assistência ninguém havia que pudesse fingir de criança...

Anita caminhou graciosa para o balde e em breve nos entregou esta delicada flor, (mostrando) que tem o caule virado. Regressando "Anita" à câmara, pelo mesmo trajeto, antes que se esvaecesse, "João" diz como para o médium – "Vou operar". E aproxima-se e opera. Vemo-lo abaixar-se a alternativamente mergulhar a mão num e noutro balde. O que não vimos – e isto dizemos para que considerem que não fantasiamos nem exageramos – foi o desmaterializar da mão para sacar a luva, pois neste comemos João voltou-se para a parede e o processo foi rapidíssimo, quase instantâneo. O "médium", lá do gabinete, mandou que estendêssemos a outra mão (na direita conservamos a flor) e... aqui está o molde da mão de "João"[169].

Certo, já compreendestes, Senhores, a correlação intencional do fenômeno; "Anita" veio, manipulou e nos entregou esta flor; "João", em seguida, medeia a sua mão desta forma, isto é, juntando o polegar ao indicador, como a significar que é dele a oferta da dita flor!

Agora, é caso de perguntar a todos os físicos e químicos: como é possível tirar a mão de um molde assim talhado, sem o quebrar? Ah! Senhores, já houve sabincha imaginoso, um cérebro fecundo na sua caturrice de "espírito forte", que aventou a hipótese de umas luvas de borracha cheias de água fria. Então, esvaziada a luva... Somente o genial contraditor se esqueceu de que a borracha não só não resistiria à temperatura da cera, como, principalmente, que estes moldes cheios de gesso dão um órgão anatômico perfeito, a ponto de apresentarem sinais ou defeitos, que os defuntos tinham em carne e osso.

---

[169] Molde da mão (gravuras 3 e 4) (nota de Manuel Quintão). Figura 77, nesta obra.

Não nos detenhamos, contudo, em refutar puerilidades. Aqui tendes a prova documental do fenômeno e vamos resumir porque a hora vai célere e adiantada.

Em seguida, do gabinete, diz o "médium" que procurássemos reconhecer a entidade que ia materializar-se... E para logo toma vulto uma linda criatura. Era uma moça esbelta, loura cabeleira solta, trazendo a tiracolo, sobre as vestes alvas, uma faixa azulada (note-se que o "médium" é moreno, tipo acentuadamente nortista, de cabelos pretos e, por sinal, rigorosamente penteados). Caminhou até bem perto de nós, que lhe vimos os traços fisionômicos bem nítidos, o brilho da linda e basta cabeleira.

Depois de nos encarar e cumprimentar a assistência, em graciosa curvatura, afastou-se até ao centro da sala, parecendo indecisa.... *Aí ouvimos todos, não o "médium", mas "João" dizer: abram alas*. Interessante, senhores, a voz do além-túmulo: a articulação das sílabas é perfeita, mas falta-lhe o timbre nasal, pastoso, da voz humana. É um som metálico, por dar uma idéia aproximada, visto que não encontro nada que lhe corresponda exatamente.

Ao "abram alas", de "João", rompeu-se o circulo de cadeiras em dado ponto e foi quando novamente ouvimos a ordem de "João", incisa e rápida – *"Vá por minha conta"*.

E logo a visão, que antes parecia pouco segura do seu corpo, caminhou resoluta até ficar sob a lâmpada percorrendo a sala em todo o seu comprimento. Um assistente[170] que, por dispositivo da colocação primitiva, lhe ficara mais próximo nessa surtida, disse-nos depois: "Eu vi até os cabelos dos braços e as veias da pele, quando "ela" estacionou sob a lâmpada." Ao regressar, vimos o seu andar naturalíssimo, o passo cadenciado e, por curto o vestido, as botas de atacar, de cano alto e cor marrom claro.

---

[170] Adalberto Macedo, funcionário do *British Bank*, em Recife (nota de Manuel Quintão).

Esta circunstância é digna de nota especial, pois que, em regra, as descrições e observações clássicas dizem que os fantasmas deslizam e dificilmente se lhes distinguem as extremidades inferiores. Nós vimos os sapatos e até os cordões dos mesmos!

O que, seja dito, não conseguimos ver nitidamente, nos fantasmas, foram os olhos, que eles – ao que parece – procuram resguardar. A propósito, disse-nos o Sr. Eurípedes Prado que "João" chegara mesmo a solicitar que desistissem de o fixar com insistência, sem, contudo, arrazoar o motivo de tal solicitação. Será que o fluido magnético humano, focalizado e projetado em feixes, exerça ação dissolvente, como a luz artificial, sobre o perispírito condensado do manifestante? É uma pergunta que não ficará sem resposta oportuna e ninguém se admire desta ou de outras obscuridades, em se tratando de leis que mal começamos a entrever e estudar.

"João" ainda veio a nós e apertou-nos a mão, tendo antes recomendado, pela voz do médium, que não fizéssemos qualquer pressão, para que ele médium não se magoasse. Disto, não há concluir que o fantasma seja o duplo mediúnico, porém que a ele está substancialmente ligado, vivendo, por assim dizer, da vida orgânica do "médium".

Em seguida a essa materialização, tivemos a de um sacerdote encanecido e de fisionomia austera. Caminhou vagaroso ao centro da sala e aí esteve parado, imóvel, cerca de cinco minutos. Devido ao hábito negro, apenas lhe pudemos divisar o rosto, as mãos, a cabeça encanecida, coroa aberta. Com o mesmo passo lento e grave recuou e, inclinando a fronte como em respeitoso cumprimento, desapareceu na câmara.

Ato contínuo, diz o médium: "João está pedindo que toquem piano". O maestro Bosio dá suas ordens para cima e em breve ouvimos as harmonias de uma valsa lenta. E "João" cadencia os passos, dança graciosamente e canta em surdina, acompanhando o piano dolente. Maravilhoso!

Terminada a valsa, ainda falou, na sua voz metálica: – *Olhe o Dubois*. Depois, alegando fadiga do médium, iniciou as despedidas a todos, cortejando e acenando com as mãos, graciosa, naturalmente. Por fim genuflectindo, solene, ergueu os braços ao alto, no gesto expressivo de quem dá graças a Deus. E, rápido, desmaterializou-se, deixando-nos na alma embevecida uma dulcíssima impressão de reconhecimento e saudade.

Ainda ouvimos a impressão dos seus dedos a estalidarem delicadamente na face do médium, por despertá-lo. A voz de "pronto", aclarado intensamente o ambiente, puxamos do relógio. A sessão durara 2 ½ horas.

O "médium", retirado o biombo, patenteava-se exausto, mas calmo, acusando apenas entorpecimento das pernas. Desparafusada a gaiola, acercando-se solícito o venerando Dr. Bacellar, ousamos perguntar-lhe se verificava qualquer anormalidade fisiológica, ao que ele nos respondeu:

– Nada, apenas uma ligeira depressão do pulso.

De fato, dentro de dez minutos a Ex.ma. D. Anna Prado gesticulava e conversava naturalmente. Devo ainda confessar que, em nenhum dos assistentes notei impressão de alarme ou constrangimento; bem ao contrário, todos se manifestavam prazerosos, como se houvessem assistido a uma das cenas consuetudinárias da vida de relação. Tudo natural, naturalismo.

*

Nesta altura, senhores, não posso nem devo omitir um fato que me diz respeito pessoalmente, visto que, mais que as próprias materializações, ele fala da sobrevivência da alma. No dia subsequente a essa extraordinária sessão, a Ex.ma. D. Anna Prado nos fez ciente de que, ao começo da mesma, "João" lhe dissera achar-se ali presente, uma menina morena, de 4 a 5 anos, cabelos caídos à altura dos ombros, a qual vinha para ser materializada, porém, que ele, "João", não podia operar a materialização, porque a menina estava com uma "camisola vermelha".

Era a nossa filhinha Maria das Dores *(Chicha)*, desencarnada nesta capital há cerca de 14 anos. A cor da camisola (precisamente da que vestia quando faleceu) não era, certo, motivo de impedimento à materialização, sabido que os espíritos tomam as vestes que bem lhes apraz, em geral brancas. Era, porém, essa cor de camisola, pela terceira vez, a característica da identidade desse espírito por tantos títulos querido.

Da primeira vez, na Pensão Vegetariana, nesta capital, aos 22 de Janeiro do ano pp. (dia do natalício da *Chicha*) almoçávamos despreocupados quando, acercando-se de nós o caro confrade e "vidente" Pereira da Silva, interroga:

– Quem é uma menina assim, assim, que te acompanha?

E nós, incrédulo: – Qual menina, qual nada...

– Olha, articulou sentencioso, ela veste uma camisolinha desta cor ...e tomava entre os dedos os cordões vermelhos de uma cortina próxima...

A segunda prova fez-se agora, na Baía, no salão da União Espírita, após uma conferencia ali realizada. Quando, depois da prece, comovido, mal procurávamos disfarçar a nossa emoção, aproxima-se de nós o Sr. F... também vidente e...

– O senhor tem alguma filha desencarnada? Eu a vi, ainda agora, pairando por trás do senhor, morena, assim...e com uma *camisola vermelha*.

Chegamos ao Pará, a ninguém comunicamos tais incidentes, ninguém sabia que perdemos há 14 anos uma filha e vamos ouvir que "ela" estivera presente àquela extraordinária sessão, só não se materializando pelo fato de trazer *camisola vermelha!*

Meus senhores, basta. Confessemos que só a coincidência não pode abranger tantas maravilhas. E essa prova era para nós a maior, então, porque suficiente para nos encher o coração de piedade por todos os gratuitos inimigos da nossa causa, por aqueles mesmos que, em gestos e atitudes brutais, sem conhecer-nos, tentavam expor-nos à risota do vulgacho ignorante.

Demos graças a Deus.

*

A terceira e última sessão, deu-se na véspera de nosso regresso.

Indo à casa do maestro Bosio fazer as despedidas, lá encontramos o Sr. Eurípedes e sua senhora. Sendo-nos dito que os fenômenos mais se intensificam a plena escuridão, assim o preferimos, incondicionalmente.

De fato, nessa sessão obtivemos mais um lenço atado (este de ourela azul); o fantasma tirou-nos o sapato do pé esquerdo, calçando-o no Presidente da União Espírita Paraense, nosso prezado confrade Carlos B. Sousa. E sendo menor que o nosso o sapato deste, colocou-o junto do nosso pé. Ao do nosso pé esquerdo, deu ele no cordão um nó tão complicado, que levamos no hotel mais de meia hora por desatá-lo. E tudo isso era feito com celeridade pasmosa, quase instantânea.

Tirou-nos a gravata, levou dela o alfinete, pregando-o ao casaco de uma senhora; abraçou-nos repetida e demoradamente, apertou a nossa mão, tocou levemente a nossa face.

Alguém se lembrou da campainha. Trouxeram-na e colocamo-la entre os pés, calcando as bordas com força, no intuito de ver se ele a arrebataria com violência ou se a desmaterializaria. Nem uma nem outra coisa. Como se lesse o nosso desígnio, "João" suscitou-nos leve prurido na perna, e enquanto a levantávamos para atender a "comichão", a campainha tilintou sobre as nossas cabeças. Compreendemos que o Espírito agira intencionalmente para burlar o nosso intento. Nessa sessão, o contato do fantasma foi mais sensível, a materialização seria, quiçá, mais completa, porém só poderíamos senti-la pelo tato.

Como não ignorais, conhecem-se três formas de materialização, das quais nos fala o Dr. Geley nesta obra – a luminosa, a vaporosa e a de aparência carnal, específica[171].

Nós vimos os fantasmas sob a forma vaporosa, mas bastante condensada para distinguir-lhes a fisionomia, a estatura, os gestos e caracteres físicos outros, como cabelos, unhas, etc. O contato da pele nos deixou a impressão natural, como se houvéssemos tocado a mão de um homem, apenas um tato umedecida.

Dessa mão, (mostrando-a bem) a mesma que nos tocou, sem que experimentássemos a mínima sensação anormal, aqui tendes o respectivo molde[172]. E mais estes dois, em formatos diversos, oferecidos à Federação pelos confrades paraenses e obtidos em outras sessões, não por nós presenciadas, mas, nem por isso, menos dignas do vosso acatamento e atenção. Enfim, ides vê-los, que só para isso os trouxe, a falarem mais alto e solenemente do que o nosso testemunho pessoal, em prol da verdade que propugnamos, mercê de Deus, há tantos anos.

*

Muita gente lastima que estes fenômenos deveras transcendentes não se multipliquem, não se vulgarizem, no pressuposto de que eles convenceriam a todo mundo. Entretanto, bem outra é a ilação a tirar: diante das provas mais categóricas, há os irredutíveis de boa e de má-fé. Há os que negam *a priori*, por comodismo, por inércia intelectual – espíritos levianos para os quais o problema da vida é uma equação fisiológica – e há os que combatem por interesse sistemático. Defendendo prerrogativas e regalias de casta, coisa alguma os levaria a capitular. Empalados, embiocados no – *impossível* – constituem a

---

[171] Esta última foi obtida posteriormente pelo confrade Fred Figner, na aparição de sua filha Raquel. Veja-se o livro *O trabalho dos mortos*, do Dr. Nogueira Faria, a sair do prelo (nota de Manuel Quintão).

[172] Clichê da mão (nota de Manuel Quintão).

grande categoria dos que o vulgo chama – *os piores cegos* – os que não querem ver.

Mas, senhores, um dos grandes ensinamentos da filosofia espírita é o de que tudo vem a seu tempo e providencialmente. Se o nosso cardeal se lembrasse de reproduzir hoje, ali na Urca ou em S. Bento, o auto-de-fé realizado em Barcelona em 1861, o feito não passaria de um anacronismo pueril e ridículo, como ridículos e pueris são os ápodos que, dos seus púlpitos adamascados, lançam à doutrina e aos seus adeptos, sacerdotes mais ou menos solertes e almiscarados.

Mas, admitindo que as materializações se generalizassem, que estes fenômenos supranormais se intensificassem, que sucederia? Por um lado, incidiriam na vulgaridade balofa das mesas falantes, a breve trecho no indiferentismo; e, por outro lado, se adaptariam – o que é pior – ao fetichismo inconseqüente.

Não, mil vezes não. A Providência é um fato e se a nós compete, principalmente, nos colocarmos em condições de bem aproveitar as esmolas que do alto nos chegam, aos nossos Guias, aos Espíritos superiores é que compete encaminhar a evolução da humanidade. Ora, em tese falando, o que se evidencia é que a nossa humanidade não está preparada para a messe opima que a seara fecunda do Espiritismo lhe oferta. A prova, tendê-la em que, se tais fenômenos hão constituído elementos de convicção a uma plêiade de sábios ilustres, despreconcebidos de orgulho e prejuízos de escola, para outros não passam os mesmos fenômenos de farsa ou de ilusão. Demais, fenômenos supranormais, transcendentes, eles dependem de um médium e só se podem verificar com eficiência dentro de leis que só moralmente se justificam – o intuito de saber, mas saber para repartir, amando e progredindo. Fora isso, não.

E justo é que assim seja, e natural, também porque uma ciência não o é tal pela só observação dos fenômenos que oferece aos sentidos corporais. Ela o é, precisamente, quando da observação dos fatos conjuga, relaciona, determina as leis que regem os fatos. Não é observando céus estrelados que se faz ciência astronômica; não é agrupando números a esmo que se pratica a matemática.

Pois bem, senhores, nos fenômenos espíritas, é preciso que haja da parte dos observadores o *criterium* superior, que corresponde aos desígnios da Providência, a Lei Moral absoluta, no dizer dos espíritos elevados. Porque o Espiritismo é a ciência da vida, não no que ela tem de transitório e perecível, mas de eterno e imutável.

Ser espírita, portanto, não é crer na imortalidade da alma, somente; não é, tão pouco, ver, tocar, sentir e falar com os Espíritos, pois tudo isto é velho quanto o mundo que habitamos.

Ser espírita é assimilar, dos ensinamentos doutrinários compendiados, como destes fatos hoje concludentes, inconcussos, o cabedal intelectual e moral necessário à reforma des-

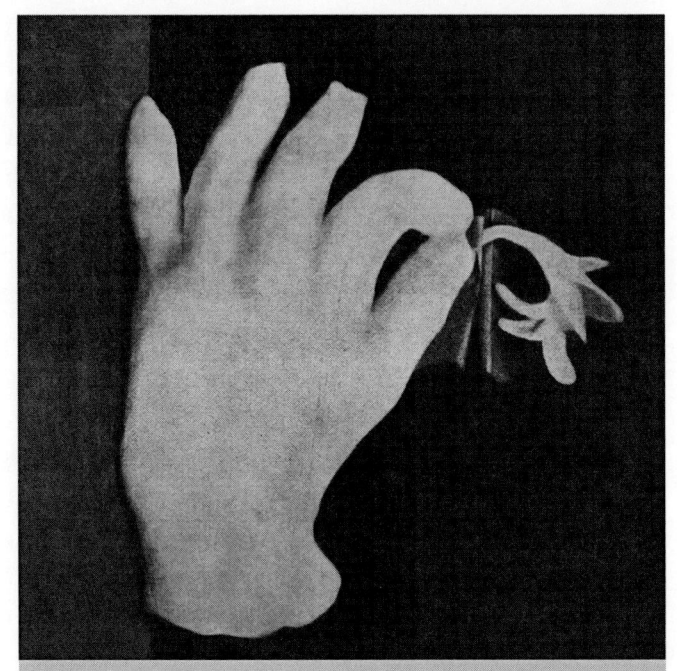

Fig. 77 – Modelagem em parafina de uma flor realizada por Annita e molde da mão de João. Operação descrita na obra Fenômenos de Materialização, autoria de Manoel Quintão.

ta humanidade que se dissolve e aniquila das próprias paixões, do seu materialismo estrábico, da sua impenitência no erro.

Ser espírita é começar desde logo a reforma de si mesmo, é renunciar, na frase d'O Cristo, ao "homem velho" e segui-LO a Ele O Cristo, como quem diz – "o meu reino não é deste mundo".

Ser espírita é constituir elemento novo para a sociedade de amanhã e então, não tendo já por fanal efêmero os interesses de uma classe, de uma sociedade, de um país ou de uma raça, saber, mas saber em consciência, absolutamente, que é um elemento indestrutível, volitivo e progressivamente autônomo para promover a sua integração no seio de Deus, isto é, conhecendo a verdadeira ciência, a ciência divina, universal em Deus.

Fig. 78 – Sede da FEB no Rio de Janeiro (RJ)

É para isso, e tão somente para isso, que o Espiritismo baixa à terra em modalidades novas, revelando, ou antes, suscitando aos homens verdades velhas, e ampliando outras que o divino Mestre definiu naquele "Consolador", naquele "Espírito de Verdade", que ensinaria todas as coisas e ficaria eternamente conosco.

Eternamente conosco! Senhores, acolhamos o convite que nos chega clamorosa ou harmoniosamente, a toques de reunir para o "Dia do Julgamento", que é o exame da consciência para o surto incoercível da reparação.

Lázaros da Fé, paralíticos da Razão, ovelhas tresmalhadas do aprisco de Jesus, que é o Caminho, Verdade e Vida, façamos desse convite a preocupação máxima da nossa existência, certos de que ela não se vai finar amanhã no crepúsculo de um túmulo, mas vai alcandorar-se no infinito, prefulgir, irradiar no seio eterno de Deus.

Nem de outro modo pensando eu vos falaria aqui, neste templo, que o é, e tabernáculo de muitas graças hauridas na compreensão do lema insculpido em sua fachada – *Deus, Cristo e Caridade!*

Fig. 79 – Salão FEB no Rio de Janeiro. Aspecto de reunião ocorrida em 1921.

10
Anna Prado e Gabriel Delanne

Os exuberantes fenômenos produzidos pelas faculdades mediúnicas de Anna Prado lhe emprestaram notoriedade internacional. Noticiados em diversos jornais, revistas e outras publicações de variados países, mereceram a atenção de leigos e estudiosos, crentes e negadores, provocando as mais acaloradas discussões.

No continente europeu, foram abordados pelos periódicos *Revue Spirite*, fundada por Allan Kardec em Paris, França[173], *Psychische Studien*, de Leipzig, Alemanha[174] e divulgados pelo *Institut Métapsychique International*, fundado por *Jean Meyer*, Paris, França[175], do qual faziam parte cientistas como *Charles Richet, Gustav Geley, Eugene Osty, Ernesto Bozzano e Camille Flamarion*.

Não fossem tão extraordinários esses fenômenos, certamente não teriam atingido a larga repercussão que alcançaram. Ga-

---
[173] Fundada em 1º de janeiro de 1858.
[174] FORTHUNY, Pascal: Experimente mit dem brasilianischen Medium Mme. Prado, in: *Psychische Studien, Leipzig*. 49.1922, Dez. Seiten: 1-10, Ex.:2 e Lebrecht, O: Experimente mit dem brasilianischen Medium Mme. Prado, in: *Psychische Studien*, Leipzig, 51.1924, Jan. Seiten: 1-10.
[175] Por meio de seu boletim *La Revue Métapsychique*.

Fig. 80 – Camille Flamarion (1842 – 1925)

Fig. 81 – Jean Meyer (1855 – 1931)

briel Delanne, outro destacado membro do Instituto Metapsíquico, grande estudioso da ciência espírita e um dos nossos mais lidos e respeitados escritores, conferiu especial relevo a essas experiências em sua obra *La Réincarnation*[176]. Esse fato, que se reveste de singular importância, faz de Anna Prado a médium brasileira com maior distinção no período clássico do Espiritismo.

Transcrevemos a seguir, com tradução a partir do original francês[177], os textos constantes da obra de Gabriel Delanne e aqueles que foram publicados pela *Revue Spirite* no mês de maio de 1923 e *Revue Métapsychique* nos meses de abril de 1922 e janeiro de 1923. Eles nos dão conta da enorme importância dos fenômenos espíritas passados em Belém do Pará, patrocinados pelos elevados dotes mediúnicos de Anna Rebello Prado.

---

[176] Obra publicada originalmente com o título de *Documents pour servir à l'étude de la Réincarnation*, pela Editions Vermet, Paris, França, 1924. Traduzida para o português por Carlos Imbassahy e publicada pela Federação Espírita Brasileira, com o título *A Reencarnação*.

[177] Traduzimos os textos da obra original *La Réincarnation* porque Carlos Imbassahy, quando da sua tradução, optou por suprimir alguns parágrafos, cujo teor já constava no livro *O trabalho dos mortos*, publicado pela Federação Espírita Brasileira.

ANNA PRADO, a mulher que falava com os mortos

Fig. 82 – Nessa fotografia visualizamos uma pequenina mão fluídica sobre o ombro esquerdo de Anna Prado.

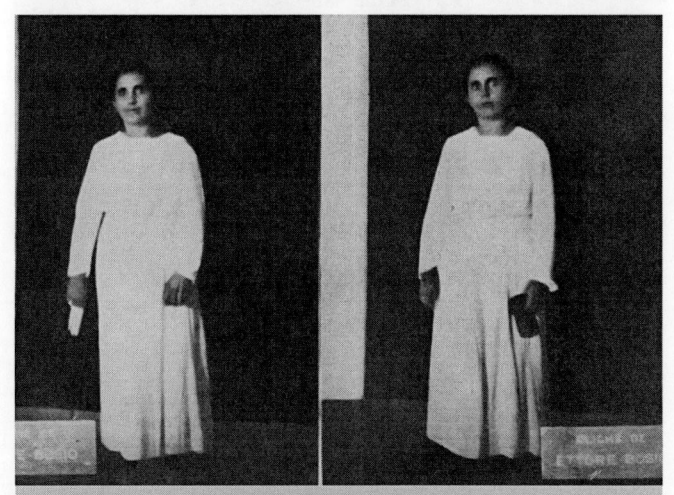

Fig. 83 – Na primeira fotografia nota-se uma espécie de luva fluídica na mão de Anna Prado e na segunda uma espécie de bolsa preta em veludo, também fluídica.

Fig. 84 – Gabriel Delanne (1857 – 1926)

La Réincarnation

Expériences à L'Institut Métapsychique International

[...]
Por outra parte, o Dr. Nogueira de Faria fez publicar um livro intitulado O Trabalho dos Mortos, no qual relata as numerosas experiências de materialização que se realizaram em casa do Sr. Eurípedes Prado, farmacêutico em Belém do Pará, no Brasil. A médium era a sua mulher.

Essas sessões se fizeram debaixo de fiscalização minuciosa. Muitas vezes era a Senhora Prado fechada numa gaiola e os Espíritos se materializavam do lado de fora. Tais experiências se reproduziram em vários lugares, com o mesmo êxito, e, entre outros, na casa do compositor Ettore Bosio, onde os fenômenos se revestiam da mesma intensidade.

O controle era exercido por médicos, entre os quais podemos citar os doutores Lauro Sodré e João Coelho, ex-governadores do Pará; Srs. José Teixeira da Matta Bacellar (médico homeopata), Antônio Porto de Oliveira (especialista em doenças nervosas, psiquiatra), Diógenes Ferreira de Lemos (oculista), Jaime Aben-Athar (diretor do Instituto Pasteur), Renato Chaves (médico legista, diretor do serviço antropométrico), Juliano Pinheiro Sozinho, Virgílio de Mendonça (especialista nos estudos do hipnotismo e do magnetismo, Senador do Estado de Belém), C. Gurjão, Gaston Vieira, Auzier Bentes, Pereira de Barros, Pontes de Carvalho, todos *médicos; Manoel Coimbra, diretor da Escola de Farmácia.* Além disso, *três membros do Tribunal Superior de Justiça do Estado; dois magistrados, vários advogados,* Sr. Kouma Hourigoutchy, Ministro do Japão; engenheiros, jornalistas; o famoso poeta Eustachio de Azevedo, o ilustre compositor Ettore Bosio.

Não podendo estender-me sobre os pormenores das sessões, sou obrigado a remeter o leitor às atas publicadas na Revue Métapsychique, n° 2, 1922 *e n° 1, 1923. (29-A)*

Basta-me assinalar que se obtiveram, por várias vezes, moldagens na parafina, de mãos e pés provenientes do Espírito João e de uma moça, Raquel Figner.

Na sessão do dia 28 de setembro de 1919, na presença de várias pessoas, incluindo dois médicos, formação fluídica na escuridão; a entidade João, por meio da parafina e da água, faz uma moldagem de mão com dedos curvados e um ramalhete de rosas angélicas. Em 17 de abril de 1920, 30 assistentes. Verificação do gabinete e da jaula. Meia-luz. Nuvem branca a partir da qual emerge um rosto claro, e depois o corpo completo de uma moça, "entidade Annita", diz o médium. Annita se aproxima do Sr. Prado e lhe beija a mão. Ela saúda as outras pessoas. Vestida de branco. Cabelos compridos. Ela trabalha em seguida com a parafina e estende o braço, às vezes, para mostrar a continuação das operações. A moldagem era perfeita. Ela havia acrescentado nela flores modeladas.

Ela se ajoelha e , por fim, canta uma canção...

Em 30 de abril de 1920, é uma mão de criança que é modelada.

Em 14 de junho de 1920, na presença do Sr. Kouma Hourigoutchy, ministro do Japão no Brasil, Dr. Virgílio de Mendonça e de quinze outras testemunhas. Meia escuridão. Utilização de um ventilador para ajudar ao resfriamento rápido das moldagens. Mensagens tiptológicas convidando o Dr. Mendonça a se aproximar da jaula por um severo controle, na companhia do ministro japonês. Aparição do Espírito João que aperta a mão do doutor em medicina e a do Sr. Kouma. À vista de todos, ele trabalha com a parafina, deixa três pessoas tocar a sua mão "enluvada" pouco a pouco. O molde é finalizado, ele o confia a um assistente, que o dá a Kouma. Outro molde é produzido. Sai João, reaparece Annita. Ora de Joelhos. Permanência de um quarto de hora. Aperto de mãos. Retirada. João retorna. Oração. Depois a entidade vai até o médium e o reconforta.

Tendo o Instituto Metapsíquico aberto um inquérito a respeito dessas sessões, a ele responderam sete doutores, que afirmaram a realidade dos fenômenos obtidos no grupo Prado e em casa do compositor Bosio, onde a Sra. Prado também deu algumas sessões.

Tais atestados são acompanhados de uma carta do Sr. Frederico Figner, que teve a alegria de ver, por várias vezes, sua filha Raquel, perfeitamente materializada, e obteve um excelente molde de seu pé, na parafina.

Não é mais possível, agora, negar que o corpo fluídico objetivado não seja semelhante, em todos os pontos, e mesmo, anatomicamente, idêntico ao nosso. É positivamente um ser de três dimensões, com morfologia terrestre. Não se trata de um desdobramento do médium, porque dele difere física e intelectualmente. O Espírito, que está presente, que se forma sob os olhos dos assistentes, na Vila Cármen, ou no laboratório do Dr. Gibier, quando reaparece em nosso mundo objetivo, retoma instantaneamente seus atributos terrestres. Estes não se criam no momento, preexistem, mas em estado latente, porque as condições de vida no Além não são as nossas, e não existem para a alma necessidades físicas análogas às do meio terrestre.

REVUE SPIRITE[178]

Já há muitos meses que em Belém (Estado do Pará – Brasil) a médium Anna Prado assombra o corpo médico e abala as opiniões dos mais materialistas, pelos verdadeiros prodígios que uma mediunidade absolutamente excepcional lhe permite realizar. A Revue Métapsychique, por duas vezes, com base em relatos rigorosamente certificados por eminentes cientistas brasileiros, ocupou-se do caso Prado e só nos resta aconselhar a consulta desses documentos para que conheçam uma série de fenômenos que estão entre os mais patentes da história do Espiritismo. Hoje tomamos conhecimento pelos nossos irmãos sul-americanos que a médium de Belém acaba de colaborar, com a mais feliz eficácia, com uma experiência espantosa: a operação de um tumor na axila, realizada na presença de médicos, por uma entidade. Nada diríamos desses fatos excepcionais se apenas encontrássemos a relação deles em revistas que, leais e honradas em todos os aspectos, têm como tradição imutável registrar apenas a verdade com-

---

[178] *Revue spirite*, maio de 1923, p. 230-231.

provada. Apesar de sua integridade, seu horror à mentira e à livre interpretação dos fatos, duvidaríamos ainda – e que eles nos perdoem – da absoluta exatidão de seus relatos, pois nos parecem ultrapassar as possibilidades, em matéria de experiências psíquicas. Mas podemos nos apoiar em um relatório que é uma alta profissão de fé científica de um famoso sábio cuja ciência expandiu-se até os domínios do Espírito, e que, cumulado de honras em seu país, admirado, celebrado por todos os seus compatriotas, escreveu, para começar sua grande revelação: Chegou o momento crítico de pôr em perigo toda a minha responsabilidade profissional e todo o respeito que pude adquirir durante 70 anos de uma vida correta. O Dr. Matta Bacellar, orgulho brasileiro, conta assim o que viu: "Em 10 de outubro de 1922, fui à casa de Eurípedes Prado para assistir a abertura de um tumor em uma criança, por um médico do Astral, sendo o médium Anna Pardo. O jovem J. Andrade, de onze anos, me foi apresentado e o examinei antes da operação; constatei um tumor do tamanho de um ovo, localizado na axila esquerda. Para intervir e provocar o mínimo de dor, pessoalmente eu teria aguardado 3 ou 4 dias.

Às 9 horas da noite, a médium entra no gabinete escuro. Os assistentes fazem a corrente; a criança, com o braço esquerdo descoberto, está sentada perto deles. A luz é reduzida, mas de forma que ainda se possa ver. Após meia hora, dois rostos se formam: um deles é da Entidade João (que frequenta muitas vezes as reuniões Prado); o outro é desconhecido e se aproxima da cadeira onde está o paciente. O corpo de João se materializa e toco seus dedos. Finalmente, um terceiro fantasma chega, completo, que avança até o paciente, inclina-se sobre ele em atitude de alguém que trabalha. Após cerca de 30 minutos, a operação é concluída, ele se retira, desaparece,e, pela voz da médium, avisa que não abriu mais amplamente o tumor para evitar maiores sofrimentos para a criança, mas que a operação é suficiente para trazer uma rápida recuperação. "O pequeno, disse ele, não sentirá mais dores".

"Acesa a luz, me aproximo e, para meu grande espanto, constato que o paciente segura em sua mão um lenço manchado de sangue e de pus. O tumor é extirpado e ainda sai dele pus e sangue. A criança, durante a operação, sentiu sua ação, mas de uma forma muito suportável. Durante a meia hora, não se ouviu um gemido. Às almas receosas e àquelas que estão interessadas em negar a certeza de tais fatos maravilhosos, eu nada direi. Mas àquelas que buscam a verdade– e principalmente a meus céticos colegas da cirurgia e da medicina – peço que prestem atenção a isso e meditem sobre o que acabo de ter a honra de expor." – (Novembro de 1922. José Teixeira da Matta Bacellar, doutor em Medicina, diplomado pela Faculdade da Bahia; ex-membro da Federação Brasileira do Congresso constitutivo brasileiro; ex- vice-presidente sênior da Câmara Federal, membro correspondente do Instituto Histórico e Geográfico de Sergipe).

Revue Mètapsychique

Primeira Crônica[179]

Diversas publicações espíritas na América do Sul e na Europa assinalam os fenômenos cujo teatro é a residência de um farmacêutico, Eurípedes Prado em Belém do Pará, Brasil. A Revue Métapsychique analisa "O Trabalho dos Mortos" (Sr. Nogueira de Faria), verificações feitas por competentes pessoas, tendo o caso (médicos, psiquiatras, oculista, especialistas da hipnose e do magnetismo...).

Preocupado desde a infância com o problema da sobrevivência, Sr. Prado leu "O Céu e o Inferno" (A. Kardec).

---

[179] FORTHUNY, Pascal. *Chronique etrangere. Expériences avec Mme Prado, médium brésilien.* Revue Mètapsychique, 1922, n°. 2.

Ele tenta fazer girar um velador. Alguns raps. Apesar dos temores, continua. Uma entidade anuncia (tiptologia) que a Sra. Prado é médium. Uma flor foi transportada do jardim, depois se formam luzes, aparições de braços, de mãos, de rostos reconhecíveis. A entidade (João) dá um molde (parafina e água) de mão. Os assistentes se tornam cada vez mais numerosos. Nova entidade (Anita). Primeira experiência de fotos. Tentam-se depois experiências datiloscópicas (impressões digitais). Experiências de escrita direta foram bem sucedidas. Um capítulo do livro é consagrado às fotografias do Sr Ettore Bosio (análise meticulosa em "O que eu vi"). A última parte é consagrada às materializações de Rachel Figner que foram, desde maio de 1921, mencionadas na imprensa. Em 30 de Abril de 1921, na casa de um compositor, a Sra. Prado entra transe. O Sr. e a Sra. Figner estão presentes, eles perderam uma filha, Rachel, materialização da criança. O fim do relatório dessas sessões no livro é nessa data. O IMI[180] assinala que estudaria com interesse um documento rigorosamente metódico assinado pelos membros do corpo médico sobre os fatos que eles têm o dever de acolher com reserva.

Segunda Crônica[181]

Nós damos conta dos fenômenos obtidos. Nós extraímos nossas referências de revistas brasileiras e o livro O Trabalho dos Mortos do Sr. Nogueira de Faria. No final do nosso artigo, nós expressamos o nosso desejo de ter mais documentos rigorosos. Publicamos, sem comentários, os certificados dos nossos correspondentes e lhes deixamos a

---

[180] Institut Metápsychique International.
[181] FORTHUNY, Pascal. *Chronique etrangere. Expériences avec Mme Prado, médium brésilien*. Revue Mètapsychique, 1923, n°. 1.

inteira responsabilidade. Ao mesmo tempo, com esses documentos, recebemos uma carta do Sr. Fred Figner (Cf. op. cit. p. 136, 137). Ele assinala, a mais, uma curiosa e nova faculdade da Sra. Prado que nós conhecíamos já pelos artigos da revista espírita "Reformador", fato mencionado primeiro na Revista Espírita de Belém. O caso Prado é apresentado como sendo consecutivo a uma primeira observação sobre a médium D. Francisca G. da Silva. Trata-se de *psicografia cutânea*. Impressão sobre a pele da médium, por uma *entidade*, de uma palavra pronunciada. A se aproximar, talvez, dos casos de estigmas ou de dermografismo.

11

Anna Prado e Chico Xavier

Mais de três décadas após sua desencarnação, a notável médium de *O Trabalho dos Mortos* trouxe-nos interessante mensagem, por meio da psicofonia de Francisco Cândido Xavier.

Falando com simplicidade e brandura, a nobre companheira desencarnada sensibilizou profundamente a todos os seus ouvintes naquela noite, quando exalçou os nossos graves compromissos espirituais diante da mediunidade de efeitos físicos e das lições evangélicas recebidas.

Relembrando a sua condição de agente mediúnico dos famosos fenômenos que agitaram a capital paraense no início do século findo e reconhecendo-se humilde servidora do ideal que hoje nos abriga, discorreu sobre a necessidade de ampararmos o desenvolvimento da mediunidade de efeitos físicos, cercando-a com os indispensáveis cuidados, para que experimentadores e instrumentos medianímicos não viessem a ser dominados pelas forças das sombras.

Dada em 24 de fevereiro de 1955 e inserida na obra *Instruções Psicofônicas*[182] com o título *Observação Oportuna*, a mensagem ressalta,

---

[182] Organizada por Arnaldo Rocha e publicada pela Federação Espírita Brasileira.

ainda, a elevada importância da evangelização das criaturas como meio de se promover a renovação dos seus sentimentos e evitar muitas de suas quedas e enganos.

Com um trabalho extraordinário em favor da comprovação da sobrevivência da alma, os feitos mediúnicos de Anna Prado estão sobejamente registrados em jornais, revistas e livros, autenticados por pessoas idôneas e de sabida inteligência e tirocínio, para que se coloque em dúvida a sua veracidade.

Nada obstante, a título de corroboração e sem a intenção de dar-lhe caráter histórico – pelo menos por agora – registramos a acatada palavra do saudoso médium Francisco Cândido Xavier sobre o assunto, quando participando do programa *Pinga-Fogo*, realizado e exibido pela TV Tupi, São Paulo em 28 de julho de 1971, teve ocasião de afirmar que *a médium Anna Prado, em Belém do Pará, foi responsável por fenômenos de materialização dos mais legítimos*[183].

Cremos que a declaração do nosso querido Chico Xavier, possuidor da mais límpida e versátil faculdade mediúnica dos últimos cem anos em nosso país e quiçá da história do Espiritismo, vale por testemunho dos céus ratificando o quanto realizou a excepcional médium amazonense em prol da difusão espiritista[184].

Observação Oportuna

Amigos, saibamos receber a paz de Jesus.
Sou a vossa irmã Anna Prado, humilde servidora de nosso ideal.

---

[183] Conforme gravação *Vídeo Spirite – Memória Audiovisual do Espiritismo*.
[184] Após a sua desencarnação, sob o pseudônimo Irmão Jacob, Frederico Figner escreveu pela mediunidade de Francisco Cândido Xavier o livro *Voltei*, publicado pela Federação Espírita Brasileira, em que relata suas primeiras experiências no seu retorno à Vida Espiritual. No cap. 15 dessa obra, ele faz referência às materializações de Marta – Rachel Figner – ocorridas em Belém do Pará, atestando outra vez, pelas gloriosas faculdades psíquicas do grande médium mineiro, a autenticidade dos fenômenos de Anna Prado.

Não há muitos anos, cooperei na mediunidade de efeitos físicos, na cidade de Belém do Pará, tentando servir ao Espiritismo, não obstante minhas deficiências e provações.

Adapto-me, porém, agora, à mediunidade de efeitos espirituais, nela encontrando seguro caminho para a renovação com o Cristo.

Cooperei na materialização de companheiros desencarnados, na transmissão de vozes do Além, na escrita direta e na produção de outros fenômenos, destinados a formar robustas convicções, em torno da sobrevivência do ser, além da morte; no entanto, ao redor da fonte de bênçãos que fluía, incessante, junto de nossos corações deslumbrados, não cheguei a ver o despertar do sentimento para o Cristo, único processo capaz de assegurar à nossa redentora Doutrina o triunfo que ela merece na regeneração de nós mesmos.

No quadro dos valores psíquicos, a mediunidade de efeitos físicos é aquela que oferece maior perigo pela facilidade com que favorece a ilusão a nosso próprio respeito.

Recolhemos os favores do Céu como dádivas merecidas, quando não passam de simples caridade dos Benfeitores da Vida Espiritual, condoídos de nossa enfermidade e cegueira. E, superestimando méritos imaginários, caímos, sem perceber, no domínio de entidades inferiores, que nos exploram a displicência.

A vaidade, na excursão difícil a que nos afeiçoamos com as nossas tarefas, é o rochedo oculto, junto ao qual a embarcação de nossa fé mal conduzida esbarra com os piratas da sombra, que nos assaltam o empreendimento, buscando estender o nevoeiro do descrédito ao ideal que esposamos, valendo-se, para isso, de nosso próprio desmazelo.

Minhas palavras, porém, não encerram qualquer censura aos gabinetes de experimentação científica.

Seria ingratidão de nossa parte olvidar quanto devemos aos estudiosos e cientistas que, desde o século passado, trazem a lume as mais elevadas lições a benefício do mundo, mobilizando médiuns e companheiros de boa-vontade.

Minha singela observação reporta-se apenas à profunda significação do serviço evangelizador, em nosso intercâmbio, porque o sofrimento, a ignorância, a irresponsabilidade, os problemas de toda espécie e os enigmas de todas as procedências constituem o ambiente comum da Terra, perante o qual a mediunidade de efeitos físicos deve agir, renovando o sentimento e abordando o coração, para que o raciocínio não pervague ocioso e inútil, à mercê dos aventureiros das trevas que tantas vezes inventam dificuldades para os veneráveis supervisores de nossas realizações.

Favoreçamos, sim, o desenvolvimento da mediunidade de efeitos físicos, onde surja espontânea, nos variados setores de nosso movimento, contudo, amparando-a com absoluto respeito e cercando-a de consciências sinceras para consigo próprias, a fim de que experimentadores e instrumentos medianímicos *não sucumbam aos choques da sombra*.

Quanto a nós, prossigamos em nosso esforço persistente ao lado do pauperismo e da aflição, da dor e da luta expiatória que exigem da mediunidade de efeitos espirituais os melhores testemunhos de amor fraterno.

Recordemo-nos de Jesus, o intérprete de nosso Pai Celestial, que em seu apostolado divino reduziu, quanto possível, os fenômenos físicos ante a miopia crônica das criaturas, e aumentos, sempre mais, as demonstrações de socorro à alma humana, necessitada de luz.

Lembremos o Grande Mestre do *"Vinde a mim, vós que sofreis!..."* e, colocando-nos a serviço do próximo, esperemos que a curiosidade terrestre acumule méritos adequados para atrair a assistência construtiva de Mais Alto, porque somente pela pesquisa com trabalho digno e pela ciência enriquecida de boa consciência é que a mediunidade de efeitos físicos se coroará, na Terra, com o brilho que todos lhe desejamos.

Fig. 85 – Desmaterialização de Anna Prado e início da materialização de um fantasma. A extensa formação fluídica não impede a visualização do piso e parede da sala.

Fig. 86 – Chico Xavier (1910 – 2002)

12

ABRIL DE 1923

O DESENLACE

Após um período relativamente diminuto de atividades mediúnicas, Anna Rebello Prado regressa triunfante à vida espiritual.

Durante esse tempo, inúmeras foram as provas e evidências que ofereceu para tornar patente a vida além-túmulo. Fortalecendo a fé de muitos, suavizando as dores de outro tanto e conduzindo alguns mais a demoradas reflexões acerca da vida, a notável medianeira inscreveu seu nome na história do Espiritismo.

Com os seus trabalhos, muitos foram os que se converteram à nova doutrina, não faltando, obviamente, os impenitentes negadores e gratuitos adversários que, sustentando suas tolas posições no movediço solo de seus preconceitos e dogmas, seguramente pertenciam, na sua maioria, ao número daqueles que nunca partilharam dessas experiências.

Alheia a elogios e insultos, acusações e perseguições, Anna Prado jamais deixou de servir com humildade e disposição verdadeiramente cristãs à tarefa que a vida lhe assinalara, sem nunca desfalecer em sua fé ou tergiversar em seus compromissos espirituais.

Com tantos e valiosos serviços prestados à causa espírita, muito ainda se aguardava de suas admiráveis faculdades.

Seus dons mediúnicos esplendiam!

Nada obstante, brevemente abandonaria sua existência terrena, deixando imensa saudade em seus familiares e irmãos de crença.

Atingida por lastimável acidente doméstico, quando utilizava pequeno fogão a álcool, a nobre senhora sofreu várias queimaduras de graves e irreversíveis consequências.

Socorrida inicialmente pelo seu irmão João Rebello Corrêa[185], estudante de Direito na capital paraense, foi imediatamente entregue a cuidados médicos. Todavia, em face das profundas lesões sofridas, não logrou preservar sua vida física, desencarnando horas depois.

O seu trágico desenlace, ocorrido em 23 de abril de 1923[186], deu azo a desabridos e infundados comentários por parte dos seus detratores que, não satisfeitos com os padecimentos morais que lhe haviam impingido em vida, procuravam manchar-lhe a memória, sugerindo a absurda hipótese de que a inolvidável missionária espírita houvesse optado pelo suicídio.

Os seus leais amigos, sobretudo aqueles que lhe conheceram de perto a coragem, a fé e o trabalho desinteressado, logicamente repudiaram tal despropósito, guardando o respeito e o apreço que sempre lhe votaram.

Fig. 87 – João Rebello Corrêa – Irmão de Anna Prado (1893 – 1973)

---

[185] Segundo informações da filha do Sr. João Rebello Corrêa, Sra. Ana Augusta Nina Corrêa, que nos disse ter ouvido várias vezes o seu pai falar sobre o assunto.

[186] Segundo nota de Raymundo Nogueira de Faria em seu livro *Renascença da alma*, o acidente que vitimou Anna Prado ocorreu em 22 de abril de 1923.

Como prova dessa verdade, vejamos o que escreveu o nosso saudoso Manuel Quintão, deixando para logo mais a refutação de tão insustentável e desarrazoada acusação.

> Vitimada por acidente fortuito, cujos detalhes ignoramos, desencarnou em Belém do Pará D. Anna Prado, o excelente médium dotada de poderosas faculdades, que, de cinco anos a esta parte vinha revolucionando o pacato meio provinciano do extremo norte e provocando – a nosso ver, logicamente – tão valiosas conversões quão apaixonadas controvérsias.
>
> Os que combatem, iracundos e tendenciosos, os fatos espíritas e as teorias deles decorrentes poderiam edificar-se com proveito, buscando conhecer o desenvolvimento mediúnico da Sra. Prado, desde os planos rasos e imprecisos dos primeiros sintomas às culminâncias das materializações tangíveis e definidas, no exposto por seu marido, com singela naturalidade, em O Trabalho dos Mortos, o magnífico livro do distinto confrade Dr. Nogueira de Faria.
>
> Eles veriam, então, que, católica por educação e timorata por índole, só a contragosto e por condescendência ao marido, carinhosa e devotada esposa, veio ela a ser um dos melhores instrumentos à propagação da verdade espírita pelo fato, não só em nosso país, onde seu nome se tornou conhecido e acatado, como no estrangeiro, onde revistas de valor científico qual a Revue Mètapsychique, do Dr. Geley, se ocuparam da sua personalidade e dos seus trabalhos mediúnicos.
>
> Com tais precedentes e predicados de educação, considerando-se a produção mediúnica da Sra. Prado, é fácil concluir que o fenômeno espírita independe da vontade dos homens e, por conseguinte, de cânones científicos ou religiosos, mais ou menos oficializados, para aflorar oportuna e providencialmente, onde quer que o suscite, a evolução da humanidade.

Não somos nós quem o diz, é a História que o registra: é a sombra de Samuel pela pitonisa de Endor, é o festim de Baltazar, são a Bíblia, o Evangelho, os anais da própria igreja católica, ao clarão sinistro das fogueiras medievas.

O povo não pensa, não lê, não medita. A grande massa ignora, simplesmente...

*

Modesta e boa, recatada e simples, esposa dedicada e mãe amantíssima, dotada, enfim, desses requisitos que fazem da mulher a Rainha do Lar, a dispensadora única da felicidade única e sadia, no volutabro da Terra, D. Anna Prado deveria estar imune da suspeita, da calúnia, da protérvia sectarista, se nos detratores energúmenos da crença espírita falasse mais alto o pudor da consciência do que os interesses contingentes mal feridos – tesoiros que a traça rói, no conceito lapidar do Cristo.

Natural, portanto, a campanha desabrida e refece que lhe moveram na imprensa os adversários de todos os tempos e feitios, inquinando de fraudulentas as suas provas.

A verdade, porém, tem o seu império absoluto no substrato das consciências, ainda as mais rebeldes e tenebrosas.

Se umas calam, por conveniência, falam outras por necessidade incoercível e assim, pouco a pouco, hoje uma, amanhã outra, se vão avolumando as vozes dos Epaminondas, que honram a espécie, de todos os tempos e para todas as nobres causas da humanidade.

Lá, no Pará, uma plêiade de espíritos de escol, criaturas de valor social e moral, lida hoje na guarda da causa espírita, que é a da regeneração substancial do homem, graças aos memoráveis trabalhos da Sra. Prado.

E não só no Pará como em outros centros do Brasil, intelectuais de valor, médicos, jornalistas, magistrados conservam – quiçá como fruto pendente de razão – impressões realistas dos fenômenos a que assistiram entre comovidos e maravilhados.

Para citar dois nomes:

O venerando Dr. Lauro Sodré, que disse: "São, a meu ver, forças ainda desconhecidas; mas o que repilo, pelos meus sentimentos de justiça, é a idéia de fraude".

E o Dr. João Coelho, também ex-governador do Estado, que afirmou "ter tido a impressão de reconhecer os traços fisionômicos do espírito cuja mão apertou, fisionomia em nada semelhante à de qualquer dos presentes"[187].

De fato, só quem não assistiu às sessões da família Prado poderá agasalhar essa pecha – a fraude.

Ao justo, critério doutrinário visando, que são, que representam os médiuns? Espíritos devedores que, fraudando a Verdade em anteriores encarnações, escolheram a prova, em regra difícil e dolorosa, de ser dessa mesma Verdade expoentes vivos, a seu tempo e meio, conforme as vistas da Providência Divina.

Felizes dos que, sem esmorecimentos nem revoltas, vão até o fim, impassíveis e superiores a todas as gritas e rumores do maelstrom da vida.

D. Anna Prado é, para nós, do número desses, e eis porque o seu espírito, hoje liberto, receberá os votos de reconhecimento e de paz de encarnados e desencarnados, de quantos, em suma, graças às suas faculdades, puderam, do nível em que encontravam, na terra ou no espaço, vislumbrar mais amplos e róseos horizontes de luz.

*

À distinta família Prado, neste registro, deixamos o testemunho de fraternidade e comunhão espiritual, certos de que os estos humaníssimos do coração, neste caso, não sobrepujaram as consolações da fé na sobrevivência do missionário espírito, em marcha ascendente para mais gloriosos destinos.

---

[187] *O trabalho dos mortos*, p. 9 (nota de Manuel Quintão).

E a tantos dos nossos confrades que deploram o desaparecimento do médium precioso, diremos apenas: – Deus tem poder para fazer das pedras filhos de Abraão[188].

Uma hipótese absurda

Os fanáticos de todos os tempos hão perseguido aqueles que não pautam suas existências pelos seus acanhados diapasões.

Os materialistas de toda época têm ridicularizado o que não compreendem ou simplesmente não aceitam, por se manterem presos, exclusivamente, nos estreitos escaninhos de seus sentidos ordinários.

Os indiferentes de toda ordem, quase sempre fazem eco a esses infelizes comportamentos, sem conjecturar sobre as suas consequências.

São eles os lobos referidos por Jesus em seu Evangelho. Contudo, assegurou-nos o Mestre que somente os lobos caem em armadilhas de lobos.

Anna Prado sofreu todos esses achaques. Nada obstante, perseverou em suas elevadas tarefas.

Almas ardilosas, acostumadas a conciliábulos torpes e muitas vezes representantes de um cristianismo desvirtuado, tentaram em vão enodoar-lhe a personalidade e a lembrança.

A imerecida acusação de suicídio foi a derradeira e mais vilosa dessas investidas, gerando desconforto e desconfiança, até mesmo no ânimo dos espíritas.

Conhecendo essas referências, com as quais em nada concordávamos pelas pesquisas que já realizáramos, desejamos obter documentos que nos possibilitassem refutar uma hipótese tão absurda.

A continuidade de nossas buscas nos levou aos textos que a seguir transcrevemos[189]. Cremos sejam eles suficientes para afastar de vez a triste suposição de que Anna Prado, depois de tantas lutas e trabalhos em favor da vida, dela tenha desertado de maneira tão insensata.

---

[188] Reformador, 16 de maio de 1923, Croniqueta 2, p. 190 e 191.

[189] Pesquisas realizadas no acervo da Federação Espírita Brasileira, gentilmente franqueado por seu diretor, Sr. Geraldo Campetti Sobrinho.

Carta de Manuel Quintão ao Dr. Matta Bacellar

Rio, 13 de maio de 1923

Prezado confrade e amigo Dr. Matta Bacellar – Belém.

Paz em nome de Jesus.
Acredite que é sempre com satisfação que recebo letras suas.

Tenho agora presente a carta de 16 do p.p., na qual o amigo relata os detalhes do acidente de D. Nicota Prado. O fato insólito impressionara grandemente os meios espíritas e estávamos todos ansiosos por conhecê-lo em seus antecedentes; mesmo porque já se boquejava em suicídio e hipóteses que tais, capazes de alimentar a sempre solerte atividade dos inimigos da doutrina.

Assim, pois, a sua palavra acatada e oportuna teve o efeito de um sedativo. Vou aproveitá-la para uma segunda croniqueta no Reformador, e lembro-lhe que qualquer coisa que o amigo escrevesse sobre o médium teria agora o melhor acolhimento. Os jornais profanos em sua maioria trataram, digo, noticiaram o caso; e alguns francamente hostis, como a Gazeta de Notícias, não podendo negar as faculdades mediúnicas, nem a honorabilidade dos observadores, aventaram a hipótese de uma sugestão coletiva!!! Presumo hoje muita gente desolada, aí como aqui; gente que ainda esperava assistir aos trabalhos do médium. Nós outros, porém, sabemos que ele cumpriu a sua missão e está, porventura, mais amparado que nunca. Amparemos, de qualquer forma os que ficaram, naturalmente desolados – esposo e filhos – e não duvidemos do vitorioso prosseguimento da Causa.

[...]

Enfim, meu caro Dr. Matta Bacellar, de tudo isto nos resta um consolo, e vem a ser que as idéias se agitam, discutem-se as hipóteses, abre-se a muralha do silêncio até há bem pouco inabalável na sua espessura milenar.

Ainda bem... Pois não é?

Li recentemente outra obra do Dr. Lucion Enos – luitié. Achei-a um tanto nebulosa, mas, em todo caso, desbravadora de terreno, para uma certa classe de espíritos.

Não contava alongar-me tanto; perdoe-me o caro amigo pelo bem que lhe quero, e consinta aqui lho diga: ao nos defrontarmos há dois anos, tive a impressão de sermos velhos conhecidos.

Desejando-lhe a doce paz de Jesus, peço-lhe que aceite o fraternal abraço do n'Ele e por Ele.

Confrade e amigo obrigado[190].

Uma Crônica de Quintão

O Espiritismo, como doutrina e como fato, não depende nem vive do juízo humano.

Por outras palavras: não precisa do homem; este é que, por impulso natural de consciência, por necessidade psicológica, o aceita e nele se integra, em lhe chegando o tempo e a graça de o fazer.

Já algures o dissemos: não é a crença um fruto de convenção, mas de razão e, tomada neste sentido, uma crença religiosa corresponde a um estado d'alma coletivo – fruto sazonado, para nós, através de encarnações interativas – que não espontâneo e arbitrário – ou seja: entrosado na evolução espiritual da humanidade.

---

[190] Revista Espírita, julho de 1923, Belém - PA, p. 12-13.

Assim pensando, aos que se esbofam em deturpar os fatos e deprimir os adeptos do Espiritismo, supondo deter-lhe a marcha vitoriosa no consenso das massas, assentariam ao justo as sábias palavras da "Imitação do Cristo", a saber:

"... não te abalem a elegância e sutileza dos humanos dizeres, que não consiste em discursos o reino de Deus, senão em virtudes.(Cap. 43)"

Estas palavras vêm igualmente a propósito da mágoa que causa a muitos confrades o ataque caviloso e desabrido de público dirigido à nossa doutrina, suscitando-lhe o desejo de revide.

Ora, a verdade é que essas arremetidas assim perpetradas com evidente má-fé, quando não eivadas de supina ignorância, a ponto de causar piedade, são, no fundo, mais benéficas que nocivas à propaganda, dado que a opinião de homens, inconscientes ou casuísticos, pudesse afetar a Verdade e fosse a propaganda doutrinária exclusivamente nossa, que não conjugada à influenciação dos Espíritos, providencial, indefectível, portanto.

Benéfica, por exemplo, se joeirada pelo bom senso, não pode deixar de ser aquela notícia da Gazeta de Ditas, a propósito da desencarnação do médium D. Anna Prado.

De fato: depois de se referir à realidade das materializações ali presenciadas por homens de valor e probidade inconcussos, não podendo atreitar-se à já cediça e estafada hipótese da fraude, afirma o seráfico noticiarista, com sem-cerimônia não menos seráfica, que tais fenômenos poderiam enquadrar-se na teoria das alucinações coletivas.

Esqueceu-se, ou, antes, ignora o teórico jornalista que, das entidades materializadas no Pará, possuímos aqui na Federação, trazidas pelo cronista – fotografias, luvas e flores em parafina, lenços atados e...outras que tais provas alucinatórias!!!

Assim se compreende que contraditas inçadas de tanto hebetismo devam ser inócuas, ao menos para os que sabem o que lêem e pesam o que dizem.

*

A propósito, ainda, da passagem de D. Anna Prado, agora que temos informes circunstanciados do acidente, algumas considerações aqui se impõem:

Tinha ela a intuição, que não escondia às pessoas íntimas, de haver sido inquisidor em anterior etapa terrena, e agora, horrivelmente queimada, mostrando as mãos descarnadas ao Dr. Matta Bacellar, acrescentava:

– *Ah! Não lhes dizia eu que tinha sido inquisidor? Por isso, morro assim queimada, eu que mandei queimar a tanta gente.*

Aí têm os leitores a confirmação havida na doutrina e nos fatos comezinhos, como nas tragédias quase diárias da vida humana, e que mais não é do que a realização daquelas palavras do Cristo e Senhor: Quem com ferro fere, com ferro será ferido.

Isto dizia Ele a Pedro, o Apóstolo da Fé, quando este, em arroubos de dedicação à pessoa do Mestre, tirava da espada por defendê-lo.

Hoje, em seu nome, benzem-se espadas e batizam-se couraçados de guerra, a toques de clarim e rufos de tambor!

E os que o fazem são, em regra, os que nos perseguem, insultam e caluniam, por amor – dizem eles – do mesmo Cristo.

Mas, voltando à prova dolorosamente justa de D. Anna Prado, ocioso não é recordar o que dissemos no passado número, isto é: que os médiuns são, em regra, grandes devedores, com pesados resgates a fazer.

Assim o considerem os que devem, por suas faculdades quaisquer, dar o testemunho da Verdade, num tempo em que dizê-la chega, para muitos, a ser um crime[191].

---

[191] Reformador, 1º de junho de 1923, p. 210-211.

Notícias de seu desenlace

Muitos foram os periódicos espíritas brasileiros, seguidos pela *Revue Spirite*[192], que noticiaram e comentaram a desencarnação de Anna Prado.

Figura destacada do nosso movimento, a respeitável médium amazonense havia conquistado o carinho e a admiração de todos.

O inesperado de seu desenlace apanhou de surpresa toda a comunidade espírita do país, conforme expressaram os variados artigos que publicaram sobre o assunto em seus jornais e revistas. Aguardavam ainda poder usufruir por longo tempo dos seus feitos mediúnicos. Afinal, a grande intermediária das almas de além-túmulo contava apenas trinta e nove anos de idade e gozava perfeita saúde.

Os desígnios divinos, todavia, são para nós ainda insondáveis!

Nossa querida amiga e fiel servidora da seara espírita havia chegado ao termo de sua jornada terrena, deixando imensa saudade em todos que com ela conviveram e compartilharam o mesmo ideal de amor e iluminação.

Por quanto realizou em proveito da santa doutrina que nos abriga as mais puras e nobres aspirações, desejamos ao espírito de Anna Rebello Prado toda a felicidade reservada aos eleitos dos céus.

Reformador

Foi, e não podia deixar de ser, com dolorosa surpresa que, no seio da família espírita, repercutiu a notícia da súbita desencarnação, ocorrida a 23 de abril último, dessa distintíssima irmã nossa, o notável médium que, na capital do Pará, servia, desde alguns anos, de instrumento aos mais admiráveis fenômenos espíritas de ordem física já observados em nosso país.

---

[192] Fundada por Allan Kardec em 1º de janeiro de 1858, Paris, França.

Ocasional acidente, cortando o fio de uma existência cheia já e que prometia cada vez mais fecunda tornar-se de obras proveitosas, abriu num lar ditoso grande vácuo, com o lhe arrebatar o anjo tutelar que o animava e felicitava sob a forma de esposa virtuosíssima e de extremosa mãe.

Nada mais fora preciso para que, ao recebermos a inesperada nova, a nossa alma, irmanada como nunca à do nosso confrade Eurípides Prado, se sentisse invadida pela amargura que lhe afoga o coração. E o dever se nos antolhou imprescritível de lhe darmos nestas linhas o testemunho da nossa fraternal solidariedade na pungente prova a que, de um momento para outro, se viu submetido o seu espírito, repentinamente privado do eficiente auxílio que lhe prestava, no galgar das árduas etapas da trajetória terrena, aquele outro espírito que se lhe associara para juntos fazerem-na.

Cumprindo esse dever e exprimindo aqui os nossos ardentes votos de paz e felicidade espiritual ao trabalhador que regressou à vida livre do espaço, a receber o prêmio da sua operosidade e aparelhar-se das forças e da luz necessárias a maiores empreendimentos, e que de lá saberá lenir as feridas da saudade nos corações amigos que deixou na terra, mais não acrescentamos, pois que fazemos nosso o que o prezado companheiro M. Quintão, páginas atrás, diz na sua croniqueta, traduzindo com verdade o nosso pensar e o nosso sentir coletivo.

Por isso mesmo, também nos eximimos de falar do desaparecimento da médium, que era D. Anna Prado. "Das próprias pedras pode Deus fazer que nasçam filhos de Abraão", escreveu ele, com felicidade, por fecho do seu artigo. Invocando essa sentença do divino Mestre, lembrou-nos oportunamente, a insensatez das nossas lamentações, em face da sabedoria infinita e do poder absoluto de Deus, a cuja vontade onipotente e onisciente, expressa nas suas leis perfeitas, não escapa sequer o mais mínimo fio dos nossos cabelos[193].

Verdade e Luz

Desencarnou, no Pará, a prezada irmã D. Anna Prado, extremosa esposa do nosso confrade Eurípedes Prado.

D. Anna Prado era um dos melhores médiuns de materializações que tem surgido na América e na Europa. Mercê de sua faculdade preciosíssima, homens eminentes de Belém do Pará, onde residia, relegaram as suas crenças negativistas enraizadas, para fazerem pública profissão de fé espírita.

Estão neste número, entre outros, o Dr. Matta Bacellar, médico notável, cognominado o Miguel Couto paraense, e o Dr. Nogueira de Faria, igualmente médico, que publicou o valioso livro Trabalho dos Mortos, em o qual relata minuciosamente os fenômenos surpreendentes de materializações de espíritos, assistidas, de contínuo, pela fina flor da intelectualidade paraense.

O Brasil espírita sente, pois, imensamente o inesperado trespasse do poderoso médium que tinha prestado e poderia prestar ainda inúmeros e valiosos serviços à causa do Espiritismo.

Mas confiamos na bondade do Senhor que o Espírito de tão excelente médium se una a um outro *médium para completar a sua tarefa de união dos dois mundos.*

Pedimos a Jesus muita paz ativa, alegria de alma e exaltação de amor para a prezada irmã Anna Prado, e conforto e luz para todos os que lhe são caros[194].

---

[193] Reformador, 16 de maio de 1923, p. 199.
[194] Jornal *Verdade e luz*, 3 de maio de 1923, p. 602 (transcrito do *O clarim*, São Paulo, SP).

A Luz

Alou-se à verdadeira vida, desencarnando há poucos dias em Belém, Estado do Pará, o espírito de nossa prezada confreira D. Anna Prado, virtuosa esposa do digno confrade Eurípedes Prado.

Relevantes foram os serviços prestados a nossa consoladora doutrina pela dedicada irmã, que era excelente médium de materializações.

O Trabalho dos Mortos publicado ultimamente pelo notável médico[195] paraense Dr. Nogueira de Faria, atesta com evidência os transcendentais fenômenos de materializações, obtidos por intermédio de sua extraordinária faculdade mediúnica.

O espiritismo brasileiro sentindo, como é natural, o seu desaparecimento deste plano, onde ainda poderia prestar valiosos serviços, curva-se reverente a Vontade Suprema a quem implora paz e muita luz ao espírito recém-liberto e conforto para os que lhe são caros.

Aos confrades pedimos preces em benefício de nossa cara irmã[196].

Revista de Espiritualismo

Notícias lacônicas da imprensa do Rio informa-nos da infaustosa desencarnação de D. Anna Prado, a famosa médium brasileira por cujo intermédio se obtiveram surpreendentes fenômenos de materialização no Pará.

O notável livro O Trabalho dos Mortos, do ilustre médico patrício Dr. Nogueira de Faria, dá-nos uma idéia

---

[195] O Dr. Nogueira de Faria não era médico, mas sim advogado.
[196] *A luz*. Santa Catarina: Federação Espírita Catarinense, mar., abr. e maio de 1923, p. 70.

dos admiráveis fenômenos produzidos em plena luz pela mediunidade da Sra. Prado, em presença de grande número de médicos, jornalistas, advogados, engenheiros e políticos.

D. Anna Prado morreu em conseqüência de um acidente. No nosso próximo número, daremos mais detalhados informes sobre a triste ocorrência.

Vibramos um pensamento intenso em direção ao Alto, pela felicidade e progresso desse espírito que na presente existência tanto contribuiu para a implantação da Verdade, além da notabilíssima tarefa de esposa e mãe, que desempenhou com ardor verdadeiramente evangélico[197].

Correio da Manhã

Uma grande médium que desaparece.

Dona Anna Prado faleceu no Pará. A família espírita brasileira, ou melhor, os espiritistas de todo o mundo, acabam de perder um dos seus mais poderosos médiuns. Dona Anna Prado, cujos trabalhos de materialização, no Pará, tiveram repercussão universal, faleceu no dia 23, em Belém do Pará, conforme telegrama recebido pelo nosso colaborador Fred Figner. Não há, por enquanto, pormenores, embora já se saiba que aquela senhora foi vítima de um acidente, queimando-se mortalmente com álcool inflamado. Dona Anna Prado deixa o esposo, Sr. Eurípedes Prado, e quatro filhos.

Uma grande parte de seus trabalhos metapsíquicos e de ectoplasma, que foram observados por pessoas de alta representação social, política e científica, se encontra num livro recentemente publicado, O Trabalho dos Mortos[198].

---

[197] *Revista de espiritualismo*. Curitiba, abr. 1923, p. 64.
[198] Jornal *Correio da manhã*, 25 de abril de 1923, Rio de Janeiro, RJ.

Revue Spirite[199]

Morte da médium Anna Prado

Tivemos várias vezes a oportunidade de assinalar a admirável mediunidade da Sra. Anna Prado, residente no Pará (Belém – Brasil). Os dons dessa grande médium foram expostos ao longo de uma obra importante: O Trabalho dos Mortos, do médico brasileiro Nogueira de Faria. Lamentamos anunciar a desencarnação dessa magnífica pessoa, vítima de um acidente, em plena saúde, em plena juventude. Um grupo de pesquisadores metapsiquistas, no Brasil, ficou, infelizmente, por esse motivo, privado de um colaborador, como muito poucos se encontram.

---

[199] *Revue spirite*, out. 1923, p. 378.

GUEDES DE OLIVEIRA
SERVIÇO DE REGISTRO CIVIL DAS PESSOAS NATURAIS 1º OFÍCIO
Rua Ó de Almeida, 618 - Fone: 212-1088
ESTADO DO PARÁ - MUNICÍPIO DE BELÉM - COMARCA DA CAPITAL

REPÚBLICA FEDERATIVA DO BRASIL

LUIZIEL HENDERSON GUEDES DE OLIVEIRA,
Oficial do Registro Civil 1º Ofício das Pessoas Naturais da Comarca de Belém, Capital do Estado do Pará, República Federativa do Brasil, por nomeação legal.

CERTIDÃO DE ÓBITO

CERTIFICO que às fls.   0142   do livro nº   173-,   sob nº   001.236   do Registro de óbitos foi registrado no dia   Vinte e Três de Abril de Um Mil Novecentos e Vinte e Três
o assento de   **ANNA REBELLO PRADO** x.x.x
Falecida a Vinte e Três de Abril de Um Mil Novecentos e Vinte e Três
às 09:00   hrs   em Av. Conselheiro Furtado n.º38.
do sexo   Feminino   profissão   Prendas domésticas
naturalidade   AMAZONENSE
residente em   Av. Conselheiro Furtado n.º 38, Belém-PA
com   039 anos de idade
estado civil   Casada   com Euripedes de Albuquerque Prado
Filho de   Francisco Maximiano Rebello x.x.x
   e   Ermelinda Correa Rebello x.x.x
foi declarante   José Affonso Lamarão x.x.x
sendo o atestado de óbito firmado pelo Dr(a).
   Camillo Salgado x.x.x
que deu como causa da morte   Colapso Consecutivo a queimaduras extensa do corpo sobressaindo as partes abdominais

O sepultamento foi feito no cemitério   Santa Izabel
OBSERVAÇÕES: Deixa filhos: Euridice, Eratosthenes, Antonina, Dinamerico
   Este registro não contém emendas nem rasuras x . x . x

O referido é verdade e dou fé.

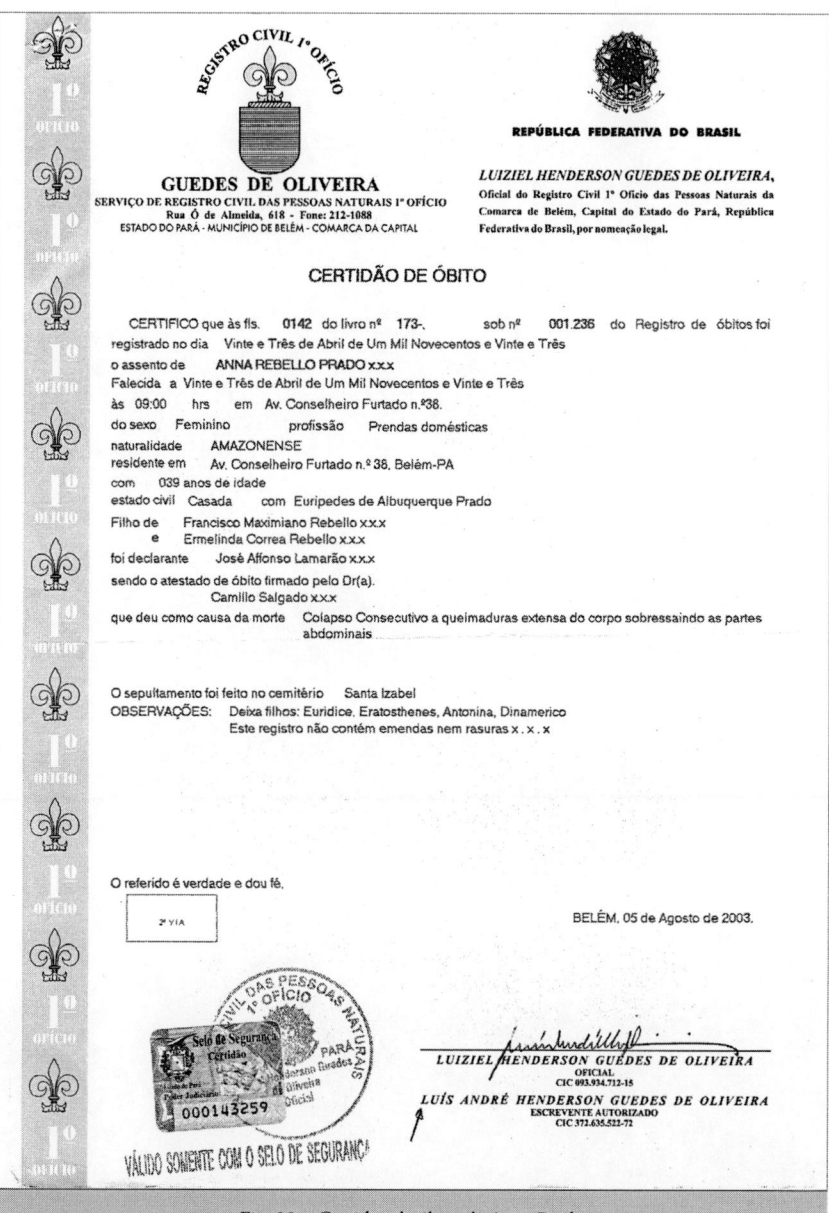

2ª VIA

BELÉM, 05 de Agosto de 2003.

LUIZIEL HENDERSON GUEDES DE OLIVEIRA
OFICIAL
CIC 093.934.712-15
LUÍS ANDRÉ HENDERSON GUEDES DE OLIVEIRA
ESCREVENTE AUTORIZADO
CIC 372.635.522-72

Fig. 88 – Certidão de óbito de Anna Prado

Últimas Palavras

Antes das nossas pesquisas, conhecíamos muito pouco sobre a vida da inolvidável Anna Rebello Prado. O movimento espírita, pelo que apuramos, padecia da mesma desinformação. Aqui, ali e acolá, ouvíamos comentários de que a ilustre senhora, conquanto dotada de excepcional mediunidade e principal protagonista das memoráveis sessões narradas neste livro, não era espírita. Esses comentários revelam a superficialidade do que se conhecia sobre a notável medianeira de *O Trabalho dos Mortos*[200].

Cremos que esse pensamento, comum a quantos consultamos acerca do assunto, e, aqui revelado como um grande equívoco, repousa especialmente sobre as declarações de Eurípides Prado[201]. Ao historiar as primeiras experiências vividas naqueles dias, ele nos diz que suas ideias espíritas tinham abalado a *crença católica* de sua esposa, e que esta, mesmo cultivando alguma consideração pelo Espiritismo, manifestara uma grande aversão pelas reuniões mediúnicas. Vale lembrar,

---

[200] Segundo a biografia de Raymundo Nogueira de Faria, elaborada pelo Tribunal de Justiça do Pará, o referido livro foi traduzido para o francês. Não encontramos, até o momento, qualquer comprovação desta informação.

[201] Transcritas no segundo capítulo de *O trabalho dos mortos*, de Raymundo Nogueira de Faria, FEB, 1921.

contudo, que nada obstante o teor dessa declaração, Eurípides sugere a superação desta fase, afirmando, um pouco mais adiante, que Anna Prado *já se ia habituando às manifestações*.

Por outro lado, quase todos os registros e atas daqueles extraordinários eventos, bem como das situações e fatos que os precederam ou que a eles se seguiram, demonstram que a nossa veneranda biografada aderira plenamente ao Espiritismo. Os muitos diálogos travados entre ela e vários outros membros do grupo a que pertencia não deixam, quanto a isto, qualquer margem a dúvidas.

Outro aspecto que achamos relevante abordarmos respeita aos ascendentes familiais da grande médium[202].

No curso de nossas pesquisas e análises, descobrimos surpresos e satisfeitos que muitos membros de sua família, algumas décadas antes dos sucessos verificados em Belém do Pará, já eram devotados trabalhadores de nossa seara, com importantes realizações em favor do ideal que hoje nos acolhe e orienta.

Seus tios maternos – Emiliano Olympio de Carvalho Rebello e Jovita Olympio de Carvalho Rebello – participaram ativamente da fundação de várias agremiações e jornais espíritas amazonenses, contando-se, entre elas, a mais antiga instituição espiritista da grande *hileia brasileira*[203] e a Federação Espírita Amazonense, criada em 1º de janeiro de 1904. Sua mãe e alguns de seus irmãos, seu esposo e muitos dos seus amigos mais próximos igualmente integraram as fileiras espíritas no grande estado nortista, levando-nos à inevitável conclusão de que a nossa doutrina não lhe era de todo estranha e até simpática, quiçá. Claro que com isto não pretendemos dizer que não tenha, inicialmente, adotado uma postura refratária às práticas mediúnicas, mormente quando era ela o agente desses fenômenos. Daí a dizer que não era espírita vai uma considerável distância. O trabalho que ora realizamos e concluímos aponta noutra direção.

Sustentando lutas aspérrimas, sem qualquer desfalecimento, provou a força do seu ideal, prosseguindo intimorata nos labores da mediunidade com Jesus.

---

[202] Leia-se o primeiro capítulo deste livro – *Notícias Biográficas*.
[203] Sociedade de Propaganda Espírita, fundada pelo português Bernardo Rodrigues d'Almeida.

Seus feitos mediúnicos, verdadeiramente espantosos e, muitas vezes, nunca vistos e de outras tantas, também únicos, merecem especial destaque na fenomenologia espírita, carecendo ser estudados pelas gerações de todos os tempos, seja pelo fulgor que irradiam, seja pela consistência que apresentam. Infelizmente, sobretudo nos dias que correm, grande percentual dos profitentes espíritas hão se mantido distanciados desses estudos, exames e meditações, chegando alguns a afirmar, infantilmente, que a existência e a sobrevivência da alma, não estão, ainda, suficientemente comprovadas pela ciência. Pensamos, diante desse quadro, que não exageramos ao dizer que necessitamos aprofundar nossos conhecimentos acerca da ciência espírita, conquanto não deixemos de reconhecer o ilimitado valor da consciência mística adquirida, por si só, capaz de promover a compreensão da Verdade. Mas, como imaginamos que a maioria dos espíritos encarnados atualmente no mundo ainda são incapazes de semelhante façanha, cremos que se torna indispensável o apoio da ciência e a cumplicidade da razão, para que alcancem tão elevado desiderato.

O estudo das faculdades mediúnicas de Anna Prado, possível de ser realizado mediante apreciação minuciosa dos muitos fenômenos que proporcionou, não pode ou pelo menos não deve cair no esquecimento dos espíritas de hoje. E, como ela, outros extraordinários sensitivos – Eusápia Paladino, Florence Cook, Linda Gazera, Elizabeth d'Espérance, Daniel Douglas Home, Frank Kluski – muito realizaram em favor das afirmações espíritas. Saibamos igualmente valorizar-lhes o contributo, não deixando que suas memórias caiam em triste exílio, procurando conhecer-lhes as realizações mediúnicas, para o nosso próprio engrandecimento.

Além desses companheiros das horas primeiras, muitos outros emprestaram e ainda emprestam sentida colaboração ao edifício da Codificação Espírita. O Brasil, grande celeiro desses sensitivos, permanece, como outrora, desbravando novos caminhos na mediunidade.

Zilda Gama, mediunicamente, filtrou obras de grande valor para a literatura espírita.

Carmine Mirabelli, outro tarefeiro dos primeiros tempos, produziu extraordinários fenômenos.

Francisco Cândido Xavier, com sua límpida e múltipla mediunidade, encantou o mundo, impulsionando de maneira incomparável o movimento espírita brasileiro e internacional.

Francisco Peixoto Lins, com seus fantásticos dons mediúnicos, prodigalizou, a mancheias, admiráveis fenômenos de efeitos físicos.

Ivone do Amaral Pereira, dotada de singular mediunidade, trouxe-nos valiosas narrativas da vida além-túmulo e romances diversos.

Divaldo Pereira Franco, com inalterável regularidade, tem recepcionado magníficas obras mediúnicas e realizado memoráveis seminários e conferências em todo o mundo.

José Raul Teixeira, por meio de suas obras psicografadas ou de sua fala profundamente inspirada, tem abordado, com meridiana clareza, vários temas de interesse da coletividade humana, sempre à luz dos ensinos espíritas.

E muitos outros companheiros, dedicados seareiros do campo mediúnico, têm confirmado nosso país como grande vórtice psíquico do planeta.

Anna Rebello Prado, médium de excepcionais dons e assombrosos feitos, foi a grande pioneira dos fenômenos de efeitos físicos no Brasil. Suas extraordinárias manifestações mediúnicas, atingindo larga repercussão internacional, consagraram-na como ícone mundial da mediunidade. A simples leitura dos relatos de suas atividades nessa área revela o porquê da notoriedade que alcançou. O intenso esplendor de suas manifestações mediúnicas, raramente igualado na história do moderno espiritualismo, indica a grande importância que estas tiveram e têm para o entendimento do processo de comunicabilidade dos Espíritos. Não podemos, pois, meramente votá-los ao esquecimento, como se fossem fatos corriqueiros. Não o são. Compõem, com os trabalhos de outros grandes médiuns, expressivo material de consulta, indispensável à compreensão de significativa parcela dos fenômenos psíquicos que acompanham a humanidade, desde sempre.

Que a nobre senhora e seus devotados companheiros de labor espírita, pelo muito que fizeram em favor do ideal que hoje nos acalenta a alma e o coração, recebam o nosso sincero preito de gratidão e amor.

Anexo

ATAS E OUTROS ESCRITOS

Atas e outros escritos

Como meio de preservarmos algumas informações alusivas ou vinculadas à vida da inesquecível Anna Rebello Prado, transcrevemos, neste anexo, algumas atas de suas atividades mediúnicas, uma carta do Dr. Mello Cezzar e outra do Dr. Teixeira Marques, uma entrevista com a Sra. Ana Augusta Nina Corrêa[204] e outra com a Sra. Marta Prochnik[205] e uma biografia do Dr. Raymundo Nogueira de Faria[206].

Esperamos que esse material seja de alguma valia para aqueles que se empenham nas pesquisas científica ou histórica do Espiritismo.

---

[204] Sobrinha de Anna Prado.
[205] Bisneta de Frederico Figner.
[206] Autor do livro *O trabalho dos mortos*.

Atas

Sessão realizada em 24 de abril de 1920

Observamos o seguinte:

Oito horas da noite, no mesmo prédio à rua Padre Prudêncio n. 184. O *gabinete* e a grade, em cujo interior a médium já se colocara, foram preparados à vista de todos. Fechou e lacrou a grade o Senhor Eustáchio de Azevedo, conhecido homem de letras, autor de vários livros, tendo ao lado o Doutor Ferreira de Lemos, conceituado oculista paraense.

Ambos, desde o começo dos preparativos do gabinete e da grade, prestavam grande atenção. Diante daquele foram colocados, no soalho, dois baldes, um de parafina derretida, outro de água fria.

Apagada a luz e habituada a vista à meia escuridade em que fica o aposento, iluminado apenas pela luz das lâmpadas da sala e da saleta, coada através dos vidros das *bandeiras*, começou a sessão com a presença dos Srs. Drs. Ferreira de Lemos e Pontes de Carvalho, médicos; Doutor Carlos Nascimento, lente do Ginásio Paes de Carvalho; Eustáchio de Azevedo, inspirado escritor paraense; Manoel Pereira, comerciante; João da Rocha Fernandes, comerciante; várias senhoras e diversas pessoas da família Eurípedes Prado.

Indagado pela pequena mesa, destinada às manifestações tiptológicas, se tudo estava bem, o Espírito respondeu afirmativamente, pedindo colocassem uma tesoura junto ao balde de parafina. Feito isso, dentro em breve, embora um pouco mais demoradamente, começou a formação fluídica, a princípio, como sempre, no interior da grade; depois, ao lado desta, lentamente se formou um vulto branco, que tomou o aspecto e feições de uma jovem. Era *Annita*, com os seus longos cabelos soltos, vestido branco, meias brancas, sem sapatos. Dirigiu-se ao Senhor Eurípedes, que estava atrás das filas dos assistentes, apontando-lhe uma cadeira, a da extremidade esquerda, gesto que foi atendido por aquele senhor.

Em seguida, depois de se deixar ver pelos assistentes todos, dirigiu-se para os baldes, como que se ajoelhando para poder trabalhar melhor. Viu-se que procurava no soalho alguma coisa. Levantou-se e disse para o Senhor Eurípedes, de modo a ser ouvida pelos que estavam próximo deste, a palavra tesoura. *Está junto ao balde* – respondeu-lhe o Senhor Eurípedes. Mas procurando a tesoura solicitada, sobre a mesa, encontrou-a, entregando-a, então, ao Espírito que veio recebê-la, volvendo à confecção dos trabalhos em parafina.

Feita a primeira flor, dirigiu-se para o interior do gabinete, depois do que se voltou para os assistentes da extremidade esquerda, na qual se encontravam entre outros os Srs. Eustáchio de Azevedo, Doutor Carlos Nascimento e Nogueira de Faria, perguntando em voz fina e débil: *quem é Corrêa?* Isto por três vezes, de modo claro. Como que recebera, quando fora ao interior do gabinete, uma indicação para entregar a flor a um dos assistentes de nome Corrêa. Tratava-se de um assíduo freqüentador das sessões que estivera ausente durante dois meses.

Annita fez ainda uma flor, oferecendo-a a uma senhora que pela primeira vez vinha aos trabalhos. Ouvia-se o ruído da tesoura, quando por ela utilizada. Sentou-se, estendendo um dos pés, de modo a ser distintamente visto, sendo que os assistentes que se encontravam à esquerda distinguiam melhor os fenômenos. Depois, ajoelhou-se em atitude de quem ora e, recolhendo-se ao gabinete, desapareceu à vista de todos.

Daí a momentos apareceu-nos *João*. Vestia calças, colete e paletó. Porque não distinguisse bem o colete, o Doutor Carlos Nascimento pediu ao Espírito que lho mostrasse. *João*, abrindo o paletó, deixou ver perfeitamente o colete, de certa cor cinzenta; isto é, viram-no perfeitamente os Srs. Nogueira de Faria, Carlos Nascimento e Eurípedes Prado.

Havia como que um certo retraimento por parte de *João*, de ordinário expansivo. Apertou a mão apenas aos Srs. Eurípedes Prado e João Corrêa. Levantou a mesa por diversas vezes. Chamou uma das filhas do Senhor Euripe-

Fig. 89 – Grade em que ficava encerrada Anna Prado. A fotografia mostra uma cabeça de boneca sobreposta a roupagens brancas, cujas pontas do lado direito parecem está amarradas ao mastro que fecha a grade.

des e, tomando-lhe a mão direita, fê-la pousar o cotovelo sobre a mesa das comunicações, como quem se empenha em uma luta de braço. Arregaçou a calça do lado direito, deixando ver uma espécie de roupa branca, como quem trouxesse ceroulas. Durante alguns instantes esteve sentado numa cadeira junto ao *gabinete*. Deu ainda algumas voltas, pelo aposento, recolhendo-se àquele para acordar a médium. Antes de terminar os trabalhos, ajoelhou-se como quem reza. Depois despertou a médium, ouvindo-se bem o ruído de suas mãos na face desta; ao desaparecer de vez, disse adeus com uma espécie de lenço, muito alvo.

Os trabalhos terminaram às 10 horas e 10 minutos da noite.

Sessão realizada em 17 de julho de 1920

Aos dezessete de Julho de mil novecentos e vinte, nesta cidade de Belém do Pará, em a casa de residência do Senhor João Alfredo de Mendonça, à Praça Saldanha Marinho, 23, pelas oito e meia horas da noite, presentes as senhoras e senhorinhas, Amélia de Castro Maia Soeiro, Idália Teixeira, Christina Mendonça, Lili Mendonça, Teivelinda Mendonça, Mary Teixeira e Maria Teixeira, e os cavalheiros desembargador Anselmo Santiago, doutores J. da Matta Bacellar, Bacellar Filho, Pontes de Carvalho e Ferreira de Lemos, doutores Severino Silva, Antenor Cavalcante, Pio Ramos, Nogueira de Faria e Morisson Faria, os primeiros médicos clínicos nesta cidade e os últimos formados em Direito, coronel Orvácio Marreca, Srs. Manoel Barbosa Rodrigues, João da Rocha Fernandes, Alberto de Andrade Queiroz, Angyone Costa, Manoel Tavares, João Alfredo de Mendonça, Eustáchio Azevedo, Manoel Coelho de Souza, maestro Ettore Bosio e Euclydes Góes, deu-se início às experimentações. Fundida a parafina à vista de todos e depois de examinada a médium, Senhora Eurípedes Prado, pelas senhoras presentes, armou-se o gabinete mediúnico ao fundo da sala de jantar, num ângulo da mesma sala. Organizaram esse gabinete, em plena luz, os senhores Manoel Coelho de Souza e o Doutor Pio Ramos, ficando as duas faces desse gabinete, que encostavam às paredes do aposento, forradas com um pano preto, e as duas outras com as cortinas levantadas. Ao centro desse gabinete colocou-se a grade para a médium e, ao lado, sobre uma pequena banca, dois baldes de zinco, um com a parafina em fusão e o outro com água fria. Dispuseram-se os assistentes em duas filas de cadeiras colocadas em ângulo reto, interceptando as portas que davam para o espaço onde se iam realizar as experiências e a passagem de quem quer que para esse espaço tentasse dirigir-se, e, depois de consultado o Espírito, que se esperava havia de manifestar-se, por intermédio da mesinha, onde se sentaram a Senhora Prado e seu marido, sobre quaisquer modificações a fazer, encerrou-se a médium na grade, sendo esta fechada por diferentes laços de nastro, que foram lacrados ao centro e em todas as suas pontas e em um deles aplicado um níquel. Os laços e os lacres foram aplicados pelo desembargador Santiago e pelos Srs. Manoel Coelho de Souza, Doutor Antenor Cavalcante e Euclydes Góes, os três últimos assistindo pela primeira vez a experiência da natureza das que se iam realizar. Feito o escuro, ouviram-se, pouco depois, pancadas no interior do gabinete e, consultado o ser que assim se manifestava sobre o que significavam aqueles sinais, disse ele, também por sinais tiptológicos, que o balde de parafina estava muito distante da grade e, depois de várias posições, foi a mesa que continha estes baldes, da parafina e da água, colocada em frente ao gabinete mediúnico e à grade da médium. Cumpre assinalar que na primeira sessão experimental, efetuada a 13 do corrente, a parafina fora colocada sob uma grade, lacrada na presença dos assistentes, mas estes hoje propuseram dispensar-se a grade, no desejo de apreciarem o fenômeno nas suas diferentes modalidades de produção. Feito de novo o escuro, aguardou-se a produção das manifestações. Após algum tempo viram todos os assistentes formar-se um núcleo branco, como uma nebulosa, ao pé da médium, núcleo que aumentava às vezes e outras diminuía. Ora percebia-se uns pés brancos, ora um braço que procurava desprender-se da grade em que estava a médium. Por fim um vulto desprende-se, sai pela face lateral do gabinete, envolto em um roupão branco e mostra-se com sua estatura elevada, muito mais corpulento do que ela. É a figura de um homem alto e forte que se mostra, dando alguns passos, mostrando claramente todos os seus contornos. É o Espírito familiar à Senhora Eurípedes – o João – conhecido por todos os que já têm assistido a essas manifestações. Dirige-se à mesa em que estão os baldes, arrasta-a fazendo forte ruído e facilmente, apesar de ter ela sido removida por duas pessoas por causa dos baldes que sobre ela pesavam. Esse Espírito abaixa as cortinas do gabinete, que estavam suspensas, e depois de alguns instantes recolhe-se ao mesmo gabinete. Momentos após, quando uma veste branca percebida, nos fazia supor que o mesmo Espírito voltava a mostrar-se, aparece uma figura completamente diferente. É um Espírito de criança, absolutamente inconfundível com a médium. Aparenta uns 14 anos e tem longos cabelos negros, soltos, cabelos que ela às vezes puxa por sobre os ombros para frente do corpo. Veste de branco, um vestido apertado à cintura por uma fazenda que se destaca da do restante da veste, talvez pela diferença de tecido. É *Annita*, dizem os assistentes que já a conhecem. Dá ela alguns passos em frente ao gabinete e ao lado deste e depois se dirige à mesa em que estão os baldes, colocando-se entre esta e o gabinete. Aí demora algum tempo e os assistentes vêem os seus movimentos sobre o balde de parafina, como quem está a fazer algum trabalho. Passados alguns minutos dirige-se para a assistência com o braço estendido como a pedir ou oferecer alguma coisa, vendo-se depois que tem ela na mão um objeto e que o deposita na mão do Senhor João Alfredo de Mendonça. Era uma flor em parafina, uma curiosa e esquisita flor, uma como variedade de cataleia. Volta *Annita* ao balde e daí regressa com uma outra flor que procura depositar na mão de D. Christina Mendonça, mãe do dono da casa. Como essa senhora não estendesse a mão convenientemente, *Annita* deixa cair ao chão a flor que depois se verificou ser um cacho de três pequenas flores, artisticamente feitas. Em todos os movimentos de *Annita*, notava-se a graça natural de uma menina e ao mesmo tempo um certo receio. Retira-se *Annita* para o gabinete e daí a pouco reaparece o João, o qual se dirige para a mesa, torna a empurrá-la, afastando-a da grade ainda mais e colocando-a em posição um tanto oblíqua ao gabinete. Começa então a modelagem em parafina. Vê-se perfeitamente o Espírito meter a mão em um e outro balde e levantá-la repetidas vezes, mostrando-a *à* assistência e colocando-a na corrente de ar do ventilador. Em uma ocasião, ouve-se ele dizer – está flácido – e, depois, vê-se transportar um balde para o ângulo do gabinete e tornar a trazê-lo momentos depois para a mesa, ouvindo-se claramente o ruído característico do zinco batendo sobre a madeira, ao ser arriado. O vulto dirige-se, em seguida, aos circunstantes, com a mão enluvada em cera e toca na mão da quase todos, deixando sentir-se a parafina mole e ainda quente. Os assistentes ficam com parafina aderida, aos dedos e o Doutor J. da Matta Bacellar sente o calor da mão que lhe é dada, algum tanto intensamente. Recolhe-se o Espírito ao gabinete e, em um dado momento, ouvindo-se um soluço mais forte da médium, ele aparece à frente da cortina e diz – *não há novidade*. Regressando, apresenta uma mão de parafina e oferece-a ao Senhor João Alfredo de Mendonça. Preparada outra mão, percebendo-se os movimentos do Espírito e ouvindo-se o ruído da água agitada, apresenta-a ele aos assistentes e, como diversos braços se estendessem para recebê-la, ouve-se o Espírito pronunciar o nome – *Bosio*. O maestro aproxima-se e, recebendo a mão, agradece efusivamente. Ouvem-se algumas palavras que se não entendem e depois as palavras – *Põe na Brasileira*. A assistência acha graça e o Espírito corre para o gabinete e, soerguendo em parte a cortina, bate palmas sonoras, perceptíveis. A assistência fica atônita, mas o Espírito repete as palmas como que convidando os circunstantes a acompanhá-lo. Estrondam as palmas da assistência e o Espírito esconde-se no gabinete e depois se mostra dentro da grade agitando um lenço em despedida. A médium desperta e, dando-se-lhe um lenço para vendar os olhos, faz-se à luz. Examina-se a grade os selos estão intactos, os nós do mesmo modo por que foram feitos, a moeda de níquel, que fora aposta a um dos lacres, continua presa e há certa dificuldade em tirá-la para desfazer o laço e abrir a grade. A médium recolhe-se, cambaleante, amparada por seu marido, e a assistência comenta os fenômenos, acordando em lavrar-se a presente ata que, depois de lida e verificada estar conforme com o que foi observado, vai assinada por todos os presentes. Estes asseguram, por sua honra, serem verdadeiros todos os fatos aqui narrados, e não haver possibilidade de truque ou fraude de qualquer espécie. A médium não podia sair da grade; seu marido esteve, durante todo o tempo do trabalho, sentado na primeira fila de espectadores, visível a todos pela sua veste branca salientando-se no escuro da sala; o maestro Bosio esteve fora do círculo de cadeiras dos assistentes, apreciando de pé os fenômenos; nenhuma pessoa penetrou, nem podia penetrar sem ser notada, no círculo limitado pelas cadeiras dos assistentes. Convém assinalar que, concluídos os trabalhos, os Drs. Pontes de Carvalho e J. da Matta Bacellar examinaram o pulso da médium e tomaram sua temperatura, verificando ter ela cem pulsações por minuto, enquanto que acusava apenas trinta e seis graus e dois décimos de calor. Sendo a maioria dos espectadores contrária às idéias espiritualistas, fica entendida que a palavra – Espírito – aqui empregada não importa em renúncia dessa maioria às suas opiniões, e foi empregada em falta de outra que mais imparcialmente designasse o que se viu. Eu, João de Morisson Faria, escrevi a presente, que assino com os demais, e que vai por mim rubricada em todas as suas folhas.

Amália de Castro Maia Soeiro, Christina de Mendonça, Idália Teixeira, Teivelinda G. de Mendonça, Mary Teixeira, Maria Christina Teixeira, Anselmo Santiago, Doutor José Teixeira da Matta Bacellar, Doutor Matta Bacellar *Júnior, Doutor Pontes de Carvalho, Diógenes de Lemos, Severino Silva, Antenor Cavalcante, Pio de Andrade Ramos, Nogueira de Faria,* Orvácio D. C. Marreca, Manoel Barbosa Rodrigues, João da Rocha Fernandes, Alberto de Andrade Queiroz, Angyone Costa, João Alfredo de Mendonça, Eustáchio de Azevedo. Manoel Coelho de Souza, Ettore Bosio, Euclydes Goes, Manoel José Tavares.

Sessão realizada em 24 de julho de 1920

Aos vinte e quatro dias do mês de Julho de mil novecentos e vinte, cerca de oito horas da noite, na residência do Senhor João Alfredo de Mendonça, à praça Saldanha Marinho n. 23, acham-se presentes os Srs. Desembargadores Napoleão Simões de Oliveira, Anselmo Santiago, Drs. Cyríaco Gurjão, Gurjão Sobrinho, Ausier Bentes, Bacellar Filho, clínicos nesta capital; Drs. Severino Silva, Nilo Pena, Nogueira de Faria e Cândido Marinho, bacharéis em Direito; Srs. Eustáchio de Azevedo, Apolinário Moreira, Genélio Borralho, Manoel Tavares, João Alfredo de Mendonça, Manoel Néri Pereira, Álvaro Menezes e Eurípedes Prado; Sras. Maria do Carmo de Faria, Maria José de Araújo, Ausier Bentes, Clara Valente, Christina Mendonça, Teivelinda Mendonça, Idália Teixeira, Bacellar Menezes; Senhoritas Lili Mendonça, Mary e Maria Christina Teixeira e Teodora Soares, seleta assistência reunida especialmente para assistir à sessão de fenômenos espíritas, traduzidos pelo aparecimento de *João* e trabalhos de materialização.

Às 9 horas deu-se começo à armação do gabinete mediúnico, cuja aparência é a de um cubo de dois metros aproximadamente, sendo as faces constituídas por ligeira armação de madeira, que sustenta cortinas de pano preto e especialmente destinado a favorecer a visibilidade na formação e conseqüente aparecimento do Espírito; o presente ato foi observado por várias pessoas presentes e minuciosamente acompanhado pelos Drs. Ausier Bentes, Nilo Pena, Cyríaco Gurjão e Gurjão Sobrinho.

Iniciaram-se os trabalhos com a consulta feita pelo Senhor Eurípedes Prado, ao Espírito de João, sobre se este realizaria seus atos de materialização naquela noite – obtendo resposta afirmativa. Imediatamente depois foi transportada para perto do gabinete uma espécie de grade, construída de madeiras e barrilhas de ferro, em sentido horizontal, com uma única abertura, que serve de porta, e que, depois de exame meticuloso de várias pessoas curiosas, foi conduzido para o interior do gabinete. Terminados esses preparativos, foi a *médium convidada a entrar para o interior da grade onde se achava uma cadeira para a mesma sentar-se.*

Há a notar que a médium mudou as vestes, na presença das senhoras Ausier Bentes, Álvaro Menezes, João Alfredo de Mendonça, senhoritas Mary Teixeira e Teodora Soares.

A seguir foi a *médium introduzida para o interior do gabinete mediúnico e após ter sido encerrada na grade, que lá se achava, foi à mesma grade fortemente amarrada em cruz, em sentido perpendicular, por nastro branco, cujas extremidades foram depois cuidadosamente lacradas pelos Drs.* Ausier Bentes e Nilo Pena; a única abertura, que servia de porta, foi meticulosamente amarrada em dois pontos, tendo sido igualmente lacrada e, sobre todos os lacrados, foram apostas moedas correntes do país. Em seguida procedeu-se à lacragem das portas e janelas, feita pelo Senhor João Alfredo de Mendonça, com assistência dos Drs. Gurjão Sobrinho e Severino Silva, após o que foram transportados para perto do gabinete mediúnico dois baldes de zinco, contendo, um, parafina liquefeita em alta temperatura e, o outro, água fria, ambos colocados sabre um pequeno estrado de madeira, de pequena altura; na presente sessão foi o pequeno estrado colocado em substituição a uma mesinha, até então usada para tal fim, mas que tinha o inconveniente de interceptar a visão completa dos vultos materializados. Concluídos esses pequenos atos preparatórios, foram as luzes do compartimento apagadas, ficando o mesmo debaixo de uma penumbra bem acentuada, devido a uma forte lâmpada a nitrogênio, colocada na sala vizinha, que irradiava sua luz pelas bandeiras das portas. Releva notar que as pessoas presentes, e que já assistiram a sessões anteriores, foram unânimes em reconhecer que trabalho nenhum de materialização houvera sido feito com penumbra tão clara.

Decorrida cerca de meia hora, começaram os assistentes a notar que no gabinete mediúnico, e como que partindo do ponto em que se achava a médium, se formavam nuvens esbranquiçadas, que ora se alongavam, ora se adelgaçavam, fazendo compreender achar-se em franco início o fenômeno de materialização. O núcleo, como fosforescente, mantinha-se em torno da médium e, cada vez mais, se revestia da forma humana, até que, decorridos mais ou menos vinte minutos, viram todos, distintamente, o vulto branco de uma mocinha de cabelos soltos e que, após ter baixado uma das cortinas do gabinete, aproximou-se do Doutor Nogueira de Faria estendendo-lhe a mão, como em sinal de cumprimento; em seguida dirigiu-se para o lugar em que se achavam os baldes, dando a entender que iniciara a confecção de objetos em parafina; após uns quinze minutos, ergueu-se, lançando no balde de água fria um objeto que, ao finalizar a sessão, verificou-se ser uma flor, tipo cataleia.

Terminado este trabalho, volveu o vulto para junto da médium, desaparecendo e dando lugar à nova aparição, de outro vulto, desta vez de conformação masculina, como trajando calças curtas e blusa, gênio vivo e irrequieto, ora dirigindo-se para um, ora para outro lado; num momento, dirigindo-se para o lugar onde se achavam os baldes, pegou-os, transportando-os para junto da parede, tudo acompanhado do ruído especial produzido pela alça do balde ao cair sobre si mesma. Volvendo novamente para o lugar onde se achavam os baldes, com o pé direito empurrou o pequeno estrado, a uma distância seguramente de um metro. Após estas demonstrações, volveu ao gabinete mediúnico, onde baixou as cortinas, desaparecendo.

Passada a segunda materialização, cerca de vinte minutos depois, envolto em ampla túnica branca, apareceu o Espírito de *João*, que ao abrir o gabinete suspendeu as cortinas do mesmo, de modo a distinguir-se perfeitamente o interior do gabinete, dando a compreender que a médium se encontrava no ponto em que a colocaram, no início dos trabalhos. Havendo indagações entre os assistentes, se a médium se achava de fato no interior da grade, o Espírito de *João* aproximou-se da mesma e fez ouvir distintamente o ruído de palmas, aplicadas presumivelmente no rosto da médium, desfazendo, portanto, a dúvida suscitada; várias vezes *João* repetiu essa demonstração. Deixando o gabinete, dirigiu-se à extremidade da fila, onde se encontravam o Doutor Nogueira de Faria, Desembargador Anselmo Santiago e Senhor Eustáchio de Azevedo, estendendo-lhes a mão, em cumprimento, sendo por todos esses senhores correspondido. Imediatamente volveu à outra extremidade oposta da fila das cadeiras, onde se achavam os Drs. Ausier Bentes, Cyríaco Gurjão, Gurjão Sobrinho, Nilo Pena e Senhora Alfredo de Mendonça, os quais, compreendendo a aproximação de *João*, estenderam as mãos, tendo sido quase todas tocadas levemente por ele, de um modo palpável e de nítida impressão material, sendo digna de registro a distinção acentuada da coloração da manga da túnica para a epiderme da mão do Espírito.

Durante os cumprimentos de *João*, ouviram-se fortes gemidos, como dolorosos, partindo do gabinete mediúnico, o que obrigou *João* a voltar bruscamente para junto da médium, tendo então, ao chegar ali, arriado com violência as cortinas do gabinete, dando a compreender certa irritação, talvez proveniente de alguma irregularidade ocorrida.

A seguir fizeram-se ouvir fortes sinais tiptológicos, partidos do gabinete mediúnico, determinando a retirada imediata da médium, que se achava em estado ofegante, despedindo de espaço a espaço soluços angustiosos, denunciando flagrante estado de sofrimento. Cumpriram-se as determinações de *João* e, tendo o Senhor Prado a cautela de proteger a médium da forte luz que se ia fazer, acendeu-se a luz elétrica do compartimento e, com grande espanto, tudo no gabinete da médium se encontrava no perfeito estado em que se iniciaram os trabalhos da sessão, desde a grade até os lacrados, que foram meticulosamente examinados pelos Drs. Ausier Bentes, Cyríaco Gurjão, Gurjão Sobrinho, Nilo Pena e mais pessoas curiosas.

Após esse exame rigoroso, foram os nastros deslacrados e cortados, tendo sido a médium retirada da grade, desacordada, estampando-se em sua fisionomia acentuada expressão de mal-estar.

No balde de água fria foi encontrado belo tipo de flor feita em parafina, que, após ter sido admirada pelos presentes, foi ofertada ao Senhor Desembargador Anselmo Santiago, que a conduziu à sua residência.

E eu, Nilo Pena, tendo sido escolhido e convidado para lavrar a presente ata, o fiz de próprio punho e em testemunho de verdade, assino-a com os demais presentes.

Belém, 24 de Julho de 1920. - (aa.) Nilo Pena, Napoleão de Oliveira, Anselmo Santiago, Álvaro Menezes, Apolinário Moreira, Matta Bacellar *Júnior,* Eustáchio de Azevedo, Genélio Borralho, Manoel Pereira, João Alfredo de Mendonça e Cândido Marinho.

ANNA PRADO, a mulher que falava com os mortos

Fig. 90 – Fotografia da assistência da sessão realizada em 24 de junho de 1920. Nessa noite havia cerca de oitenta pessoas.

Fig.91 – Cataleia em parafina feita por Annita na sessão de 24 de junho de 1920.

Sessão realizada dezembro de 1921

Em fins de dezembro de 1921. Sessão íntima, ou melhor, pouco numerosa. Os assistentes eram apenas, além da família Prado: Dr. Pontes de Carvalho, médico; Pedro Baptista, farmacêutico; Manoel Tavares, sua esposa e nós. A sessão, revestida de simplicidade, realizou-se na sala de jantar. Num de seus ângulos improvisou-se um gabinete, isto é, foi passada uma cortina azul escura, de pano bastante leve e fino, transparente quase, rasgado em tiras de um metro, se tanto, através das quais se via perfeitamente a médium sentada em uma cadeira de balanço. Entre os assistentes e a cortina, sentou-se noutra cadeira de balanço a senhorita Prado, a quem o espírito iria fazer uma diminuta extração de sangue na região post-auricular. Próximo da paciente, que trazia um vestido claro, ao contrário da médium que trajava de escuro, foi posta uma pequena mesa e sobre esta um pacote de algodão, conforme recomendação do espírito. Apagada a luz, o aposento ficou em escuridade, suficiente contudo para que se distinguissem os objetos e pessoas. Poucos minutos depois atrás da cortina resplendeu uma luz azulada, à maneira e tamanho de grande vagalume. Andava de um lado a outro do ângulo resguardado pela cortina, ora brilhando mais, ora brilhando menos, ora desaparecendo. Houve um momento em que fulgiu no alto, acima da cortina. Em breve começou a materialização, rapidamente consumada: ali estava diante de nós, à distância de metro e meio um fantasma de aparência máscula, alto e forte, vestindo túnica branca. Estendeu os braços para o alto, em atitude de prece. Tomou depois o algodão, dirigiu-se para a senhorita Alice, ao lado da qual demorou seguramente 10minutos, vendo-se bem os gestos que fazia, tomando-lhe a cabeça e demorando as mãos sobre a região indicada. Passado aquele tempo, voltou à mesa, sobre a qual deixou o algodão de que usara. Deu o sinal de findo o seu trabalho. Súbito, vimos a luz já descrita fulgir-lhe na fronte, em reflexos azuis, claros, fosforescentes. Ajoelhando-se, orou e retirou-se.

Surgiu-nos o João. Mais íntimo dos assistentes, que lhe inspiravam confiança, sentiu-se à vontade. Nós lhe falamos: – João, aqui está o Nogueira...

Ele encaminhou-se para o Sr. Manoel Tavares e disse-lhe de modo a ser ouvido por todos:

– *Cheira a padre*[207]!

Voltou e tirando de sobre a mesa o pacote de algodão, trouxe-o para o centro entre o gabinete mediúnico e os assistentes. Mostrou-se ainda durante algum tempo, nitidamente, destacando-se bem da túnica branca que vestia, a cor morena do rosto e das mãos. Depois começou a fazer adeus, com um lenço fluídico que aos poucos desaparecia... Penetrando o gabinete, passou a despertar o médium, dando-lhe pequenas palmadas nas faces. Enquanto isto se dava, os assistentes viam o lento, o gradual desaparecimento do seu vulto branco diluindo-se aos poucos até desaparecer. Examinamos o algodão de que se servira o espírito; estava vermelho de sangue ainda úmido. A senhorita Alice disse nada ter sentido, a não ser a ligeira impressão do toque de dedos. O local era apenas assinalado por leve vermelhidão. Comentávamos esses fenômenos novos para nós: a extração do sangue, a luz na fronte dos espíritos e no vácuo, quando o médium nos dirigiu a palavra: – *O João está dizendo que, se o Sr. quiser, ele o sangrará no braço...*

Assentimos com grande prazer. Desnudamos o braço direito, apagando-se a luz e quase logo, com poucos minutos de espera, sentimos tirarem-nos das mãos o algodão

---

[207] É constante o bom humor de João. Tem frequentemente ditos espirituosos e às vezes mordazes. Em nosso caso, atribuímos essa frase às nossas ideias sempre contrárias ao Espiritismo sectarista e tomando mesmo a defesa das diversas religiões, nem sempre criticadas com justiça.

que segurávamos e alguém tocar-nos o braço muito de leve, procurando um lugar próprio à sangria. O médium, nesse momento, falou distante de nós, da cadeira onde estava:
– O João diz que o Dr. Nogueira tem o braço gordo. É preciso colocá-lo melhor... Assim o fizemos. A mão invisível começou tateando como quem procura uma veia para melhor ferir... Sentimos, enfim, a sensação de uma ligeiríssima picada de alfinete e em seguida dedos que comprimiram fortemente a parte tocada.

Feita a luz, lá estava em minhas mãos o algodão tinto de sangue...

João fez ainda levitação da mesa e outros fenômenos de menor importância.

Sessão realizada em 7 de outubro de 1922

No dia 7 de outubro do ano de 1922, recebi um convite do meu amigo Eurípedes Prado para assistir à dilatação de um tumor em um menino, feita por um médico do espaço.

Eu sabia, por notícias, que D. Anna Prado – o médium – já tinha por mais de uma vez sido operada por médicos do espaço; mas, para um fato assombroso, só a vista e verificação pessoal, seriam capazes de provar-me a possibilidade de um tal fenômeno.

Foi, pois, com subido interesse e possuído de indizível curiosidade, que me encaminhei para a casa da família Prado na hora aprazada.

O menino, que conta 11 anos de idade e se chama João Andrade, me foi apresentado e por mim examinado, antes da operação. Apresentava um tumor do tamanho de um ovo regular, localizado na axila esquerda.

Pela apalpação notei presença de pus, mas ainda profundo, seriam necessários mais 3 a 4 dias para permitirem um intervenção pouco dolorosa.

Às 9 horas o médium, D. Anna Prado, feito o controle, atado por meio de uma facha de morim na cadeira de braços em que se achava sentada, foi introduzida na câmara escura.

O menino, com o braço esquerdo a descoberto, foi sentado em uma cadeira próximo dos assistentes que eram os Srs. Dr. Waldemiro Diniz, Antônio de Albuquerque e filha, João da Rocha Fernandes e senhora, maestro Ettore Bosio e senhora, Manoel José Tavares e senhora e eu.

Diminuída a luz, mas não tanto que não pudéssemos ver o que se passasse em torno de nós, notamos meia hora depois a presença de 2 vultos. Um, que foi logo conhecido como sendo o João, e o outro desconhecido, que se encaminhou para onde se achava o paciente; ao tempo em que o João se aproximava de mim, que lhe estendi a mão, cujos dedos apertou ligeiramente.

Apesar da pouca luz, todos os presentes viram o outro fantasma, que se aproximava do pequeno enfermo, curvado sobre ele em atitude de quem trabalhava e, meia hora depois, dando por terminada a operação, retirou-se e, pela boca do médium, disse que não dilatou mais largamente o tumor para não fazer sofrer o menino, mas que a dilatação feita era o bastante para a cura rápida; e que somente o doente não mais sentiria as dores que o importunavam.

Feita a luz, aproximei-me do pequeno e, com grande admiração minha, verifiquei que na mão do paciente havia um pano com sangue e pus, ao tempo em que os presentes se aproximavam e notavam a abertura do tumor, por onde escorria pus e sangue!

Indaguei do menino se sentira dor forte e o que notara, durante esse tempo. E a resposta que me deu foi que: enquanto estavam furando o tumor, sentiu uma dor, mas não muito forte, o que está de acordo com o fato de nenhum dos presentes tê-lo ouvido gemer durante essa meia hora.

Às almas timoratas e ingênuas, e àqueles que tem interesse em negar a verdade de certos fatos, nada direi; àqueles porém que buscam a verdade, e especialmente aos meus colegas, chamo a atenção para o que acabo de expor.

Dois notáveis médicos franceses Drs. Auvard e M. Schultz, trabalhadores incansáveis nesse gênero de investigações, assim descrevem as angústias de uma alma em busca do saber:

Les misoneistes e les pauvres d'esprit... ceux dont l'intelligence est peu évolueé, ne connaissent pas les tourments de la pensée qui veut savoir, qui cherche la verité, qui aspire á l'atteindre, et qui examine anxieusement les voies diverses ouvertes devant elle... Est-ce celle-ci... est-cel'autre?...

Comme um coeur assoiffé d'amour... l'esprit humain, conscient de l'existence de la Verité Une, souffre d'ignorer la voie qui conduit vers elle...

Or, les religions s'efforcent d'éteindre ce besoin de verité.

Sessão realizada em 16 de outubro de 1922

Aos 16 de outubro de 1922, às 20 horas, efetuou-se uma sessão de materialização na residência do Sr. Eurípedes Prado, à estrada Conselheiro Furtado, 38, com a presença do Sr. José de Araújo, Sr. Teixeira, comerciante, Sr. e Sra. Tavares, família Prado, minha esposa e eu, sendo médium a Exma. Sra. Anna Prado.

Tivemos essa noite quatro espíritos materializados: o de um médico, Maria Alva, um espírito familiar do Sr. Figner e outro completamente desconhecido pelos presentes. O médico praticou uma pequena incisão em um menino, que tinha um furúnculo na raiz do nariz, extraindo deste bastante pus misturado de sangue, conforme se verificou em um pano depois de terminada a sessão.

Retirado o menino do centro da sala, onde se tinha dada a pequena intervenção cirúrgica[208], aparece Maria Alva, espírito familiar, que se aproximou muito de Eurípedes Prado, mostrando bem o seu rosto. Estendendo depois as mãos em minha direção, puxou-me, obrigando a me levantar e ir ao seu encontro; ela me deu um forte abraço.

---

[208] Foram frequentes os fenômenos desta espécie em casa da família Prado.

Separando-se de mim, pôs sua mão direita sobre os meus olhos, que estão enfermos, na atitude de quem dá passes, sentindo eu, bem distintamente, as pontas dos dedos. Este ato prolongou-se um pouco, retirando-se em seguida o espírito para o lado do biombo onde se achava Mme. Prado em profundo transe.

Pouco tempo depois apareceu o espírito familiar do Sr. Figner com os seus movimentos joviais, percorrendo em diversas direções a sala, aproximando-se dos assistentes e fazendo as suas manifestações de simpatia aos mais íntimos. Vestia de branco, com um grande véu fosforescente e quando levantava os braços via-se cair ao longo do corpo o dito véu. Cabelos abundantes e longos.

João, pela incorporação, pediu que se retirasse do centro dos assistentes uma cadeira, a fim de dar passagem para o fundo da sala. O espírito, parecendo equilibrar-se para se conservar em pé, deslizou rapidamente entre nós por esta passagem, e foi diretamente até a vitrola que, neste momento, funcionava, tocando com a mão o disco, provocando um estalo, talvez proveniente da agulha.

Assustada e com ar de satisfação, refez o percurso, entrando na câmara escura.

Mais um vulto surgiu, completamente desconhecido, de calção largo, à zouave[209], que permaneceu pouco tempo.

Voltou aquele espírito familiar, colocou-se próximo da câmara escura, do lado de fora e desmaterializou-se à vista de todos nós.

Feita a luz, encontramos Mme. Prado sentada na cadeira, dentro do biombo, como do inicio da sessão, e, estando bastante fatigada, foi acompanhada pelos seus, até ao seu aposento.

---

[209] Semelhante ao vestuário usado pela infantaria do exército francês do Norte da África no século 19 – jaqueta curta e aberta na frente, calças *baggy* e frequentemente cinto e chapéu oriental (nota do autor).

Sessão realizada em 23 de outubro de 1922

Na noite de 23 de outubro de 1922, às 20 horas, houve na residência do Sr. Eurípedes Prado, sessão de materialização, servindo de médium sua exmª esposa. Assistiram a esta sessão o Sr. e Sra. Braz Siqueira, gerente do Lloyd Brasileiro, Dr. Amazonas de Figueiredo, advogado, e esposa, Dr. Othon de Moura, médico da Marinha Brasileira, e consorte, Sr. e Sra. Pedro Bastos e sua filha, Dra. Orminda Bastos, Manoel Tavares, Eurípedes Prado e família.

Foi feito um controle dos mais rigorosos, que passo a descrever. Exame detalhado do ambiente, ficando as salas contíguas à de trabalho iluminadas, podendo-se verificar a luz através das bandeiras das duas únicas portas. O corredor da entrada da casa também iluminado, coando a sua luz no ambiente onde devia se realizar o fenômeno.

Os Srs. Drs. Othon Moura e Braz Siqueira experimentaram de antemão o controle que ia ser feito na médium, excluindo assim por completo a hipótese de fraude da parte desta. Foram amarrados na cintura por um fio de cobre muito resistente e em seguida à própria cadeira de balanço que ia servir ao médium. Além disto, os pulsos dos dois senhores foram amarrados a cordéis no braço da cadeira, impossibilitando-os assim de qualquer movimento para se desvencilharem da mesma. Satisfeitos, fizeram estes senhores o mesmo processo com o médium, colocando os respectivos sinetes por meio de lacre.

Estendido um cortinado preto servindo de câmara escura em um dos cantos da sala e sendo a parede de tijolos, foi carregado o médium para lá, sentado na cadeira em que fora assim tão rigorosamente amarrado.

Graduada a luz, que ilumina a sala, passando pelas bandeiras das portas e sentados os assistentes em círculo, em frente ao dito cortinado, impossibilitando assim pelos próprios corpos e respectivas cadeiras a passagem de qualquer suposto compère[210], iniciou-se a manifestação do fenômeno.

Após uns 15 minutos apenas, apareceu uma nebulosa movediça, condensando-se gradualmente até formar um vulto que saiu da abertura do cortinado, deixada expressamente aberta para se apreciar *de visu* a formação do corpo fluídico.

Avançou na direção dos assistentes, chegando muito perto dos que estavam sentados ao lado esquerdo. Disse a vogal E, que parecia seguida de uma ou mais sílabas mal pronunciadas, repetindo isto, a pequenos intervalos, mais de uma vez. Parecia chamar alguém.

O guia espiritual, João, incorporado no médium, disse que eu devia me aproximar do vulto, o que fiz com o maior cuidado, supondo então que a palavra pronunciada fosse Ettore.

Chegando perto dele, vi uma figura de homem de idade avançada, de cabelos brancos, bigodes da mesma cor, caídos ao lado da boca, testa larga, rosto magro e comprido, dizendo-me com voz gutural:

– *Olhe bem para mim; não me reconhece?*

Hesitei um pouco, tendo logo a impressão de estar diante do meu irmão Guilherme, falecido há 10 anos. Continuando a falar, ele replicou:

– *Sou Guilherme, teu irmão.*

E, avançando em minha direção, com os braços trêmulos, abraçou-me efusivamente, aproximando-se com a cabeça quase à minha, repetindo:

– *Não me conheces? Sou teu irmão.*

Respondi afirmativamente. Ele prosseguiu:

– *E a Luiza? Não está? (Luiza é a minha esposa).*

– *Não,* respondi. *Infelizmente, não está.*

---

[210] Palavra francesa que se traduz por *cúmplice* (nota do autor).

Segurou minhas mãos entre as suas e, despedindo-se, regressou à câmara escura; voltei ao meu lugar, profundamente comovido, contendo a custo a emoção que me empolgara.

Em seguida, formaram-se dois vultos juntos. Um, com vestimenta escura e de estatura pequena e o outro completamente vestido de branco e de tamanho regular, que, alternativamente, aproximaram-se dos assistentes.

Em um dado momento, o de escuro ajoelhou-se em frente ao seu companheiro em atitude de quem ora.

O Sr. Tavares recebeu do vulto de vestimenta escura umas fortes palmadas, provando assim a sua força muscular indo apertar também as mãos de d. Antônia Bastos, depois do que se retiraram, formando-se em seguida outro vulto. Era o de uma moça trajada de branco; ficou duvidosa a sua identidade, embora alguns dos presentes julgassem ser um espírito familiar.

Percorreu o círculo dos assistentes, receosa, tocando apenas rapidamente com dois dedos da mão a do Dr. Othon de Moura.

Acabadas as suas manifestações, fixou-se no centro da sala, e com prévio aviso do guia, ouvindo-se perfeitamente a voz do médium atrás do cortinado, desmaterializou-se em nossa presença, fato visto por todos nós.

João apareceu, ficando fora do cortinado, despediu-se dos assistentes com o lenço fluídico. Depois, jogando este no chão, o vimos desmaterializar-se.

Seguiu-se a isto a volta dos fluidos para o médium, vendo-se apenas um braço suspenso no ar, com um lenço a dizer-nos adeus.

Abaixando o cortinado, João acordou o médium, dando-lhe umas pancadinhas no rosto.

Feita a luz, os mesmos senhores que fizeram o controle, foram verificar se tudo estava de conformidade, encontrando o médium perfeitamente amarrado na cadeira, os sinetes intactos, enfim, exatamente como estava antes do começo da sessão.

Dos cinco vultos materializados, nada mais ficou senão uma grata e saudosa impressão.

Carta do Doutor Mello Cezzar

Ilmo. Sr. Ettore Bosio.

Em resposta à sua carta, cumpre-me dizer o seguinte:
Assisti a duas sessões de materializações de Espíritos, realizadas em sua residência, à travessa S. Matheus, 100-A, nesta capital. A primeira sessão foi a 9 e a segunda a 22 de Março deste ano.

A médium das materializações – Sra. Prado – em estado de completa letargia, achava-se sentada em uma cadeira, dentro de uma gaiola de ferro, no fundo do salão. As sessões começavam às 9 horas da noite.

O primeiro Espírito que apareceu materializado foi o de minha filha Hilda, falecida nesta Capital a 28 de Setembro de 1918.

Além de reconhecida perfeitamente por mim e por minha família, que assistiu às sessões, foi reconhecida por muitos outros assistentes, que a conheceram em vida. Depois de sua permanência entre nós por alguns minutos, desapareceu Hilda e apareceu materializado o Espírito de Maria Alva, a qual, segundo declarou, fora filha do meu distinto amigo, a quem dirijo estas linhas. Também demorou alguns minutos entre nós, Maria Alva, cuja forma desapareceu rapidamente.

Apareceram ainda materializados os seguintes Espíritos: o de um marinheiro, rapaz de seus 17 a 18 anos de idade; o de uma filha do Senhor Teixeira Marques, o de um desconhecido e o do João, já bastante conhecido de todos os que assistiram às sessões anteriores realizadas na residência do Senhor Eurípedes Prado. Os fenômenos das materializações, por mim observados com a máxima atenção, foram igualmente observados por cerca de 50 pessoas que assistiram às sessões, entre as quais se contavam médicos, comerciantes, funcionários públicos, cirurgiões-dentistas, advogados e muitos outros de destaque em nosso meio social.

A impressão que me ficou no espírito é a de que todos esses entes desencarnados continuam a viver perto de nós, comunicando-se conosco, quando assim é permitido, e que a sua morte aparente não foi mais do que a sua libertação da matéria grosseira que os trazia preso durante a vida terrena. Por mais rigoroso ou descrente que seja o observador de tais fenômenos, de modo algum poderá justificar a hipótese da fraude.

Éramos umas 50 pessoas, como ficou dito, os assistentes das duas sessões, e posso declarar que as nossas afirmações de que os fenômenos por nós observados – são reais, são verdadeiros – têm muito mais valor do que as negações de todos aqueles que ainda não assistiram a materializações de Espíritos.

É lógico que as afirmações de poucas pessoas que viram, que observaram, que estudaram um fenômeno qualquer sejam muito mais valiosas do que as negações de cem mil que não viram, que não observaram, nem estudaram esse fenômeno, como mui judiciosamente notou Alfred Erny no seu Estudo dos Fenômenos Psíquicos[211].

Autorizo-o a fazer da minha resposta o uso que lhe convier.

Do Am.º Cr.º
Manoel C. de Mello Cezzar

(Firma reconhecida pelo tabelião Dr. Corrêa de Miranda)

---

[211] Psiquismo Experimental (nota de Nogueira de Faria).

Carta do Doutor Teixeira Marques

Belém do Pará, 13 de Maio de 1921.

Meu caro Senhor Maestro Bosio.

Saudações.

Em resposta à sua carta de 8 deste mês, tenho a dizer-lhe que assisti, em sua residência, a uma sessão espírita de materialização, não me recordando, agora, a data. Essa sessão me deixou a mais grata recordação, pelo fato de, entre os cinco Espíritos que durante duas horas estiveram conosco, contar-se o de minha filha Sita, falecida em Dezembro de 1917.

Minha filha, casada com o Senhor Simão Roffé, foi sepultada conforme o ritual hebraico e, talvez, para oferecer prova de identidade, assim apareceu, não deixando perceber, portanto, senão parte do rosto, isto é, tendo encoberta a região mentoniana.

Seu talhe, seus cabelos, suas mãos que ela teve entre as minhas, sua voz quando disse – meu querido papá – me deixaram a certeza de estar em presença desse ente querido.

Quem assistiu, como eu, às manifestações de João, desde o seu início, em casa da família Prado, primeiramente fenômenos ocultos e gradativamente a olho nu, em companhia de pessoas de respeitabilidade social, nunca poderá duvidar deles e atribuí-los à fraude.

Eu sou dos que desde o começo desses trabalhos investigam e fiscalizam tudo, já na residência da família Prado, já na do Senhor Coronel Simplício Costa, e, seja aqui, ali ou acolá, o fenômeno é patente, só negado pelos que falam sem ver ou vendo-os são os piores cegos por não quererem enxergar.

Houve sessões, Sr. Maestro Bosio, em que João fez tudo, absolutamente tudo quanto lhe solicitei que fizesse.

Somente em documento muito longo eu lhe poderia contar tudo quanto tenho assistido por efeito da mediunidade da Senhora Prado, mas sua carta se refere à sessão a que assisti em sua casa, e, o que disse, é o que com sinceridade se me oferece dizer.

Fico ao seu dispor e pedindo a Deus pelo bem-estar da distinta família Prado, cuja missão bendita vai sendo cumprida, sob os golpes dos maus, mas amparada pelas nossas fervorosas preces à Mãe Santíssima.

Pode fazer desta o uso que quiser.

Do amigo,

Teixeira Marques.
(Firma reconhecida pelo mesmo tabelião)

Entrevista com a Senhora Ana Augusta

1. Ao que nos parece, a senhora é a única sobrinha encarnada de Anna Prado. Essa sua descendência vem de seu pai ou de sua mãe?
Minha descendência, relativa a Tia Nicota (Anna Rebello Prado), é afeta ao Sr. meu Pai, João Rebello Corrêa, seu único irmão, pelo segundo casamento de sua mãe, vovó Ermelinda Rebello Corrêa.

2. A senhora conheceu bem os filhos de Anna Prado? Fale-nos um pouco sobre eles.
Pessoalmente (na fase de minha infância 5-10 anos), somente o Eratósthenes, a quem chamávamos de Erato; e a Antonina, pois, em nossas passagens por Belém (PA), em trânsito de ida e volta ao Rio de Janeiro, sempre estávamos todos juntos; hospedávamo-nos em casa de Erato.

3. A senhora tem conhecimento da existência de netos, bisnetos ou de outros parentes do casal Anna e Eurípides Prado, que ainda estejam encarnados?
Não.
4. Algumas pessoas tratavam Anna Prado por Dona Nicota. A senhora sabe o porquê ou a origem desse apelido?
Assim era chamada pela família. O apelido foi-lhe colado por Vovó Ermelinda, que carinhosamente assim a chamava: Nicota.
5. Quais os familiares e amigos mais próximos de Anna Prado de quem a senhora teve conhecimento?
Erato e Antonina, meu Pai e tia Christina Corrêa Prado (irmã do Sr. meu Pai – do 2º casamento de Vovó Ermelinda); e os demais parentes sobrinhos e primos do Sr. meu Pai.
6. Alguma vez, seu pai falou como era Anna Prado na relação com os seus familiares, amigos e demais pessoas com quem convivia?
Especialmente comigo, desde muito criança. Ele sempre me falou das sessões espíritas na casa de tio Eurípedes (marido da tia Nicota); note-se: desde minha tenra infância ouvia-se, em nossa casa relatos sobre as materializações da Tia Nicota. Em casa, eram guardados os trabalhos de parafina: flores, a mão e um pé, em parafina (do qual eu tinha um certo receio). Eram alojados no baú da vovó, que o Sr. meu Pai tinha muito afeto. Quando tivemos que ir para Belo Horizonte (MG), devido à saúde de meu único irmão Hippolyto (que desencarnou aos 19 anos, vitimado de leucemia (em 1945, ainda não havia cura no Brasil), o Sr. meu Pai mandou para a casa de Armando Corrêa Prado (filho da tia Christina, casada com o tio Clovis, irmão do tio Eurípedes), todos esses trabalhos; e quando retornamos depois de 10 anos, nada nos souberam dizer; parece, não me recordo ao certo, que alegaram que as traças, cupins deram fim aos mesmos.
7. Na opinião de seu pai, como Anna Prado lidava com as suas faculdades mediúnicas?
Porque era católica, tinha muito receio, de princípio, dos Espíritos. Depois, aceitou (talvez, não sei bem) por obediência ao

Tio Eurípedes. Mas, sofreu bastante, como médium, devido às desconfianças dos que não aceitavam A Verdade!
8. O seu pai participou algumas vezes das famosas reuniões de Anna Prado. Que comentários ele costumava fazer sobre essas reuniões?
Sim. Relatava-me sempre, com minúcias, as sessões que presenciou;especialmente nos contatos de João (o espírito familiar que, quando encarnado, chamava-se Felismino), a música solada para sua manifestação chamava-se **Partir**.
9. Alguns familiares de Anna Prado professavam o Espiritismo? Quais deles, segundo as informações que a senhora possui?
Os filhos de tia Nicota; de meu Pai; de tia Christina; com certeza.
10. O que a senhora sabe acerca do espírito João, provável orientador dos trabalhos mediúnicos de sua tia?
Foi um primo. Gostava muito de música e era muito ligado à família; era bonito, parecia muito com o Sr. meu Pai(conforme foto).
11. O seu pai alguma vez comentou sobre as circunstâncias que envolveram a desencarnação de Anna Prado? Fale-nos sobre o que ele dizia a respeito.
Repetia sempre o relato: naquela noite de 22 de abril de 1923, ao ir à casa da irmã, como o fazia sempre que se encontrava em Belém-PA, por volta das 20 h 30 min, mais ou menos, ao chegar tinha-se iniciado a confusão; no exato instante. Tia Nicota, como fazia todas as noites, tinha iniciado o processo do mingau para o filho, usando (como de costume) o fogareiro de álcool, sobre a mesa da sala de jantar; o qual (supõe-se que por ela ter deixado, sem querer a garrafa de álcool próximo ao dito fogareiro) explodiu, jogando chamas ao corpo da própria Tia Nicota, na altura de seu baixo ventre, encostado na mesa; o que de imediato lastrou-se nas suas vestes; e tio Eurípedes, ouvindo o barulho da explosão, adentrou correndo, pegou um cobertor próximo e a envolveu, na tentativa de abafar e conter o fogo; e na companhia do Sr. meu Pai, de pronto a levaram para o Hospital em busca de atendimento. Mas, infelizmente, as resultan-

tes foram queimaduras de 3° grau; provocando a saída da pele na roupa. Tudo foi feito para aliviá-la das dores; mas ela sofreu muito e desencarnou no dia seguinte 23 de abril, às 9 h 10 min.
12. As informações que a senhora possui sobre a sua tia são frutos do que está nos livros ou são frutos de arquivos de família? Fotos, documentos escritos, tradição oral.
Arquivo da família: fotos (perdidas, por variadas mudanças de domicílio); exemplares das flores, pés e mãos, em parafina, que eram guardados no baú da vovó Ermelinda, e que foram extraviados, como o digo na resposta da questão seis acima.

Prezado amigo Samuel:

Eis o relato de meu conhecimento, a mim passado pelo Sr. meu Pai.

Agradeço-lhe, comovida, o seu interesse pela querida Tia Nicota, tão esquecida nos anais Espíritas de nossa terra. Obrigada!!!

Que o Senhor o abençoe. Muita paz!

Ana Augusta Nina Corrêa

Fig. 92 – Ana Augusta Nina Corrêa – Sobrinha de Anna Prado

Entrevista da Senhora Marta Prochnik

1. Qual o seu grau de parentesco com Frederico e Raquel Figner?
Frederico Figner e Esther eram pais de Rachel Figner. Minha avó, Leontina, era filha deles, portanto irmã de Rachel. Rachel, portanto, é minha tia-avó. Minha mãe tem o nome de Rachel em homenagem a esta sua tia.
Meu nome é Marta. Este foi o nome fantasia que Chico Xavier deu à Rachel no livro Voltei, onde Frederico tem o nome fantasia de Jacó.

2. Que recordações guardam as tradições familiares de vocês sobre Frederico Figner e as materializações de Raquel?
Minha avó Leontina assistiu à materialização em Belém, e me disse que, de todas as sessões espíritas que eles compareceram, esta foi realmente a mais impressionante e inexplicável. Disse que, quando apareceu uma espécie de fumaça em forma de moça, o seu pai, Frederico, disse:
– Rachel, seu vestido está curto!
E imediatamente o vestido alongou-se.

3. A senhora tem ideia sobre a importância do papel que Frederico Figner desempenhou para o desenvolvimento do Espiritismo no Brasil?
Sim; apesar de não ter religião, percebi em viagens pelo Brasil onde, a serviço do BNDES, apoiávamos entidades sociais, que todos os espíritas conheciam Frederico Figner e ficavam muito impressionados de eu ser sua descendente. Everaldo, que tem um trabalho belíssimo com crianças no interior do Ceará, chorou copiosamente, acompanhado por mim.

4. A senhora sabe quem foi Anna Prado, a médium através de quem o espírito de Raquel Figner se comunicou com seus familiares no início da segunda década do século passado?
Só conheço de nome.

5. Os familiares mais antigos da senhora falavam sobre os fenômenos de materialização de Raquel? O que poderia nos dizer a respeito?
Apenas sei o que está no item acima. Bem como tive, desde pequena, acesso à luva. Havia também rosas de cera, porém essas não sabemos onde estão.
6. A senhora está nos mostrando uma luva de parafina produzida durante os fenômenos de Raquel Figner. Poderia nos falar um pouco sobre a sua história? Como chegou às suas mãos?
A minha avó Leontina sempre teve a guarda desses materiais, e os herdamos junto com os demais bens.
7. A senhora tem conhecimento do episódio em que Frederico Figner deixou parte de sua herança pra Francisco Cândido Xavier? O que poderia nos falar sobre o assunto?
Os depoimentos que temos, inclusive escritos pela própria FEB, é que Chico Xavier não aceitou os recursos deixados por herança por Fred Figner. Que as irmãs insistiram que ele aceitasse e por fim os recursos foram para a constituição da gráfica da FEB.

Fig. 93 – Minha mulher Iracema Vieira Magalhães, ladeada pelas senhoras Rachel Sisson e Marta Prochnik.

8. Voltando ao seu bisavô Frederico Figner. A senhora conhece o livro Voltei, psicografado por Francisco Cândido Xavier? Nele o seu bisavô, sob o pseudônimo de Irmão Jacob, relata as suas primeiras experiências ao retornar ao Mundo Espiritual. O que pensa a respeito?
Não sei o que penso. Fiquei muito impressionada com o fato de o nome de fantasia da Rachel ser Marta, meu próprio nome. Não li o livro.
9. Por fim, o que a senhora pensa dos fenômenos espíritas? Já estudou a respeito?
Não estudei, não tenho experiências, não posso dizer.

Biografia de Raymundo Nogueira de Faria

Fig. 94 – Raymundo Nogueira de Faria
(1884 -1957)

Raymundo Nogueira de Faria nasceu em Óbidos, Pará, a 15 de outubro de 1884, filho de João Carlos Faria e Emygdia Nogueira de Faria[212]. Fez o curso primário com os professores Josephino Lobato e Maria de Figueiredo Morais e frequentou os colégios São José e Minerva, dirigidos, respectivamente, por Otávio Pires e Ramos Pinheiro.

Nos anos de 1899 e 1900, exerceu o cargo de Segundo Escriturário da Repartição de Terras e Colonização. Em 1901,

---

[212] O Conselheiro Estadual Sílvio Hall de Moura, em discurso pronunciado no dia 8 de janeiro de 1985, registra que Nogueira de Faria nasceu em Belém do Pará e que sua mãe chamava--se Emygdia Nogueira de Faria. Não tivemos ocasião de verificar qual a informação correta. Cremos, contudo, que ele nasceu na cidade de Óbidos e que sua mãe se chamava na verdade, Emygdia, grafia muito utilizada na época (nota do autor).

trabalhou como repórter no jornal *A Província do Pará*, deixando-o no ano seguinte ao ser nomeado fiscal aduaneiro, cargo que exerceu até 1916. Em 1913, classificado em 1º lugar no exame de admissão, matriculou-se na Faculdade de Direito do Pará, bacharelando-se em Ciências Jurídicas e Sociais, colando grau em 23 de dezembro de 1917. Foi o orador da turma.

Iniciou sua vida pública estadual como Segundo Prefeito da Polícia de Belém, para cujo cargo foi nomeado, interinamente, por ato de 30 de março de 1918, cargo que começou a exercer no dia primeiro do mês subsequente. Logo depois, 13 de novembro do mesmo ano, foi efetivado como primeiro prefeito, tomando posse no dia 18.

Em 25 de março de 1920, prestou concurso para professor catedrático de Direito Comercial da Faculdade de Direito, concurso em que foi habilitado e aprovado, tendo apresentado a tese *Da Sociedade Comercial*. Por decreto de 17 de janeiro de 1921, foi nomeado Juiz Substituto da Comarca da Capital.

Exerceu seguidamente o cargo de Juiz de Direito da Comarca de Alenquer, Juiz de Direito de Conceição do Araguaia, Juiz de Direito da 5ª Vara da Comarca da Capital e Juiz da 4ª Vara de Belém.

Por Decreto de 16 de fevereiro de 1932, foi nomeado Desembargador do Tribunal Superior de Justiça nos termos do Decreto n.º 615, da mesma data, que deu nova organização ao dito Tribunal, dividindo-o em câmaras, sendo empossado ainda naquele mês.

Por meio de Portaria de 27 de fevereiro de 1933, foi nomeado Secretário Geral do Estado em Comissão, cargo que exerceu até 31 de julho de 1934, reassumindo o exercício das suas funções no Tribunal de Justiça em 1º de agosto do referido ano.

Nogueira de Faria exerceu, ainda, os cargos de Chefe de Polícia, Diretor Interino da Faculdade de Direito do Estado, Presidente da Comissão Mista de Conciliação do município de Belém.

Durante largo tempo, militou na imprensa regional, escrevendo nas colunas dos jornais *A Província do Pará* e *Folha do Norte*. Literato de reconhecido valor, como poeta, é citado na Antologia Amazônica de Eustachio de Azevedo. Além disso, durante longo período, dedicou-se ao magistério, ensinando Direito Comercial e Direito Penal.

Trabalhou ainda no Colégio Moderno, Escola Prática do Comércio, onde foi diretor, e no Instituto Júlio Cézar, lecionando Português, Filosofia, Educação Moral e Cívica, Direito Comercial e Legislação Fiscal.

Autor de vários livros, publicou as seguintes obras: *D. Branca e Árvore Má*, em versos; *A Sociedade Comercial*, tese para concurso; *Templum Juris*, prosa e verso; *Meus amiguinhos*, livro de instrução moral e cívica; *Uma advertência ao meu país*, estudo sobre a política nacional; *A caminho da história*, questões sobre a política paraense e ainda os livros espíritas: *O poder de Deus*; *O Trabalho dos Mortos*; *Renascença da alma*; *Legião Branca*; *Ritmos de nossa fé* e *O socorro que o céu me enviou*.

Raymundo Nogueira de Faria foi casado com D. Maria do Carmo Faria, de cujo enlace nasceram os filhos Alberto José, Alcino Oscar, Lauro Cássio, Mário Victor, Luís Ercílio, Alzira Emygdia e Rachel Edy.

Com expressiva folha de serviços prestados à sociedade em que viveu e à difusão das verdades espíritas, Nogueira de Faria desencarnou em 10 de maio de 1957. Seu corpo foi sepultado no cemitério de Santa Izabel, Belém, Pará.

Referências

AKSAKOF, Alexander. *Animismo e espiritismo*. 4. ed. Rio de Janeiro: FEB, 1983.

_____. *Um caso de desmaterialização parcial do corpo dum médium*. Trad. de João Lourenço de Souza. 4. ed. Rio de Janeiro: FEB, 1994.

BOSIO, Ettore. *O que eu vi*. Belém, PA.

CROOKES, William. *Fatos espíritas*. 8. ed. Rio de Janeiro: FEB, 1991.

DELANNE, Gabriel. *A alma é imortal*. 4. ed. Rio de Janeiro, FEB, 1978.

_____. *A reencarnação*. 5.ed. Rio de Janeiro: FEB, 1979.

_____.*O espiritismo perante a ciência*. 2. ed. Rio de Janeiro: FEB, 1993.

_____.*O fenômeno espírita*. 6.ed. Rio de Janeiro: FEB, 1992.

DENIS, Léon. *Depois da Morte*. 14. ed. Rio de Janeiro: FEB, 1987.

FARIA, Raymundo Nogueira de. *O trabalho dos mortos*. Rio de Janeiro: FEB, 1921.

_____. *Renascença da alma*. Belém, PA: Instituto Lauro Sodré, 1924.

FIGNER, Frederico. *Crônicas espíritas*. 2.ed. Rio de Janeiro: FEB.

_____. *Resposta ao Padre Debois*. Rio de Janeiro: Papelaria e Tipografia Marques, Araújo, 1921.

GRANJA, Pedro. *Afinal quem somos?* 3. ed. São Paulo: Brasiliense, 1948.

IMBASSAHY, Carlos. *Espiritismo à luz dos fatos*. 3. ed. Rio de Janeiro: FEB, 1983.

LOUREIRO, Carlos Bernardo. *As mulheres médiuns*. 3.ed. Rio de Janeiro, FEB, 2005.

MACHADO, Leopoldo. *A Caravana da Fraternidade*. 1954.

MAGALHÃES, Henrique. *Em prol da mediunidade*: pequena história do espiritismo. Rio de Janeiro: 1998.

MAGALHÃES, Samuel Nunes. *Charles Richet, o apóstolo da ciência e o espiritismo*. Rio de Janeiro: FEB, 2007.

MELO, Osvaldo. *Sobrevivência e Comunicação dos espíritos*. Rio de Janeiro: FEB, 2009.

MONTEIRO, Eduardo Carvalho. *Anuário Histórico Espírita 2004*. São Paulo: MADRAS/USE, 2004.

MOREIRA, Eidorfe. *Obras reunidas de Eidorfe Moreira*. Belém, PA: CEJUP, 1990.

MOYSÉS, Greidinger. *As materializações de Esmeralda*. Belém, PA: Instituto Lauro Sodré, 1947.

PALHANO JÚNIOR, Lamartine; NEVES, Walace Fernando. *Dossiê Peixotinho*. Rio de Janeiro: Lachatre, 1997.

PEREIRA, Urbano. *Operações espirituais*. 5.ed. Araras, SP: IDE, 1974.

QUINTÃO, Manuel. *Fenômenos de materialização*. Rio de Janeiro: FEB, 1942.

RANIERE, Raphael A. *Materializações luminosas*. 3.ed. São Paulo: FEESP, 1989.

TAVARES, Clóvis. *Mediunidade dos santos*. Araras, SP: IDE, 1988.

TOURINHO, Nazareno. *O trabalho dos mortos e a tolice dos vivos*. São Paulo: FEESP, 1993.

VASCONCELOS, Humberto. *Materializações do amor*: vida e obra de Peixotinho. 2.ed. Recife, PE: Doxa, 2003.

XAVIER, Francisco Cândido. *Evolução em dois mundos*. Pelo Espírito André Luiz. 19. ed. Rio de Janeiro: FEB, 2001.

_____. *Instruções psicofônicas*. 7.ed. Rio de Janeiro: FEB, 1995.

_____. *Mecanismos da mediunidade*. Pelo Espírito André Luiz.17.ed. Rio de Janeiro: FEB,1999.

_____. *Nos domínios da mediunidade*. Pelo Espírito André Luiz.27. ed. Rio de Janeiro: FEB, 2006.

Jornal A Luz. Federação Espírita Catarinense.

Jornal A Verdade. Porto Velho. Amazonas.

Jornal Alma e Coração. Belém, PA.

Jornal Folha do Norte. Belém, PA.

Jornal O Guia. Manaus, AM.

Jornal O Semeador. Parintins, AM.

Jornal O Tacape. Parintins, AM.

Jornal Parintins. Parintins, AM.

Jornal Psychische Studiem. Leipzig. Alemanha

Jornal Verdade e Luz. São Paulo.

Reformador. Rio de Janeiro.

Revista A Revelação. Belém, PA.

Revista A Verdade. Belém, PA.

Revista de Espiritualismo. Curitiba, PR.

Revista Espírita. Belém, PA.

Revista Internacional de Espiritismo. Matão, SP.

Revue Métapsychique. Paris. França.

Revue Spirite. Paris. França.

Livros da Cúria de Manaus. Amazonas

Livros da Cúria de Parintins. Amazonas

Livros do Cartório de Parintins. Amazonas

Programa Pinga Fogo. DVD.

Índice de Figuras

Fig. Abertura – Anna Rebello Prado
    Foto cedida por sua sobrinha Ana Augusta Nina Corrêa

Fig. 1 – Jornal O Semeador 28
Fig. 2 – Jornal Parintins 29
Fig. 3 – Jovita Olympio de Carvalho Rebello (1865 – 1943) 36
Fig. 4 – José Furtado Belém (1867 – 1934) 36
Fig. 5 – Raymundo de Carvalho Palhano (1868 – 19480) 37
Fig. 6 – Jornal Mensageiro 38
Fig.7 – Jornal O Guia 38
Fig.8 – Jornal A Luz da Verdade 39
Fig. 9 – Família Prado – Antonina Prado, Eurípides Prado, Anna Prado, Alice Prado e Eratósthenes Prado 42
Fig. 10 – Fac-símile Registro do Civil de Eurídice 43
Fig. 11 – Fac-símile Registro do Civil de Eratósthenes 44
Fig. 12 – Fac-símile Registro do Civil de Antonina 45
Fig. 13 – Fac-símile Registro do Civil de Dinamérico 46
Fig. 14 – Andrew Jackson Davis (1826 – 1910) 48
Fig. 16 – Eusápia Paladino (1854 – 1918) 49
Fig.17 – Linda Gazera (1890 – 1932) 49
Fig. 18 – Florence Cook (1856 – 1904) 50
Fig. 19 – Daniel D Home (1833 – 1886) 50
Fig. 20 – Anna Prado 52
Fig. 21 – Charles Richet (1850 – 1835) 54
Fig. 22 – William Crookes (1832 – 1919) 54

Fig. 23 – Ernetso Bozzano (1862 – 1943) 55

Fig. 24 – Moisés no Sinai 56

    "Moisés quebrando as tábuas da lei" (1659) Oil on canvas by Rembrandt Gemaldegalerie Berlin, Germany.

Fig. 25 – São José de Copertino 57

    "San Giuseppe da Copertino si eleva in volo alla vista della Basilica di Loreto". Por Ludovico Mazzanti (1686-1775), céculo XVII, Santuario di S. Giuseppe da Copertino, Osimo, Italy

Fig. 26 – O Trabalho dos Mortos 58

Fig.27 – Retrato de Felismino Olympio de Carvalho Rebello – Espírito João. 63

Fig. 28 – Léon Denis (1846 – 1927) 63

Fig. 29 – Um habitante do Além – Segundo Eurípides Prado, trata-se do espírito de seu pai Sr. Joaquim Prado, desencarnado há muitos anos. Fotografia tirada em 17 de maio de 1920. 68

Fig. 30 – Reunião de Mesa Girante 76

Fig. 31 – Levitação. Experiência com Eusápia Paladino, Milão, Itália, 1892 ...79

Fig. 32 – Escrita direta – Mensagem produzida em sessão de 13 de janeiro de 1921...90

Fig. 33 – Escrita direta – Mensagem escrita pelo espírito materializado de João, sessão de 6 de maio de 1921. Foi nessa sessão que o Espírito de Rachel se despediu de seus familiares 90

Fig. 34 – Anna Prado – Processo de desmaterialização. A parte inferior das pernas da médium e de seu vestido está transparente, permitindo que se vejam as armações de madeira da cadeira. Seu ombro e seu rosto, também em processo de desmaterialização, permmite que se veja a madeira e a palhinha da cadeira em que a médium está sentada. No cháo, nuvens de ectoplasma. Foto original cedida por sua sobrinha Sra. Ana Augusta Nina Corrêa 98

Fig. 35 – Fenômeno Luminoso – A luz produzida foi de tal forma que a parede se refletiu no soalho. 108

Fig. 36- Pitonisa de Endor...110

    "The witch of Endor", 1728. Por Gerard Hoet (1648-1733) do livro Figures de la Bible.

Fig. 37 – Anna Prado – Fotografia obtida na noite de 30 de outubro de 1922. Grande quantidade de ectoplasma sai pelo nariz, boca e ouvidos da médium...................114

Fig. 38 – Molde de parafina da mão esquerda de Rachel, flor, também em parafina, feita pelo espírito de Annita e lenços atados pelo espírito João...................120

Fig. 39 – Flores em parafina oferecidas pelo espírito de Annita à senhora Luiza Bosio 123

Fig. 40 – Um dos mais perfeitos trabalhos em parafina feitos por Annita......123

Fig. 41 – Leontina e Lélia Figner. Foto cedida pelas senhoras Rachel Sisson e Marta Prochnik....................130

Fig. 42 – Flores secas devolvidas pelo espírito de João ao Coronel Simplício Costa, em 22 de março de 1921. Haviam sido dadas ao espírito de João, em 25 de janeiro de 1920. 142

Fig. 43 – Fotografia do Espírito apelidado de Marinheiro, cuja primeira aparição se deu na sessão da noite de 24 de junho de 1920. 142

Fig. 44 – Fotografia do Espírito Evangelista. Tirada às 15h do dia 25 de março de 1921. 143

Fig. 45 – Neusa e seus pais 147

Fig. 46 – Fotografia do espírito de Annita. A Florista do Além, como era chamada, ajoelhada e vestida de branco, parece rezar. Ao seu lado vê-se no chão uma planta fluídica. Fotografia tirada em 11 de fevereiro de 1921...................151

Fig. 47 – Família Figner – Frederico, Rachel, Helena, Leontina e Esther com Lélia no colo. Foto cedida pelas senhoras Rachel Sisson e Marta Prochnik 154

Fig. 48 – Anna Prado 157

Fig. 49 – Foto do duplo de Anna Prado. Durante o momento da fotografia a médium esteve sentada na cadeira, desmaterializando-se completamente, ante a câmera....................158

Fig.50 – Fotografia do Espírito de João, obtida em presença de Anna Prado. Na parte superior da cabeça vemos um arco fluídico e uns panos, também de natureza fluídica, envolvendo-a. Fotografia de 5 de fevereiro de 1921 161

Fig. 51 – Rachel Figner em fotografia oferecida ao seu tio Chico, em 14 de junho de 1902. Foto cedida pelas senhoras Rachel Sisson e Marta Prochnik 167

Fig. 52 – Rachel e Leontina Figner. No verso da foto foi anotada a data de 15 de fevereiro de 1916. Foto cedida pelas senhoras Rachel Sisson e Marta Prochnik. 172

Fig. 53 – Na sessão de 4 de maio de 1921, Rachel, materializada, reproduziu exatamente a pose da fotografia acima. 174

Fig. 54 – Luva em parafina da mão de Rachel. Artefato pertencente ao acervo particular da família Figner 181

Fig. 55 – Formosa cataléia em parafina produzida pelo espírito de Annita. Sessão de 24 de junho de 1920 183

Fig. 56 – Frederico Figner – (1866 - 1947). Foto cedida pelas senhoras Rachel Sisson e Marta Prochnik 190

Fig. 57 – Esther Figner em fotografia oferecida ao seu irmão Chico. Foto cedida pelas senhoras Rachel Sisson e Marta Prochnik 190

Fig. 58 – Foto de Anna Prado – Fotografia de 18 de janeiro de 1921.... 192

Fig. 59 – Psicografia Cutânea – A qualidade da foto, provavelmente pelo tempo decorrido, quase não nos permite divisar algo do que foi escrito no braço da médium: Deus e João 196

Fig. 60 – Médium Peixotinho (1905 – 1966) 201
Foto cedida por Humberto Vasconcelos, genro do médium.

Fig. 61 – Médium Francisco Belo 201

Fig. 62 – Anna Prado – Desmaterialização parcial. Através dos seus joelhos e vestido, vemos partes da cadeira. Seu braço esquerdo, transparente, mostra a armação do encosto 203

Fig. 63 – Vê-se através de seu corpo quase todo desmaterializado a palinha e o encosto da cadeira. Fotografia de 16 de janeiro de 1921 204

Fig. 64 – Anna Prado – Processo de desmaterialização. Fotografia de 16 de janeiro de 1921 205

Fig. 65 – Alexander Aksakof (1832 – 1903) 206

Fig. 66 – Madame d'Esperance (1855 – 1918) 206

Fig. 67 – Trabalho fotográfico do espírito João, que acionou o mecanismo da câmera fotográfica, no qual vemos perfeitamente a silhueta de um fantasma...228

Fig. 68 – Modelo em gesso produzido a partir de molde em parafina, depois de exposto ao público durante alguns dias............................229

Fig. 69 – Modelo em gesso, palma e dorso, produzido a partir de molde em parafina, em 31 de janeiro de 1921. O anel que aparece fora colocado no balde de parafina por Ettore Bosio...........................229

Fig. 70 – Modelo em gesso produzido a partir de molde em parafina fabricado pelo Espírito João..230

Fig. 71 – Molde em parafina fabricado pelo espírito João na sessão de 31 de março de 1921. Acima) Ao lado, molde em gesso...................230

Fig. 72 – O mesmo modelo da figura anterior visto pelo dorso.............231

Fig. 73 – Grupo de espíritos fotografados em 10 de fevereiro de 1921. Segundo Ettore Bosio, Maria Alva é o espírito mais visível desta imagem....232

Fig. 74 – Ermelinda Rebello Corrêa, mãe de Anna Prado. Ao seu lado aparece um fantasma de adulto, segurando uma criança.................233

Fig. 75 – Antonina Prado. Enquanto psicigrafava surge um fantasma entre ela e a Sra. Leopoldina Fernandes...233

Fig. 76 – Manuel Quintão (1874 – 1955)...239

Fig. 77 – Modelagem em parafina de uma flor realizada por Annita e molde da mão de João. Operação descrita na obra Fenômenos de Materialização, autoria de Manuel Quintão......................................258

Fig. 78 – Sede da FEB no Rio de Janeiro (RJ).................................259

Fig. 79 – Salão FEB no Rio de Janeiro. Aspecto de reunião ocorrida em 1921...260

Fig. 80 – Camille Flamarion (1842 – 1925).......................................262

Fig. 81 – Jean Meyer (1855 – 1931)...262

Fig. 82 – Nessa fotografia visualizamos uma pequenina mão fluídica sobre o ombro esquerdo d de Anna Prado...263

Fig. 83 – Na primeira fotografia nota-se uma espécie de luva fluídica na mão de Anna Prado e na segunda uma espécie de bolsa preta em veludo, também fluídica..263

Fig. 84 – Gabriel Delanne (1857 – 1926) 264

Fig. 85 – Desmaterialização de Anna Prado e início da materialização de um fantasma. A extensa formação fluídica não impede a visualização do piso e parede da sala 277

Fig. 86 – Chico Xavier (1910 – 2002) 277

Fig. 87 – João Rebello Corrêa – Irmão de Anna Prado (1893 – 1973) . 280

Fig. 88 – Certidão de óbito de Anna Prado 295

Fig. 89 – Grade em que ficava encerrada Anna Prado. A fotografia mostra uma cabeça de boneca sobreposta a roupagens brancas, cujas pontas do lado direito parecem está amarradas ao mastro que fecha a grade 306

Fig. 90 – Fotografia da assistência da sessão realizada em 24 de junho de 1920. Nessa noite havia cerca de oitenta pessoas 317

Fig.91 – Cataléia em parafina feita por Annita na sessão de 24 de junho de 1920 317

Fig. 92 – Ana Augusta Nina Corrêa – Sobrinha de Anna Prado 333

Fig. 93 – Minha mulher Iracema Vieira Magalhães, ladeada pelas senhoras Rachel Sisson e Marta Prochnik. 335

Fig. 94 – Raymundo Nogueira de Faria (1884 -1957) 336

Índice Geral[1]

Aksakof, Alexander
fenômeno de germinação e – 7, nota

Alma
provas das realidades transcendentes da – 3

Alucinação
teoria da – 8

Alva, Maria, Espírito
materialização de Espíritos e – 5; 6

Anexos
Atas
biografia do Dr. Raymundo Nogueira Faria, nota
carta do Dr. Mello Cezar
carta do Dr. Teixeira Marques
entrevista da Sra. Ana Augusta Nina Corrêa, nota
entrevista da Sra. Marta Prochnik, nota

Annita, Espírito
materialização de Espíritos e – 5

Arago, François, astrônomo
misoneísmo e – 3, nota

Armstrong
documentação da desmaterialização de Anna Rebello Prado e – 7, nota

Atas – Anexos, notas

Augusta, Ana, Sra.
entrevista com – Anexos

Bacellar, José Teixeira da Matta, Dr.
conversão ao Espiritismo e – 4
depoimento de espiritistas paraenses e – 8, nota
Folha do Norte, jornal, e – 4, nota; 5, nota
materialização de Espíritos e – 5, nota
tiptologia, levitação, escrita direta, sonambulismo – 4, nota

Belém, José Furtado
Espiritismo e – 1

Bello, Francisco Antunes, médium
cirurgia do além e – 7, nota
Urbano Pereira e – 7, nota

Biografia
Anna Rebello Prado e – 1, notas
Raymundo Nogueira de Faria, Dr., e – Anexos

Boirac, E.
ciência, fatos e – 4, nota

Bosio, Ettore
acervo fotográfico de Anna Prado e – 8
desmaterialização de Anna Rebello Prado e – 7, nota
fenômeno das flores secas e – 5, notas
fenômeno de germinação e – 7, notas
Nicota e – 4, nota
materialização de Espíritos e – 5, notas
tiptologia, levitação, escrita direta, sonambulismo – 4, notas

---

[1] Remete ao número do capítulo. Trabalho elaborado pela equipe da Biblioteca de Obras Raras da FEB no primeiro semestre de 2012.

Bosio, Luiza
  Ettore Bosio e – 4

Boudin, Caroline, médium
  Allan Kardec e – 2

Carta do Dr. Manoel C. de Mello Cezar – Anexos

Carta do Dr. Teixeira Marques – Anexos

Boudin, Julie, médium
  Allan Kardec e – 2

Bouillaud, Jean, médico – 3

Centro Espírita São Vicente de Paula
  Jovita Olympio de Carvalho Rebello e – 1, nota

Certidão de Óbito
  Anna Rebello Prado e – 12, nota

Cezzar, Manoel C. de Mello, Dr.
  carta do – Anexos

Cirurgias do Além
  Eurípides de Albuquerque Prado e – 7
  Francisco Antunes Bello, médium, e – 7, nota
  Francisco Peixoto Lins, médium, e – 7, nota
  João, Espírito, e – 7
  Nicota Prado e – 7, nota

Coligny, Gaspard de – 3, nota

Corrêa, João Rebello
  Anna Rebello Prado e – 1, nota

Correio da Manhã, jornal
  desencarnação de Anna Rebello Prado e – 12, nota

Curso Noturno Gratuito
  Emiliano Olympio de Carvalho Rebello e – 1, nota

Davis, Andrew Jackson
  precursor do Espiritismo – 2

Denis, Léon
  martirológio dos médiuns e – 3
  perseguição aos médiuns e – 3, nota

Diana, Espírito
  materialização de Espíritos e – 5

Dubois, Florêncio, sacerdote francês
  Clero em cena, O, e – 8, nota
  combate aos fenômenos espíritas e – 3, notas
  Folha do Norte, jornal, e – 3, notas
  inimigo dos fatos espíritas e – 5
  moldagem em parafina e – 9, nota

Depoimentos de espiritistas paraenses
  Gaston Vieira, médico, e – 8, nota
  João da Rocha Fernandes, comerciante, e – 8, nota
  José Girard, professor, e – 8, nota
  José Teixeira da Matta Bacellar, médico, e – 8, nota
  Luciano Castro, médico, e – 8, nota
  Manoel Cardoso da Cunha Coimbra, farmacêutico, e – 8, nota
  Othon Moura, médico, e – 8, nota
  Pereira de Barros, médico, e – 8, nota
  Pontes de Carvalho, médico, e – 8, nota
  Virgílio de Mendonça, médico, e – 8, nota
  Xavier Frade, médico, e – 8, nota

Ectoplasma
  André Luiz, Espírito, e – 5, nota
  Anna Rebello Prado, médium, e – 3, nota
  fluido animalizado e – 5, nota
  mediunidade de efeitos físicos e – 3, nota

Escrita direta ver também Pneumatografia – 4, notas
  Espírito amigo, Um, e – 4, nota
  Guilherme, Espírito, e – 4, notas
  Livro dos Médiuns, O, e – 4, nota
  Luiza Bosio e – 4
  psicografia cutânea e – 7

Espiritismo
adversários do – 3
Carlos Theodoro Gonçalves e – 1
Emiliano Olympio de Carvalho
Rebello e – 1, notas
finalidade do – 3, nota
Eurípides de Albuquerque Prado e – 1
José Furtado Belém e – 1
Jovita Olympio de Carvalho Rebello
e – 1, notas
precursores do – 2
Raymundo de Carvalho Palhano e – 1

Estado do Pará, jornal
Frederico Figner e – 6

Evangelho Segundo o Espiritismo, O
Paciência, A, mensagem pneumato-
grafada e – 4

Faria, Raymundo Nogueira de, Dr.
biografia do – Anexos
fenômeno de psicografia cutânea
e – 7, nota
materialização de Espíritos e – 5,
nota; 6, nota
Renascença da Alma, livro, e – Nos
Passos de Anna Prado
tiptologia, levitação, escrita direta,
sonambulismo – 4, notas
Trabalho dos Mortos, O, livro,
e – 10
tribulações de Anna Rebello Prado e – 3

Federação Espírita Amazonense
Emiliano Olympio de Carvalho
Rebello e – 1, nota

Federação Espírita Brasileira
conferência de Manuel Justiniano de
Freitas Quintão e – 9, notas

Fenômeno espírita
Folha do Norte, jornal, e – 3, notas
Florêncio Dubois, sacerdote francês,
e – 3, notas

Fenômenos de Materialização
conferência de Manuel Justiniano de
Freitas Quintão na FEB – 9, nota

Figner, Esther
Testemunho, O, de – 6
tiptologia, levitação, escrita direta,
sonambulismo – 4, nota

Figner, família – 6, nota

Figner, Frederico
Estado do Pará, jornal, e – 6
Impressões, As, de – 6
materializações de Rachel Figner e – 6
tiptologia, levitação, escrita direta,
sonambulismo – 4, nota

Figner, Rachel, Espírito
materializações do – 5; 6, notas

Fluido universal
manifestação física e – 5, nota

Folha do Norte, jornal
Florêncio Dubois, sacerdote francês,
e – 3, notas; 8, notas
Matta Bacellar, Dr., e – 4, nota; 5, nota

Fotografia luminosa
João, Espírito, e – 8

Fox, irmãs
precursoras do Espiritismo – 2

Delanne, Gabriel
Reincarnation, La, livro, e – 10, notas

Galilei, Galileu, cientista – 3, nota

Geley, Gustave, Dr.
Analyse des choses e – 9, nota
fenômenos psíquicos de estigmatização e – 7, nota
formas de materialização e – 9, nota

Germinação
Anna Rebello Prado e fenômeno
de – 7, notas
João, Espírito, e fenômeno de – 7

Gonçalves, Carlos Theodoro
Espiritismo e – 1
Mensageiro, jornal, e – 1, nota

Grupo Espírita Amor e Caridade
Eurípides de Albuquerque Prado
e – 1, nota

Guia, O, jornal – 1, nota

Guilherme, Espírito
escrita direta e comunicação do – 4,
notas

Hileia brasileira – 12, nota

Home, Daniel D., médium
fenômeno de levitação e – 4, nota

Huss, João – pensador – 3, nota

Instruções psicofônicas
Anna Rebello Prado, médium, e – 11

Intervenções cirúrgicas feitas pelos Espíritos
Jornal do Comércio e – 7, nota

Investigação científica
Alexander Aksakof e – 2, nota
Camille Flammarion e – 2, nota
Charles Richet e – 2, nota
Gabriel Delanne e – 2, nota
Ernesto Bozzano e – 2, nota
Friedrich Zollner e – 2, nota
William Crookes e – 2, nota

Japhet, Ruth, médium
Allan Kardec e – 2

Jatahy, Francisca, médium
fenômeno de psicografia cutânea e – 7

Joana d'Arc – 3, notas

João, Espírito
Anna Rebello Prado e – 1
cirurgia do além e – 7
Felismino Olympio de Carvalho
Rebello e – 1; 3
fenômeno de levitação e – 4, notas

materialização de Espíritos e – 5,
notas; 6
testemunho de Esther Figner e – 6

Jornal da Tarde, Belém(PA)
materialização de Espíritos e – 5, nota

Jornal do Comércio
Intervenções cirúrgicas feitas pelos
Espíritos e – 7, nota

Júnior, Lamartine Palhano
cirurgia do além e – 7, nota

Kardec, Allan
Caroline Boudin, médium, e – 2
classificação dos médiuns por – 5,
nota
Ermance Dufoux, médium, e – 2
Julie Boudin, médium, e – 2
materialização de Espíritos e – 5,
notas
Ruth Japhet, médium, e – 2

Lavoisier, Antoine, químico – 3, nota

Levitação
casos de – 4, notas
Daniel D. Home e fenômenos de –
4, nota
Eusápia Paladino e fenômenos de –
4, nota

Lins, Francisco Peixoto, médium
cirurgia do além e – 7, nota
Humberto Vasconcelos e – 7, nota
Lamartine Palhano Júnior e – 7, nota
Rafael Américo Ranieri e – 7, nota

Livro dos Espíritos, O
emancipação da alma e – 4
sonambulismo e – 4

Livro dos Médiuns, O
escrita direta e – 4, nota
médium sonambúlico e – 4, nota
sonâmbulo e – 4
tiptologia e – 4, nota

Luiz, André, Espírito
   ectoplasma e – 5, nota
   psicofonia sonambúlica e – 5, nota

Lutero, Martinho, monge – 3, nota

Luz, A, jornal
   desencarnação de Anna Rebello Prado e – 12, nota

Luz da Verdade, A, jornal – 1, nota

M., Eduardo, Sr., Espírito
   fenômeno de tiptologia e – 4

Manifestação física
   fluido universal e – 5, nota

Marques, Teixeira, Dr.
   Carta do – Anexos

Materialização de Espíritos
   Allan Kardec e – 5, nota
   Amazonas de Figueiredo, Dr., e – 5
   Anna Rebello Prado, médium, e – 5
   Annita, Espírito, e – 5
   Assunção Santiago, e – 5
   Cântico de ação de graças, fenômeno de – 5
   Cantora e bailarina, fenômeno de – 5
   Clarão do luar, Ao, fenômeno de – 5
   écharpe, cesta de vime, bandeja de flores e – 5
   Esther Figner, Mme., e – 5; 6
   Evangelista, O, Espírito, e – 5
   Hilda, Espírito, e – 5
   Jaime Aben-Athar, Dr., e – 5
   João, Espírito, e – 5
   Jornal da Tarde, Belém(PA), e – 5, nota
   Leontina, Mlle., e – 5
   luz do magnésio e –5, nota
   Manoel Barbosa Rodrigues e – 5
   Maria Alva, Espírito familiar, e – 5; 6
   marinheirinho, Espírito, e – 5
   Neusa, Espírito, e – 5, nota
   Nogueira de Faria, Dr., e – 5, nota
   Pedro Batista e – 5
   Porto de Oliveira, Dr., e – 5
   pitonisa de Endor e – 5, notas
   Rachel Figner, Espírito, e – 5; 6, notas
   Raymundo Nogueira de Faria, Dr., e – 5, nota; 6, nota
   raro fenômeno, Um, e – 7
   rei Saul, sombra de Samuel e – 5, nota
   Silvio Nascimento, professor, e – 5
   Sita, Espírito, e – 5, notas
   Uma brisa anunciadora, fenômeno de – 5
   Uma pequena mão de cera, fenômeno de – 5
   Virgílio de Mendonça, Dr., e – 5

Médium(ns)
   Afonso de Liguori – 3, nota
   Anna Rebello Prado – 1, 2, nota
   Brígida Vadstena – 3, nota
   Carmine Mirabelli – 12
   Daniel D. Home – 2; 12
   Divaldo Pereira Franco – 12
   exploradores e fictícios – 3, nota
   Elizabeth d'Espérance – 12
   Eusápia Paladino – 2; 12
   Florence Cook – 2; 12
   Francisco Cândido Xavier – 12
   Francisco Peixoto Lins – 12
   Frank Kluski – 2; 12
   Ivone do Amaral Pereira – 12
   Joana d'Arc – 3, nota
   José e Copertino – 3, nota
   José Raul Teixeira – 12
   Léon Denis e perseguição aos – 3, nota
   Leonora Piper – 2
   Linda Gazera – 2; 12
   Marthe Béraud – 2
   martirológio dos – 3
   Tereza de Jesus – 3, nota
   Zilda Gama – 12

Médium sonambúlico
   Livro dos Médiuns, O, e – 4, nota

Mediunidade
   ectoplasma e – 3, nota

Mensageiro, jornal
   Carlos Theodoro Gonçalves e – 1, nota
   Sociedade de Propaganda Espírita e – 1, nota

Mesas Girantes
   Anna Rebello Prado e – 3
   Eurípides de Albuquerque Prado e – 3

Moisés
   Monte Sinai e – 3, nota
   Tábuas da Lei e – 3, nota

Moldagem em parafina
   Annita, Espírito, e – 8
   João, Espírito, e – 8
   Rachel Figner, Espírito, e – 8, nota
   refutação e – 8; 9, nota
   temperatura e – 9, nota

Nesso, túnica de – 5, nota

Nicota
   Anna Rebello Prado, médium, e – 4, nota; 6
   cirurgia do além e – 7, nota
   origem do apelido – carta da Sr. Ana Augusta
   sonho de – 6

Notícias biográficas – 1

Paladino, Eusápia, médium
   fenômeno de levitação e – 4, nota

Palhano, Raymundo de Carvalho
   Espiritismo e – 1

Parintins, cidade
   Anna Rebello Prado e – 1, nota

Pneumatografia ver Escrita Direta

Prado, Anna Rebello, médium
   Armstrong e Reimers, pesquisador, e – 7, nota
   ascendentes familiais de – 12, nota
   casamento – 1, nota
   certidão de óbito de – 12
   cirurgia do além e – 7, nota
   Clóvis de Albuquerque Prado e – 1, nota
   crença católica de – 12, notas
   Cristina Rebello Prado e – 1, nota
   desdobramento e – 4, notas
   desencarne de – 12, nota; carta da Sr. Ana Augusta
   desmaterialização de – 7, nota
   Ermelinda de Carvalho Rebello e – 1, nota
   fenômeno de germinação e – 7, notas
   fenômeno de transporte e – 3
   filhos – 1, nota
   Francisco Maximiano de Sousa Rebello e – 1
   gaiola de ferro e – 5, nota; 6
   Institut Métapsychique International (França), e – 10, nota
   João Rebello Corrêa e – 1, nota
   materialização de Espíritos e – 5, notas; 6, notas
   médium de transporte e – 4, nota
   mesas girantes e – 3
   nascimento – 1, nota
   Nicota, apelido, e – 4, nota
   orientador mediúnico e – 1
   progresso mediúnico e – 3, nota
   provas que desafiam o tempo e – 8
   Psychische Studien(Alemanha), revista, e – 10, nota
   raro fenômeno, Um, e – 7
   Revue Spirite(França), revista, e – 10, nota
   segunda vista e – 4, nota
   terra natal e – 1, nota
   tiptologia e – 3
   trabalhos em parafina e – 5; 6
   tribulações de – 3

Prado, Anna Rebello e Xavier, Chico – 11
   Instruções psicofônicas e – 11, nota

Prado, Anna Rebello e Delanne, Gabriel – 10

Prado, Clóvis de Albuquerque
　Anna Rebello Prado e – 1, nota

Prado, Cristina Rebello
　Anna Rebello Prado e – 1, nota

Prado, Eurípides de Albuquerque
　Anna Rebello Prado e – 1, nota
　Céu e o Inferno, O, livro, e – 1
　cirurgias do além e – 7
　Espiritismo e – 1
　Grupo Espírita Amor e Caridade, e – 1, nota
　mesas girantes e – 3
　Superintendente Municipal de Parintins e – 1, nota
　Tacape, O, jornal, e – 1
　Trabalho dos Mortos, O, livro e – 3, nota

Prochnik, Marta, Sra.
　entrevista da – Anexos

Psicofonia sonambúlica
　André Luiz, Espírito, e – 5, nota

Psicografia cutânea
　Anna Rebello Prado, médium, e – 7
　escrita direta e – 7
　Francisca Jatahy, médium, e – 7
　Gustave Geley, Dr., e – 7, nota
　João, Espírito, e – 7
　Raymundo Nogueira de Faria, Dr., e – 7, nota
　Reformador, revista(FEB), e – 7, nota
　Sociedade Dialética de Londres e – 7, nota

Quintão, Manuel Justiniano de Freitas
　carta de * ao Dr. José Teixeira da Matta Bacellar – 12, nota
　conferência de * na FEB – 9, notas
　crônica de – 12, nota
　desencarnação de Anna Rebello Prado e – 12, notas

Ranieri, Rafael Américo
　cirurgia do além e – 7, nota

Rebello, Emiliano Olympio de Carvalho
　Curso Noturno Gratuito e – 1, nota
　Federação Espírita Amazonense – 1, nota
　Sociedade de Propaganda Espírita e – 1, nota

Rebello, Ermelinda de Carvalho
　Anna Rebello Prado e – 1, nota

Rebello, Felismino Olympio de Carvalho
　Anna Rebello Prado e – 1
　João, Espírito, e – 1

Rebello, Francisco Maximiano de Sousa
　Anna Rebello Prado e – 1

Rebello, Jovita Olympio de Carvalho
　Centro Espírita São Vicente de Paula e – 1, nota
　Espiritismo e – 1, notas
　Sociedade Cosmopolita de Benefícios Mútuos – Previdente Amazonense e – 1, nota

Reformador, revista
　conferência de Manuel Justiniano de Freitas Quintão na FEB e – 9, notas
　desencarnação de Anna Rebello Prado e – 12, nota
　fenômeno de psicografia cutânea e – 7, nota

Reimers
　documentação da desmaterialização de Anna Rebello Prado e – 7, nota

Renascença da Alma, livro – Nos Passos de Anna Prado, nota

Revista de Espiritualismo
　desencarnação de Anna Rebello Prado e – 12, nota

Revue Métapsychique
　Anna Rebello Prado, médium, e – 10
　crônicas e – 10, nota

Revue Spirite
  Anna Rebello Prado, médium, e – 10, nota
  desencarnação de Anna Rebello Prado e – 12, nota

Semeador, O, jornal
  Eurípides de Albuquerque Prado e – 1, nota
  José Furtado Belém e – 1, nota

Shakespeare, William, dramaturgo inglês – 5, nota

Sociedade Cosmopolita de Benefícios Mútuos – Previdente Amazonense
  Jovita Olympio de Carvalho Rebello e – 1, nota

Sociedade de Propaganda Espírita
  Emiliano Olympio de Carvalho Rebello e – 1, nota
  Mensageiro, jornal, e – 1, nota

Sociedade Dialética de Londres
  psicografia cutânea e – 7, nota

Sócrates, filósofo grego – 3, nota

Sonambulismo
  Livro dos Espíritos, O, e – 4

Swedenborg, Emanuel

  precursor do Espiritismo – 2

Tiptologia
  casos de – 4, notas
  Costa, Manoel da, Espírito, e fenômenos de – 4
  Eduardo M., Sr., Espírito, e fenômenos de – 4, notas
  Livro dos Médiuns, O, e – 4
  mesa animalizada e fenômenos de – 4, notas

Trabalho dos Mortos, O, livro
  Eurípides de Albuquerque Prado e – 3, nota
  Raymundo Nogueira de Faria e – 10

Vadstena, Brígida
  Maria de Nazaré e – 3, nota; 5

Vasconcelos, Humberto
  cirurgia do além e – 7, nota

Verdade e Luz, jornal
  desencarnação de Anna Rebello Prado e – 12, nota

Xavier, Francisco Cândido
  Anna Rebello Prado, médium, e – 11, nota

O LIVRO ESPÍRITA

Cada livro edificante é porta libertadora.

O livro espírita, entretanto, emancipa a alma nos fundamentos da vida.

O livro científico livra da incultura; o livro espírita livra da crueldade, para que os louros intelectuais não se desregrem na delinquência.

O livro filosófico livra do preconceito; o livro espírita livra da divagação delirante, a fim de que a elucidação não se converta em palavras inúteis.

O livro piedoso livra do desespero; o livro espírita livra da superstição, para que a fé não se abastarde em fanatismo.

O livro jurídico livra da injustiça; o livro espírita livra da parcialidade, a fim de que o direito não se faça instrumento da opressão.

O livro técnico livra da insipiência; o livro espírita livra da vaidade, para que a especialização não seja manejada em prejuízo dos outros.

O livro de agricultura livra do primitivismo; o livro espírita livra da ambição desvairada, a fim de que o trabalho da gleba não se envileça.

O livro de regras sociais livra da rudeza de trato; o livro espírita livra da irresponsabilidade que, muitas vezes, transfigura o lar em atormentado reduto de sofrimento.

O livro de consolo livra da aflição; o livro espírita livra do êxtase inerte, para que o reconforto não se acomode em preguiça.

O livro de informações livra do atraso; o livro espírita livra do tempo perdido, a fim de que a hora vazia não nos arraste à queda em dívidas escabrosas.

Amparemos o livro respeitável, que é luz de hoje; no entanto, auxiliemos e divulguemos, quanto nos seja possível, o livro espírita, que é luz de hoje, amanhã e sempre.

O livro nobre livra da ignorância, mas o livro espírita livra da ignorância e livra do mal.

Emmanuel[1]

---

[1] Página recebida pelo médium Francisco Cândido Xavier, em reunião pública da Comunhão Espírita Cristã, na noite de 25 de fevereiro de 1963, em Uberaba (MG), e transcrita em *Reformador*, abr. 1963, p. 9.

FEB editora
Livro espírita para um novo mundo
www.febeditora.com.br
@febeditoraoficial
@febeditora

Conselho Editorial:
Carlos Roberto Campetti
Cirne Ferreira de Araújo
Evandro Noleto Bezerra
Geraldo Campetti Sobrinho – Coord. Editorial
Jorge Godinho Barreto Nery – Presidente
Maria de Lourdes Pereira de Oliveira
Miriam Lúcia Herrera Masotti Dusi

Produção Editorial:
Elizabete de Jesus Moreira

Revisão:
Davi Miranda

Capa, Diagramação e Tratamento de imagens:
Luisa Jannuzzi Fonseca

Projeto gráfico:
Ingrid Saori Furuta

Foto de capa:
Ettore Bosio

Foto do autor:
Fernando Cesar Quaglia

Normalização técnica
Biblioteca de Obras Raras e Documentos Patrimoniais do Livro

Esta edição foi impressa no sistema de Impressão pequenas tiragens, em formato fechado de 155x230 mm e com mancha de 113x170 mm. Os papéis utilizados foram o Off white 80 g/m² para o miolo e o Cartão 250 g/m² para a capa. O texto principal foi composto em fonte Adobe Garamond Pro 12/15 e os títulos em Adobe Garamond Pro 20/30. Impresso no Brasil. *Presita en Brazilo.*